本成果系 2013 年北京市科技平台成果

北京文化
传播策略研究

BEI JING WEN HUA CHUAN BO CE LUE YAN JIU

朱佩芬 裴登峰 主 编
王 巍 孙 庚 副主编

中国社会科学出版社

图书在版编目（CIP）数据

北京文化传播策略研究／朱佩芬，裴登峰主编 . —北京：中国社会科学出版社，2015.5

ISBN 978 – 7 – 5161 – 6330 – 6

Ⅰ.①北…　Ⅱ.①朱…②裴…　Ⅲ.①文化传播－研究－北京市　Ⅳ.①G127.1

中国版本图书馆 CIP 数据核字（2015）第 124857 号

出 版 人	赵剑英
责任编辑	任　明
特约编辑	乔继堂
责任校对	郝阳洋
责任印制	何　艳

出　　版	中国社会科学出版社
社　　址	北京鼓楼西大街甲 158 号
邮　　编	100720
网　　址	http：//www. csspw. cn
发 行 部	010 – 84083685
门 市 部	010 – 84029450
经　　销	新华书店及其他书店

印刷装订	北京市兴怀印刷厂
版　　次	2015 年 5 月第 1 版
印　　次	2015 年 5 月第 1 次印刷

开　　本	710 × 1000　1/16
印　　张	16
插　　页	2
字　　数	262 千字
定　　价	55.00 元

目　　录

城 市 文 化

传统文化与北京城市文化建设 ……………………… 裴登峰（3）

北京文化符号的对外传播策略与世界城市建设 …………… 曲　茹（27）

新媒体环境下的传统文化传播策略研究 ………………… 王春枝（33）

北京文化教育的传承性研究 …………………………… 张　鹏（60）

北 京 形 象

北京标识性文化元素的内涵解读及传播策略 …………… 刘　晖（73）

城市宣传片中的北京形象研究 ………………………… 刘俐莉（99）

故宫导游话语与北京古都意象的构建 ………………… 王红斌（116）

北京的人文形象传播 …………………………………… 朱　麟（125）

从文化艺术节角度看北京"世界城市"区域品牌建设 …… 李　琛（143）

北京城市意象的影视传播 …………………………… 李星儒（158）

文 化 传 播

北京文化传播与汉语国际教育 ………………………… 王　巍（189）

摩洛哥孔子学院对中国文化的传播 …………………… 郭　玲（213）

NHK 纪录片的文化传播品牌研究 …………………… 孙　庚（232）

城市文化

传统文化与北京城市文化建设

裴登峰

　　摘　要: 本文主要探讨了文化的核心内容是"人化"和
"化人",论述了传统文化对形成今天的核心价值的作用与意义,
特别是传统文化与北京城市文化建设的关系。
　　关键词: 传统文化　北京　城市文化

　　在实现中华民族伟大复兴、铸就中国梦的总体战略中,"文化强国"
是一项重要的内容。"文化"应该一直是生活中的"热词"。因为文化是
一个民族的血脉,是民族身份认同以及民族生存和发展的根本力量。这就
要求我们对文化的认识、理解和把握,要提升到一个新的高度,达到新的
水平。既要审慎对待我们国家源远流长、博大精深的优秀文化,创造性地
继承千百来积淀而成的、值得每一个华夏儿女自豪的传统文化,更主要的
是在当今科技飞速发展、社会发生着日新月异变化的时代潮流中,对于传
统文化,既要继承,又要扬弃不合时宜的成分。在全球化格局中,在世界
经济一体化的形势下,为了争得应有的国际地位,创造当今的文化,使我
们国家既成为经济、军事强国,同时也成为文化强国。我们的目标是
"力求将文化大国、文化强国提升为文明大国、文明强国。什么是文明大
国? 就是使十几亿(至少是大多数)国民有知识、有才能、有道德;什
么是文明强国? 就是全体(至少是大多数)国民无论是思想或行为都具
有现代科学、现代理念、现代精神(包括现代道德)的素养"。① 这是一
个具有战略意义的话题,是每一个中华儿女要认真思考并付诸实际行动
的。但不可否认,不管是在知识、常识层面,还是在学理层面,许多人存
在一系列的疑问:文化究竟是什么? 讲究文化究竟要干什么? 中国传统文

---

① 毛志成:《文化贵在由"文"到"化"》,《北京日报》2011 年 11 月 24 日,第 19 版。

化包含什么内容？在当今时代有什么用、如何用？文化应该只是思想理论、宣传教育、新闻出版、文艺演出、文物管理等等属于文化部门和文化产业的事，那么，其他行政部门除了给予支持和配合，还能够做些什么？中国在世界上设立那么多的孔子学院，进行汉语推广，是不是要搞文化输出？这类问题表明，我们需要从理论上，从思想认识上，也就是从更广泛、全面的意义上，进一步理解文化的本质、特性与意义，才能更好地运用于实践，并将这种认识变为一种理论自信、行为自觉，才能更有力地推动文化强国建设。如果文化高高在上，对大多数人来说很陌生，感到与己无关，不知道自己在文化建设中应该扮演什么角色，起到什么作用，也就是说，文化没有大众化或被全社会大多数成员所理解、接受，并化为自己的意识自觉、行为主动，那就谈不上建设文化，要很好地进行现代化就有一定难度。因为现代化是一个综合的概念，包含丰富的内容。物质的发达是现代化的一个重要标志，但不等于全民的思想境界、道德水平、人格素养等方面达到了同等的水平。吃好、住好、穿好这些基本生活条件的满足，可以说是社会文明的表层构成，更主要的是全社会成员的价值观念、人文情怀、道德水准，特别是对他者的关怀，对社会、他人的责任意识、友善程度，要达到一个比较高的水平。每一个社会成员既是利益主体，是利益的创造者、分享者，同时也都要成为社会的良心。心中充满善意，行为体现爱心。

也就是说，只有"物"的现代化，而没有与时俱进、具有高度的文化自觉与实践，对自己的优秀传统文化充满自豪，又能创造新的文化的"人"的现代化，就永远不会有真正的现代化。而"人"的现代化，更主要的在于文化自觉。这是因为："第一，文化既是推动社会发展的重要手段，又是社会文明进步的重要目标。一个文明进步的社会必然是物质财富和精神文化共同进步的社会，一个现代化的强国必定是政治、经济、文化、社会协同发展的国家。……联合国教科文组织提出：'发展最终应以文化概念来定义，文化的繁荣是发展的最高目标'。……第二，文化既是凝聚人心的精神纽带，又直接关系民生幸福。……恩格斯说过：'文化上的每一进步，都是迈向自由的一步'。……当前，我们正处在经济转轨、社会转型的加速期，一些人的思想困惑、精神焦虑有所增多，人文关怀、心理疏导、精神抚慰的任务更加繁重。必须在坚持'以文化人'、'以文育人'的同时，更好地用文化温润心灵、舒缓压力、涵养人生，更好地丰富人们的精神世界，满足人们多样化多方面的文化需求，切实保障人民群众的基本文化权益。第三，文化既直接贡献于经济增长，又对提升经济发展质量发挥着重要作用。"[①] 如果没有文化自觉，就算物质再发达，也成不了强国。一个国家或民族，若只以有形的"硬件"输出"物质"，如只是输出电视机或手机等，而没有无形的思想、观念对别国或世界的影响，没有国家或民族的价值观念，没有国家或民族的文化自觉、自信、自强，这个国家或民族永远也不会成为真正的强国。这是一条颠扑不破、放之四海而皆准的真理。

一 文化的核心是"人化"和"化人"

从辞源上看，在中国的语言系统中，"文化"一词，早已有之。"文"字在甲骨文中为胸前有刻画图案的人形。"文"的本义，指色彩以及各色交错的纹理。《易·系辞下》云："古者包牺氏之王天下也，仰则观象于天，俯则观法于地，观鸟兽之文于地之宜，近取诸身，远取诸物，于是始作八卦，以通神明之德，以类万物之情。……上古结绳而治，后世圣人易之以书契。百官以治，万民以察，盖取之夬。""《易》之为书也，广大悉备。有天道焉，有人道焉，有地道焉。兼三才而两之，故六。六者非它也，三材之道也。道有变动，故曰爻，爻有等，故曰物；物相杂，故曰文；文不当，故吉凶生焉。"《国语·周语下》云："襄公有疾，召顷公而告之曰：'必善晋周，将得晋国。其行也文，能文则得天地。天地所胙，小而后国。夫敬，文之恭也；忠，文之实也；信，文治孚也；仁，文之爱也；义，文之制也；智，文之舆也；勇，文之帅也；教，文之施也；孝，文之本也；惠，文之慈也；让，文材也。……经之以天，纬之以地。经纬不爽，文之象也。"《礼记·乐记》云："五色成文而不乱。"《说文解字》云："文，错画也，象交文。"段玉裁注："'错'当作'逪'。'错画'者，交逪之画也。《考工记》曰：'青与赤谓之文。'逪画之一端也。逪画者，文之本义。彣彰者，彣之本义，义不同也。黄帝之史仓颉见鸟兽蹄迒之迹，知分理可相别异也。初造书契，依类象形，故谓之'文'。"在此

[①] 云杉：《文化自觉 文化自信 文化自强——对繁荣发展中国特色社会主义文化的思考》，《新华文摘》2010 年第 20 期。

基础上，"文"又有若干层的引申义。"其一，为包括语言文字在内的各种象征符号，进而具体化为文物典籍、礼乐制度。《尚书·序》所载伏羲画八卦，造书契，'由是文籍生焉'，《论语·子罕》所载孔子说'文王既没，文不在兹乎'，是其实例。其二，由伦理之说导出彩画、装饰、人为修养之义，与'质'、'实'对称，所以《尚书·舜典》疏曰'经纬天地曰文'，《论语·雍也》称'质胜文则野，文胜质则史，文质彬彬，然后君子'。其三，在前两层意义之上，更导出美、善、德行之义，这便是《礼记·乐记》所谓'礼减而进，以进为文'，郑玄注'文犹美也，善也'，《尚书·大禹谟》所谓'文王敷于四海，祗承于帝'"。① 近年有学者对"文"义的实体性认识，有以下这样一些结论。"其一，通过以上简要的论述可以看到，以自然社会和人类社会为'底本'发生、成长起来的文义，在对自然界和人类社会的'文化'中不断丰富、严密和成熟，随着其外延越来越清晰，其内涵也越来越具体、充实，从而具有了'文化'的实体性。这作为一个'事实'存在于文义发展和应用的历史中……其二，'文化'并不是'文'的实体性意义的全部，只是其中之一。但'文化'不是空洞的概念或散乱的意义碎片，而是一个具有实体性的意义系统，就其实体的运动的过程而言：一方面是'文化'（世本基体）实体自己的运动，同时也是其上一级实体（文义总体）的运动——从这个角度看，'文化'只是'文'运动的一个阶段和一种形态；单从另一个角度看，又是'文化'的运动推动并实现了'文'的运动，二者之间包含许多复杂的运动关系和过程。其三，'文'的'文化'（世本）意义并不是也不能单纯孤立地展开和实现，而是包含着'文'的另外两个意义系统亦即人本和文本意义一并展开和实现的，……也就是说'文化'意义的展开与实现虽然包含着人本、文本意义的展开与实现，但在这里终归都属于'文化'意义的展开与实现。其四，文义的实体性运动，是通常呈现为世本—人本—文本的顺序，亦即'圣人'在进行'文化'时，一般是先从大处（整体上）着眼，经营天下国家，然后从具体入手，通过教化来完成社会成员的人格修养，从而实现'致化'，并最终呈现出文

---

　　① 张岱年、方克立主编：《中国文化概论》，北京师范大学出版社 1994 年版，"绪论"第1 页。

质彬彬的状态，这是一个'由本逐末'的运动路线。"①

"化"本义为改易、生成、造化，突出一个字："变"。《易·系辞下》云："男女构精，万物化生。"《国语·晋语九》记载赵简子与大夫窦犫有这样一段对话，对理解"化"很有帮助。

> 赵简子叹曰："雀入于海为蛤，雉入于淮为蜃。鼋鼍鱼鳖，莫不能化，唯人不能，哀夫？"窦犫侍，曰："臣闻之：君子哀无人，不哀无贿；哀无德，不哀无宠；哀名之不令，不哀年之不登。夫范、中行氏不恤庶难，欲擅晋国，今其子孙将耕于齐，宗庙之牺为畎亩之勤，人之化也，何日之有！"

窦犫此说，由表及里，由现象及本质，由日常生活中的自然现象，引申到治国、如何处理政事，以及由此会给人带来的变化，至今仍有很好的借鉴意义。另如《庄子·逍遥游》载："北冥有鱼，其名为鲲。鲲之大，不知其几千里也。化而为鸟，其名为鹏。"《黄帝内经·素问》云："化不可代，时不可违。"《礼记·中庸》云："可以赞天地之化育。"这些表述都突出了在时间、空间的转换中，事物生生不息、不断变化的客观规律。这实际上就隐含着一个重要的哲学命题：人在社会生活中，既要不断吸取新鲜的知识，以便"自化"，又要用自己的创造行为，促进社会的进步，实现"他化"。

在中国传统文化里，"文"常常与"德"相连。可以说，"文德"意识贯穿于中国历史发展中每个阶段的最高统治者的意识中。每个朝代，一旦马上打下了天下，便要息武倡文。明成祖曾言："振纲常以布中外，敷文德以及四方"（《明史·食货志》）。而讲究"文德"，始自远古。《尚书·尧典》称"昔在帝尧，聪明文思，光宅天下。"孔颖达释云："以此聪明之神智，足可以经天纬地，即'文'也。……'聪明文思'，即其圣性行之于外，无不备知。故此德充满居止于天下而远著。德既如此，政化有成，天道充盈，功成者退。"《舜典》言舜"重华协于帝，濬哲文明，温恭允塞，玄德升闻，乃命以位"。孔安国释云："'华'谓文德，言其光文重合于尧，俱圣明。"《舜典》还言舜"受终于文祖"。《史记·五帝本

---

① 陈飞：《古"文"实义说略》，《中国社会科学》2007年第4期。

纪》以为："文祖者，尧太祖也。"《诗·周颂·思文》则称"思文后稷，克配彼天"。《周颂·烈文》赞文王之"文"，《国语·周语下》称赞"文王质文，故天胙之以天下"，武王"昭显文德"。《诗·大雅·江汉》赞誉周王"矢其文德，洽此四国"。《左传·僖公三十年》云："国君，文足昭也，武可畏也，则有备物之飨，以象其德。"《襄公二十五年》云："言之无文，行而不远。"《史记·夏本纪》云："夏禹，名曰文命。"《索隐》言："《尚书》云'文命敷于四海'，孔安国云'外布文德教命'，不云是禹名。……盖古者帝王之号皆以名，后代因其行，追而为谥。"《说苑·修文》云："积恩为爱，积爱为仁，积仁为灵。神灵者，天地之本，而为万物之始也。是故文王始接民以仁，而天下莫不仁焉。文德之至也。德不至，则不能文。""商者，常也。常者，质。质主天。夏者，大也。大者，文也。文主地。……救鬼莫如文，故周人教以文，而君子文矣小人之失薄。……《诗》曰：'雕琢其掌，金玉其相。'言文质美也。"在中国几千年的漫长历史发展长河中，社会发展的总规律是一治一乱。对于老百姓而言，这样的演变过程，其实质无非是鲁迅在《灯下漫笔》里概括的两种情况：暂时做稳了奴隶的时代，想做奴隶而不得的时代。这样的现象不断重复上演，其间的人和事构成中国的历史。尽管朝代名称有变化，皇帝改姓，但国还是那个国，百姓依然如故。另外还有一个非常重要的现象就是：当每一个新的朝代建立起来以后，统治者明白马上可以得天下，但马上不能治理天下。当武事平息，便要行文治。每个朝代都要建立一整套制度、秩序、规范，于是便构成了文德的基本内容。

　　"文"与"化"并联使用，见于《易·贲卦·象传》："刚柔交错，天文也；文明以止，人文也。"王弼注云："刚柔交错而成文焉，天之文也。"孔颖达疏云："天之为体，二象刚柔，刚柔交错成文，是天文也。"关于"人文"，王弼注云："止物不以威武而以文明，人之文也。"孔颖达疏云："用此文明之道，裁止于人，是人之文德之教。此'贲'卦之象，既有天文、人文，欲广美天文、人文之义，圣人用之以治于物也。"对《易·贲卦·象传》"观乎天文，以察时变；观乎人文，以化成天下"，王弼注云："观之天文，则时变可知也；观人之文，则化成可为也"。孔颖达疏云："'观乎天文，以察时变'者，言圣人当观视天文，刚柔交错，相饰成文，以察四时变化。若四时纯阳用事，阴在其中，靡草死也。十月纯阴用事，阳在其中，荠麦生也。是观刚柔而察时变也。'观乎人文，以化成天下'者，言圣人观察人文，则《诗》《书》《礼》《乐》之谓，当法此教而'化成天下'也。"这里的"文"，"即从'纹理'之义演化而来。日月往来交错文饰于天，即'天文'，亦即天道自然规律。同样，'人文'，指人伦社会规律，即社会生活中人与人之间纵横交织的关系，如君臣、父子、夫妇、兄弟、朋友，构成复杂网络，具有纹理表象。这段话说，治国者须观察天文，以明了时序之变化，又须观察人文，使天下之人均能遵从文明礼仪，行为止其当所止。在这里，'人文'与'化成天下'紧密联系，'以文教化'的思想已十分明确"。①

"关于文化的本质，在肖前教授等主编的《马克思主义哲学原理》一书中，曾给出了一个体现马克思主义中国化风格的简要表述：'文化即人化'。这个表述，可以说是总结了历史上中西文化观中最重要的核心和实质内容。""中西辞源显现了共同的内涵。说到底：文化就是'人化'和'化人'。'人化'是按人的方式改变、改造世界，使任何事物都带上人文的性质；'化人'是反过来，再用这些改造世界的成果来培养人、装备人、提高人，使人的发展更全面、更自由，'化人'是'人化'的一个环节和成果、层次和境界。"② 以"文"化"人"，是要让文化以潜移默化的方式，教育人、感染人、熏陶人，从而在耳濡目染中影响人的思想意识、言行举止、道德观念、价值判断，不断提升人的内在修养、道德水平、思想与精神境界，实现人的全面、健康的发展，从而推动社会建设的全面、健康的进步。"人能从动物人变成社会人，从野蛮人进步为文明人，从低级文明人发展为高级文明人，靠的就是文化。人创造了文化，文化也创造了人。文化是人类社会的基因。一切的创新都是从文化创新开始的，而一切文化的创新又是从知识创新开始的。"③ 由"文"至"化"的形态有多方面。"我们应当提倡的是：化作高明的思想；化作真实的才能；化作有技能的制造和有品位的创造；化作事业和产业。"④

那么，究竟什么是"文化"？这个词向来有从小到大、从狭到广的多种含义。在传统意义上，中国民间曾把"识文断字"，即上过学，受过教

① 张岱年、方克立主编：《中国文化概论》，北京师范大学出版社1994年版，"绪论"第2页。

② 李德顺：《什么是文化》，《光明日报》2012年3月26日，第5版。

③ 杨叔子：《"读好书"与"做好人"》，《光明日报》2012年4月24日，第13版。

④ 毛志成：《文化贵在由"文"到"化"》，《北京日报》2011年11月24日，第19版。

育，有一定知识，就叫做"有文化"，这或许是最狭义的"文化"概念了。而且因为中国古代可以上学的人是极少数，所以，老百姓对念书人，即有文化的人是仰视的，所以民间有"秀才不出门，能知天下事"之说。这实际上体现的是老百姓对有文化者的赞誉之情与向往心态。在学术上给文化作界定，又往往把它说成是"人类创造的物质和精神生产的总和"。综观而言，中外关于文化的定义不下几百种。当然，从学术的层面看，虽然没有一个确切的答案，但"文化"仍然是一个值得探讨的话题。我们在这里罗列这些说法，不是要对"文化"下定义，因为那样没有结果，所以毫无疑义，但是我们试图通过对"文化"概念内涵、外延的描述，对其内容与形式的构成有一定的认识，从而能够较好讨论我们的话题。因为"文化"虽然是一个众说纷纭的话题，谁也不可能用几句话将其界定，但大家都是从不同的角度、不同的方面，对其内在规定性予以阐释。

当今社会文化的作用与功能，主要体现在以下几个方面："第一，文化是民族凝聚力和创造力的重要源泉。……它是一个国家和民族赖以存在的基础、发展的根基，更是一个民族凝聚力和创新力的不竭源泉。第二，文化是经济社会发展的不竭动力。第三，文化是满足人民精神文化需求的重要途径。……而文化如水，润物无声，能够启迪心灵、愉悦身心、陶冶情操、增进知识，从而满足人们的精神文化需求，丰富人们的精神世界，提升人的素养，最终实现人的全面发展。第四，文化是国家的名片，是综合国力的重要标志。……综合来讲，文化是一种凝聚力、竞争力、影响力，文化的功能一是引领风尚、教育人民、服务社会、推动发展。二是满足人民过上美好生活的精神需求。"[①]

在今天的文化建设中，有人主张要将"高雅文化"、"精英文化"与"通俗文化"、"大众文化"结合起来。特别是要警惕一些打着文化建设的旗号，过度政绩化、功利化、商业化、媚俗化的现象。这是非常正确的。但也有一些功利化的学者，附和一些地方政府的想法，昧着学者的良知，将老子的故里说成是某某，并耗费大量的人力、物力、财力召开会议，《光明日报》不止一次登载这方面的消息，甚至长篇报道。有人要考证自己的家乡是"牛郎织女"传说的发源地，忽悠地方政府设立七夕"乞巧"

① 《建设社会主义文化强国　实现中华文化的伟大复兴——文化部部长蔡武答记者问》，《光明日报》2013年8月28日，第3版。

文化节。有人要将自己的地方与西门庆联系，标榜自己是某小说中虚构人物的"故里"。有人说花果山、桃花源在我这里，等等。"乱哄哄你方唱罢我登场"，体现出极度的浮躁、浮华、浮夸。这是对文化的糟蹋，不仅体现着功利的目的，更主要的是体现着无知，或者睁着大眼说瞎话。这恰恰是没有文化的表现。在文化建设上，要提倡各种形式、符合当地实际，不标新立异，更不会毁坏已有遗迹，破坏生态环境，能为广大老百姓接受、受益的"惠民工程"。这个工程以改善、提高民生福祉为动机、出发点和目的。要尊重自然规律，符合社会发展规律，具有长远效应。这样的工程绝不是短命工程、形象工程、面子工程、政绩工程。不是摆样子做给人看，表面风光，实则玄弄之后即成为垃圾，甚至成为城市建设中的败笔。劳民伤财，造成人力、物力、财力的极大浪费。文化建设要融入老百姓的日常生活，与他们的衣食住行息息相关。让老百姓能感受到、体验到这样的工程带来的实惠。另外如我国传统节日"有名无实"的情况越来越严重。特别是在年轻人那里，传统节日对他们来说只是遥远的过去。他们不了解传统节日的文化内涵，所以觉得这些节日索然无味，再加上商业化的无处不在，以及赶思潮的趋众化倾向的推动，"节日文化"越来越淡化。这不能不引起我们的担忧。当然，传统节日诞生在封闭的小农社会，是物质生活不发达、人们沟通信息不畅情况下的产物。人们可以在这样特定的日子里亲人团聚、走亲访友，联络感情，这是"节日之魂"。人们甚至可以在这样的日子里吃好饭、穿新衣，所以很有"盼头"。自2011年起，我国城市人口第一次超过了农村，城市生活越来越成为主流。在这样的情况下，还要沿袭原来的节日习惯，主观上没有这样的观念了，客观上也不现实。这就需要推陈出新，以延续人们对传统节日的兴趣。因为一切的行为，首先是建立在需要的基础上的，其次是有主观自觉。

二　传统文化的核心内涵与当下价值

中国传统文化讲究儒、道互补，这是塑造中华民族性格的最主要的文化。后来佛教传入中国并本土化以后，儒、道加上中国化了的佛教，即儒、释、道构成了传统文化的核心。儒家文化的代表人物，人们一般推崇的是孔子、孟子、荀子，但实际上文王、周公在儒家思想的形成中，起了重要的作用。特别是周公在西周初年，为了很好地治理天下，制定秩序，并使周王朝长治久安，治礼作乐，从制度上形成了一整套等级秩序与伦理规范。周公的思想主要体现在《逸周书》中。后来通过《论语》《孟子》《荀子》体现的儒家思想的主要内容，为仁、义、礼、智、信、温、良、恭、俭、让等一系列行为规范，君臣、父子、兄弟、夫妇、朋友等一整套社会伦理秩序。非常讲究各在其位，各行其是，强调孝、敬、养生、送死。儒家思想的许多内容，至今仍然健康而鲜活的。曾有材料报道了儒家、道家在世界上的影响。如日本近代著名的风云人物涩泽荣一（1840—1931），日本人誉之为"企业之父"、"金融之王"、"近代经济的最高指导者"。他总结办企业成功经验的书，题为《〈论语〉加算盘》。《论语》主要突出"义"、文化，算盘喻利、经济。他说："以《论语》为处世之金科玉律，经常铭之左右而不离。"在基督教世界，每个人都要读一本书——《圣经》；在伊斯兰教世界，每个人都要读一本书——《古兰经》；国人至少要读两本书——《老子》《论语》。1988 年，全世界的诺贝尔奖获得者在巴黎集会后，所发表的宣言以为：如果人类要在 21 世纪继续生存下去，必须回到 2500 年前，去吸收孔子的智慧。为什么？因为孔子的思想（包括道家思想）中，遵循了人与人、人与社会、人与自然如何和谐相处，平衡、持续发展的原理，因而任何时候都不过时。工业化文明使人越来越"技术化"，在许多方面背离了人生存的意义，忽略了人的生命的本质。

　　和谐理想是构成中华文化传统思想的一项重要内容，是儒、道两家共同的思想资源，是中国古代最重要的社会、政治理念之一，也是古代政治生活、社会生活中贯穿始终的一条主线。《逸周书·度训》云："任壮养老，长幼有报。民是以胥役也。夫力竟非众不克，众非和不众。和非中不立，中非礼不慎，礼非乐不履。明王是以无乐非人，无哀非人。人是以众。人众，赏多罚少，政之美也；罚多赏少；政之恶也。"孔子的学生有子提出了"和为贵"的主张。贾谊《贾子·道术》提出"刚柔得道谓之和"，董仲舒《春秋繁露·循天之道》认为，"夫德莫大于和，而道莫正于中"，"能以中和理天下者，其德大盛"。在先秦典籍中，《论语·子路》记载孔子提出"君子和而不同，小人同而不和"的主张，而集中具体谈和谐思想的是《国语》。《国语》所倡导的和谐，与先秦其他典籍中倡导的和谐有相同之处，更主要的是有一定区别。《国语》中集中谈和谐的文字在《郑语》中。郑桓公与史伯在下面的对话中，在中国历史上第一次对和谐理论进行了完整的探讨，特别是区分了"和"与"同"的内涵及其作用。公曰："周其弊乎？"对曰："殆于必弊者也。《泰誓》曰：'民之所欲，天必从之。'今王弃高明昭显，而好谗慝暗昧；恶角犀丰盈，而近顽童穷固。去和而取同。夫和实生物，同则不继。以他平他谓之和，故能丰长而物归之；若以同裨同，尽乃弃矣。故先王以土与金木水火杂，以成百物，是以和五味以调口，刚四支以卫体，和六律以聪耳，正七体以役心，平八索以成人，建九纪以立纯德，合十数以训百体。出千品，具万方，计亿事，材兆物，收经入，行姟极。故王者居九垓之田，收经入以食兆民，周训而能用之，和乐如一。夫如是，和之至也。于是乎先王聘后于异姓，求财于有方，择臣取谏工而讲以多物，务和同也。声一无听，色一无文，味一无果，物一不讲。"

"和"的基本含义，是指处于各种不同对立面的事物相辅相成，达到对立统一。所谓"以他平他谓之和"。即各种不同事物的融通、制约、配合、协调的平衡状态。但不是将不同事物的叠加，而是在平行发展中相互支撑、扶持，共同成长，形成一种稳定的结构与状态。既指和谐、均衡、协调，也指保持各自特点，多样化发展，多样性并存，各呈其态，各显其质，各美其美。体现多样性、层次性、包容性。承认事物的变化性、丰富性。简而言之，就是要顺应自然事物本有属性，多样并存，共同生衍，互补互荣，如金、木、水、火、土的相生相克，这样就遵循了本来存在的事物生态链。要顺应自然属性，避开人为强加的社会属性。这种整体、动态的和谐，推动着事物周而复始的循环，推动着社会历史的进步与发展。自然界中若遵循了这样的原则，则是顺天之道，按照自然规律运动；人类社会中若遵循了这样的原则，就会和平、健康的向前发展。"同"则消解了事物的多样性原则，违背了事物的本来属性，是人为制造了不均衡、不和谐。所谓"均一则不和"（《逸周书·命训解》），"声一无听，色一无文，味一无果，物一不讲"。"同"是将同质的事物堆砌在一起，这样就会只有量的增加而无质的变化。同类重复，陈陈相因，就会显得无生命，自然也就不会诞生出新鲜的事物。史伯通过这样的表述，说明在政事和日常生活中，既要听正面的意见，也要吸收不同的主张。不能"去和而取同"。因为"去"与"取"本身就破坏了事物的多样性规律，是非理性的单向思维。吴王夫差在这一点上的灭国教训，至为惨痛。即《吴语》申胥劝谏夫差时所痛陈的"今王播弃黎老，而孩童焉比谋，曰：'余令而不违。'

夫不违，乃违也。夫不违，亡之阶也"。夫差正是听不进不同的意见，"去和而取同"，使得"圣人不出，忠臣解骨；皆曲相御，莫适相非，上下相偷"（《越语上》），导致亡国。世间许多事情在进行过程中，有正面一般就会有反面。若只承认、利用有利于自己的一面，而忽略不利于自己的一面，在处理矛盾关系时，从战略角度考虑，不失为一种有效方式与手段。但若在主观上，从认识的角度，人为排除不利因素，无视其客观存在性，那么就会因为盲目"选择"的局限，导致事物发展到一定程度会出现问题，因为这样认识问题是片面的。只有全面认识问题，才会统筹兼顾，利用有利因素，并积极化不利因素为有利因素，防患于未然。"和谐"是我国传统文化的重要理念和价值取向。可以分为这样几个层面：人与自然、人与社会、人与人、个人内心的和谐、国际关系的和谐。和谐是天地万物的常态，不和谐是暂时的。社会人生的不和谐，人与自然的不和谐，主要是人的不当行为造成的。人与自然和谐共处的思想，对当今提倡的绿色发展、循环发展、低碳发展，是跨越时空的回应。

　　道家的代表人物为老子、庄子，体现他们思想的书籍是《道德经》《庄子》。《道德经》中的许多名言，至今仍然有强烈的现实意义。如"天网恢恢，疏而不漏"。道家主张中，最重要的概念就是"道"，即"人法地，地法天，天法道，道法自然"。就道对万物而言，"道法自然"是指道顺应万物的发展而不加干涉，以听任万物依其本性而自生、自长、自化、自成为法则，也就是让万物按照"自己那样"而存在和发展变化。老子最重要的主张主要是自然、无为、和谐。老子所说的"自然"，是自己如此、势当如此和自己成就自己，以及与"认为"相对立的自然而然、自然天成、事物的天然本性等意思。"'无为'是老子政治哲学的核心范畴，老子的'无为'大体有以下几种涵义：第一，无为是'似无而实有'的行为。……第二，无为是顺应事物的自然本性而为，是对某些'反自然'的行为的规避和反动。'反自然'的行为包括：统治者违逆民众的自然本性，对民众实施的直接控制和粗暴干预。第三，无为是无私志、无私欲之为，无主观妄作之为。老子在讲到无为时，总是强调要出以公心，'生而不有，为而不恃，功成而弗居'，'生而不有，为而不恃，长而不宰'等。他还强调要力戒主观妄作，指出："知常明。不知常，妄作，凶。'第四，无为是有所为，有所不为。高明的领导不是管束型、包办型的领导，不是事必躬亲、日理万机的领导，而是有所为，有所不为的领导。"①"自然"、"无为"就是实事求是，求真务实，一切应全面而协调地按客观规律办事。如柳宗元《种树郭橐驼传》提出的"顺木之天，以致其性"。如《水浒传》揭示的"官逼民反"，是老百姓实在活不下去了。即使艰难但要能活下去，这是老百姓生存的"底线哲学"。任何时代，任何一个统治者，一定要关注老百姓最基本的生存条件，当全社会的民众生活难以维系的时候，这个社会自然就要崩溃，要被推翻。

　　20世纪，人类在科学技术和物质财富上虽取得了突飞猛进的发展，但也造成了价值迷惘、环境破坏，特别是心灵污染三大危机。面对这些社会危机，西方人开始将眼光投向东方，从中国道学中寻求哲学智慧，以解决现实问题。早在1973年，英国著名历史学家汤因比就在自己的名著《历史哲学》中，预言了文明发展到一定阶段，许多矛盾冲突的不可避免性，并指出应该从中国传统文化中找出解决问题的方案。汤因比在这本书中指出，当人类进入20世纪以后，世界形势会发生四个方面的重大变化：一是科学的进步可能将世界置于一个统一的大市场内；二是核技术的利用，尤其是核武器的出现，使人类面临严重的威胁；三是世界上的资源越来越枯竭；四是生存环境受到严重污染。今天看来，汤因比的预言完全正确，这证明了汤因比的先见之明，也证明着人类的可悲。他指出："超工业化的西方生活方式和中国的生活方式都潜伏着自我毁灭的因素。西方方式是爆炸型的，中国方式——传统的中国方式——是固化型的。但是，这两种方式也都提供了让人们安居乐业所必不可少的东西。爆炸型的西方方式是充满活力的，固化型的中国方式是稳定的。根据历史上类似的发展情况看，西方目前的优势很有可能被一种混合而统一的文化所取代，那么西方的活力就很有可能与中国的稳定恰当地结合起来，从而产生一种适用于全人类的生活方式——这种方式将不仅使人类得以继续生存，而且还能保证人类的幸福安宁。"

　　道家思想引起了世界上许多人的关注，并强调这些内容的现实意义。美国学者迈克尔·哈特在评述《道德经》时指出："这本书虽然不到六千字，却包含着许多精神食粮。"哈佛大学教授约翰·高认为《道德经》"是一本有价值的关于人类行为的教科书"。美国科学家威尔·杜兰认为

———————————

①　董京泉：《老子的和谐与自然无为思想》，《光明日报》2011年12月26日，第5版。

《道德经》"是最迷人的一部奇书"。美国学者蒲克明预言"《道德经》将是一本家传户诵的书"。德国人尤利噶尔指出"老子，他是推动未来的能动力量，他比任何现代的都更具有生命的活力"。德国哲学家尼采认为《道德经》"像一个永不枯竭的井泉，满载宝藏"。荷兰莱顿大学教授施舟人肯定道学"对西方文化来说，是一个不可多得的，能使西方文化得以更新的动力和活力的源泉"。因为《道德经》是人类最古老、最系统的第一步"大成智慧学"。不少国家的领导人都指出，要想构建"和谐社会"与"和谐世界"，必须善于从《道德经》中去寻找政治智慧。德国前总理施罗德大声呼吁：每个德国家庭买一本中国的《道德经》，以帮助解决人民思想上的困惑。美国前总统里根援引《道德经》中"治大国若烹小鲜"的治国名言，以寻求其治国理念和方略。俄罗斯前总统梅德韦杰夫建议全世界"遵循中国古代伟大哲学家和思想家老子的教诲，来应对世界金融危机"。联合国秘书长潘基文极力推崇《道德经》的"天之道，利而不害；圣人之道，为而不争"的名言，努力将这种不朽的哲学智慧应用到联合国工作。英国哲学家克拉克认为"现代经济自由市场的原理就是源于《老子》的无为而治"。法国阿尔斯通总裁安南·伯格声称："在中国做生意，要懂《老子》。"曾担任财富五百强公司高级执行官的詹姆斯把《道德经》尊为新世纪的商业理论。奥地利经济学家哈耶克认为道家的"我无为而民自化，我好静而民自正"的观点，就是他的自发秩序理论的经典表述。美国微软公司创始人比尔·盖茨根据老子的"天之道，损有余补不足"的思想，从事公益慈善事业。美国 GE 公司前总裁杰克·韦尔奇依据老子的"为道日损"的思想，提倡"无为式"的"简单的管理"。英国科学家霍金在老子"天下万物生于有，有生于无"的思想启示下，提出"宇宙创生于无"的理论。美国物理学家约翰·惠勒提出的"质朴性原理"，与老子所谓"道"的质朴性是不谋而合的。美籍华人李政道发现量子力学中的"测不准原理"，与老子所说的"道可道，非常道"的思想，也有吻合之处。日本农学家福冈正信提出"自然农法"，并称自己"就是在老子'道法自然'这一伟大命题的启发下提出来的"。德国诗人克拉邦德号召德国人应当按照"神圣的道家精神"生活，争做"欧洲的中国人"。俄国大文豪托尔斯泰认为西方人应按照"上善若水"理念塑造现代人的理想人格，并学会以"方圆之道"处世待人。

三 传统文化与北京城市文化建设

当今世界,"地球村"已形成,全世界经济一体化步伐加快,各国之间相互依托、相互影响越来越大,形成了你中有我、我中有你的格局。世界某个地方的经济出现问题,几乎是牵一发而动全局,谁也不能独善其身。但经济可以一体化,文化可以区域化,但文化不能一体化,文化必须是多元化。每一个国家,每一个民族应该保有自己独特的文化。到外国旅游的人,会有"好山好水好寂寞",回国后又有"好脏好乱好快活"的感觉,为什么?再好的山水,没有文化认同,即自我身份的承认,你是不舒服的。外国你是客,而不是主。在国内终于感到这是我们自家的地盘。"熟悉"的不仅是物化的环境,更主要的是文化上的一体。

就一个城市而言,文化是城市实力的重要组成部分,是城市形象的重要影响因素。加强城市文化建设,是推动社会主义文化大发展、大繁荣的重要内容,是实现城市科学发展的迫切需要。城市文化体现着一个城市的精神品格与气象。一个城市的马路、高楼,尚不能代表这个城市是否有文化。再宽的马路,再多的高楼大厦,再多的广场,但要是人们内心不畅,纸屑遍地,痰唾满街,动辄怒目而视,充满怨气、戾气,没有人文情怀,这样的城市,永远不会让人感到宜居、舒适。总是让人感到不舒适和压抑的。没有高素质的居民,一个城市永远不会有多高的文明。人没有文化,言行不文明,再好的建筑之类的硬件也只是壳,而没有魂。城市文化建设需要传统文化的滋养,特别是城镇化建设更需要文化的滋养。没有文化的加入,没有文化作为基础,城镇化就没有核心竞争力,也就不具备多样性的品格。城镇化与传统文化并不矛盾。可以将传统文化灵活运用,在城市文化建设中与现实文化和谐并存,互为补充。新型城镇化的发展,应该像国家领导人所强调的那样,要注重"化",注重"人",而非只是城镇,更不能顾城失村。多少年来,由于客观实际(如卫生、居住环境、生活与医疗条件、交通不便)和主观认识两方面的原因,乡村几乎成了愚昧、落后的代名词。但今天强调城镇化,不能简单视为对乡村的抛弃,不能只想着"城市,让生活更美好",甚至城市就是幸福的代名词。让农民上楼并不等于城市化。如果不进行文化建设,即使物质富足,人们也不一定有很强的幸福感。即使是农村的楼房盖起来了,但若只剩了老弱病残幼,甚至一家人只有一个老人孤独守空屋，在寂寞与无奈中度日，这样的社会根本谈不上是和谐社会，也谈不上全民幸福。

在北京城市文化建设中，要以兼容并包、海纳百川的思路，坚持城市文化与群众文化相融合，激发城市活力；坚持北京地域文化与外来文化相融合，丰富城市文化内涵，将传统文化与现代文化、外来文化相融，本土文化与外来文化同台竞秀，塑造城市个性；坚持有形文化与无形文化相融合，充分发挥人的自觉性、主动性，提升人的文化素养，培育城市精神。北京精神是城市的灵魂。必须树立以恢宏大气、前瞻引领，既有深度又有厚度的独特北京精神并予以发扬光大。没有文化的城市，再好的"顶层设计"，也难以实现或体现不出来。而在文化建设的过程中，不能忽略传统文化的作用。

在中国传统文化中，由于农耕社会封闭、稳定、自给自足的生活环境与方式，人们特别重视寻根追源，尊祖敬宗，有比较强烈的祖先崇拜意识，强调以血缘家族为本位的宗法制度。《尚书·尧典》云："克明峻德，以亲九族。九族既睦，平章百姓。百姓既明，协和万邦。"《诗·商颂·那》言："自古在昔，先民有作。温恭朝夕，执事有恪。"《国语·鲁语下》云："先圣王之传恭，犹不敢专，称曰'自古'，古曰'在昔'，昔曰'先民'。"这表明其时人这样称呼，也是对先人的一种恭敬。《管子·小匡》里有这样一段话，对以家族为单位基础上建立起来的熟人社会的组织与作用，做了很好说明。其云："故卒伍之人，人与人相保，家与家相爱，少相居，长相游，祭祀相福，死丧相恤，福祸相忧，居处相乐，行作相和，哭泣相哀。是故夜战其声相闻，足以无乱；昼战其目相见，足以相识；欢欣足以相死。是故以守则固，以战则胜。"《白虎通义·宗族》云："宗者，何谓也？宗者，尊也。为先祖主者，宗人之所尊也。《礼》曰：'宗人将有事，族人皆侍。'古者所以必有宗，何也？所以长和睦也。大宗能帅小宗，此百世之所宗也。""族者，何也？族者，凑也，聚也。谓恩爱相流凑也。上凑高祖，下至玄孙，一家有吉，百家聚之，合而为亲，生相亲爱，死相哀痛，有会聚之道，故谓之族。"梁启超《新大陆游记》云："吾国社会之组织，以家族为单位，不以个人为单位；所谓家齐而后国治也。"钱穆《中国文化史导论》云："'家族'是中国文化的基石，我们几乎可以说，中国文化，全部都从家族观念上筑起。"梁漱溟《中国文化要义》云："家庭生活是中国人第一重的社会生活；亲戚邻里朋友等关系是中国人第二重的社会生活。"可以说，在个人独立角色意识不强烈，民主不发达的社会环境里，以血缘关系为纽带的宗法制度，不仅形成了"家国一体"的政治体制，而且对普通老百姓的日常生活影响很大。约束更强的不是法律，因为老百姓知道法律是不能触犯的，对老百姓影响更大的是伦常秩序，这其中也包括礼乐制度。在许多场合下有先人规定好的行为规范，而且先人是执行这些规范的模范。这就导致人们在现实中遇到实际问题时，很容易到先人那里去找样板，寻答案。当然遇到问题时，人们一方面对先人怀着虔诚之心，另一方面愿意寻求祖先的庇佑与帮助。冯友兰《中国哲学简史》第二章在分析"中国哲学的背景"时，列举了"中华民族的地理背景"、"中华民族的经济背景"、"上农"、"反者道之冬"、"自然的理想化"、"入世和出世"、"中国的艺术和诗歌"、"中国哲学的方法论"、"海洋国家和大陆国家"、"中国哲学中不变的和可变的成分"几方面。在"家族制度"谈道："农只有靠土地为生，土地是不能移动的，作为士的地主也是如此。除非他有特殊的才能，或是特别地走运，他只有生活在他祖祖辈辈生活的地方，那也是他的子子孙孙继续生活的地方。这就是说，由于经济的原因，一家几代人都要生活在一起。这样就发展起来了中国的家族制度，它无疑是世界上最复杂的、组织得很好的制度之一。儒家学说大部分是论证这种制度合理，或者是这种社会制度的理论说明。""家族制度过去是中国的社会制度。传统的五种社会关系：君臣、父子、兄弟、夫妇、朋友，其中有三种是家族关系。其余两种，虽然不是家族关系，也可以按照家族来理解。""由于同样的原因，祖先崇拜也发展起来了。居住在某地的一个家族，所崇拜的祖先通常就是这个家族中第一个将全家定居此地的人。这样他就成了这个家族团结的象征，这样的象征是一个又大又复杂的组织必不可少的。"① 寻根其实就隐含着对祖先的崇拜。"几千年中，全社会并未长期存在如同古代印度和欧洲中世纪那样森严的等级制度，社会组织主要是在父子、君臣、夫妇之间的宗法原则指导下建立起来。""由此我们可以看到，在宗法观念下，个人是被重重包围在群体之中的，因此，每个人首先要考虑的，是自己的责任和义务，如父慈、子孝、兄友、弟恭之类，个人的权利则显得不那么重要。这就是所谓的'人道亲亲'。《礼记·大传》中释'人道亲亲'说：'亲亲

---

① 冯友兰：《中国哲学简史》，北京大学出版社 1998 年版，第 18—19 页。

故尊祖，尊祖故敬宗，敬宗故收族。’由尊祖到敬宗再到收族，整个社会就团结起来、统一起来，这正是儒家的想法。"[①]

　　同时，我国传统稳定的农耕社会和较少变化的经济结构，形成了早期人们和平自守的内向型稳定心理结构，以及"安土乐天"的生活态度。《周易·系辞上》云："安土顿乎仁，故能爱。"《礼记·哀公问》云："不能安土，不能乐天；不能乐天，不能成其身。"人们的家园意识，故乡情结非常强烈。"思念故乡，郁郁累累"。"月是故乡明"。故乡不仅是温馨的，是生活的依赖，也是寄托、栖息精神之地。多少年来，乡村是人们的生活祖屋与精神寓所。人们在那里繁衍生息，以缓慢而又沉重的脚步，一点一点地丈量着自己的人生，消磨着平凡而又踏实的时光。"乡土中国"是流淌于中国人血脉之中的情结。除非大的战乱、灾难，通常人们的迁徙、流动都较少。这样一种安土重迁的固有观念与家园意识，使人们喜静不喜动，遇到问题就很容易、很自然地要从老祖宗那里求帮助、要答案。有时甚至不是去寻找真正的解决问题之道，只是一种心理安慰而已。同时，由于人们生活的地域空间范围比较狭小，与外部世界接触较少，遇到问题时，大多数情况下，只能自我纵向比较，基本上无法做横向比较。并且闭塞的环境也容易导致人们的思维受到局限，眼界不够宽广，特别是不愿意接受外来的新鲜事物，对变革和文明有时充满恐惧，产生抵触情绪。喜欢在过去历史的"静态"环境里比照现实，在不出现大的波动的情况下，改变现实中一些不合常规的现象。过去的人们更多喜欢的是继承、遵循、沿袭，而不是创造。旧的、熟悉的事物、制度、做法，让人们有着更多的安全感，有着强烈的心理认同，所以愿意沿着旧有的轨迹前行。不愿意去开辟陌生的、未知的道路。这是一种很浓厚的民族心理。因而中国古人不像国外其他民族的人那样喜欢冒险，更愿意四平八稳地过小日子。这也是传统文化中人们喜欢讲史，讲究以史为鉴的重要原因。

　　但今天的时代，情况发生了根本性的变化。中国社会不仅由传统的农业社会向城镇化转变，而且城镇化的狂飙突进，是中国几千年历史上从未有过的。有数据表明，从 2000 年到 2009 年的 10 年间，我国村落减少了90 万个。在大量农民工涌入城市的情况下，社会结构发生了前所未有的

---

　　① 张岱年、方克立主编：《中国文化概论》，北京师范大学出版社 1994 年版，第 359—360 页.

变化。我国传统农耕社会是熟人社会，而现在转型到了陌生人社会。今天
新兴的城市居民（包括农民工），不再拥有上述观念。可以说，在新一代
农民工身上发生的一切变化当中，最主要、最具颠覆性的变化，还在于对
传统观念的冲击。对新生代农民工而言，传统意义上的"家"的概念淡
漠。他们很少将自己放到某个家族的背景上，去考虑身份认同。"家族"
之类的观念，对他们来说非常陌生，也不具备实际意义。他们所关心的是
自己生活周围的人际关系与环境。因为这些是现实的、有用的。再加上一
些传统节日活动的日益淡化，如清明扫墓、祖先祭祀等一些宗族的集体活
动越来越不受重视，平时又各奔东西，即使同一宗族之间的同辈群体，也
不是固定生活在同一块土地上，互相之间也显得有些陌生化，几乎谈不上
有什么感情的维系。同时，新生代的农民进入城市，不仅生产劳作模式、
居住环境，与传统的农民有了天翻地覆的变化，他们不再是"面朝黄土，
背朝天"，"日出而作，日落而息"的田园耕作者，农耕生产离他们渐行
渐远，而且许多人压根儿就不愿意，也不懂得传统的耕作方式。"厌农恶
农"的情绪在70、80、90后的年轻人身上相当浓。现在涌入城市的农民
工，急于同故乡撇清界限，不仅对故乡没有多少感情，几乎没有什么乡土
情结。家乡首先不是他们生活的家园，自然就不是精神家园。对新生代农
民工来讲，哪里可以获取生活资源，哪里可以栖身，哪里就是他们的家。
在他们的记忆里，"故乡"只是一个遥远而模糊的符号。他们不再愿意回
到家乡，但要融入城市又绝非易事，因而造成了游离于城市与农村之间的
社会成员。但这个群体毕竟也有自己的生活环境与人际圈子，而这个环境
是与家乡完全不同的。人与人也是来自四面八方，五湖四海，且都是为了
与父辈们不一样的"好生活"出来闯荡的。他们大多又没有接受较高的
文化教育，当有相对比较稳定的收入，能够自食其力，处于边挣钱边花状
态时，不会有什么大问题，但若有人不愿意吃苦，或者因为没有技术等诸
多方面的原因，没有经济收入来源时，他们便成为流民，而他们不会像他
们的父辈那样老实，而是要通过各种各样的方式，获取生活资源，也就很
容易犯罪。在建设社区文化时，不能忽略这个群体。必须掌握新生代农民
工的特点，重视农民工群体的文化建设，这就迫切需要树立新的"家园
意识"。通过潜移默化的形式予以引导，使他们感到自己也是所生活的城
市中的一员，甚至有些主人感。让这些新型的城市居民，对自己生活的城
市有认同感、归属感，与城市融为一体，进而成为城市文化的自觉维护

者，特别是城市文化的创造者。只有全民参与的城市文化才是健康、丰富、繁荣，人人共享的文化，否则文化只是少数人的文化，或者只是停留于理论层面的文化。这样的文化是无根的，是不具备生命力的。北京作为首都和特大型城市，现在常住人口已达 2069.3 万人，截至 2012 年年底，户籍人口 1297.5 万人。北京也容纳了大批的农民工，他们为北京的基础建设作出了重大贡献。要根据新形势、新情况、新特点、新任务，具体情况具体分析，实事求是，以人为本，以保障社区安全、社会安宁、人民安康为目标，建立新型社区文化。但对传统文化中温、良、恭、俭、让，诚实守信等一系列有价值的内容，仍然要大力强调。就这些内容而言，传统文化不是过时了，而是显得尤为重要了。之所以觉得过时，是因为不了解。现在需要的是对传统文化中符合社会发展、符合人性成分的回归。建立陌生人时代的新型社区文化，通过一定的渠道，让人们相互了解。冲破钢筋水泥的壁垒，改变"老死不相往来"局面。

除了家族观念、乡土意识，我国的传统文化中，动辄强调"先王之制"，"古之制"，"古者"，是在尊祖敬宗的意识中，体现着一定的"孝"道观念。《汉书·艺文志》言："夫孝，天之经，地之义，民之行也。""孝"是中华传统文化的显著特色，孝道文化是中华文化的核心之一，具有丰富的文化内涵和生生不息的旺盛生命力。传统中国社会，是奠基于孝道之上的社会。"孝"是全社会每一个成员必须尽到的责任，履行的义务，是任何一个社会成员一切"德行"的基础，成为衡量一个社会成员是"好人"还是"坏人"的一个重要尺杆。一个不讲孝道的人，其他方面再优秀，也会遭到诟病。相反，若一个人在其他方面有不足，但若非常孝顺，善事父母，则某些方面的不足可以被淡化。《大学》曾言："大学之道，在明明德，在亲民，在止于至善。……古之欲明明德于天下者，先治其国。欲治其国者，先齐其家；欲齐其家者，先修其身；欲修其身者，先正其心；欲正其心者，先诚其意；欲诚其意者，先致其知。致知在格物。"

一切以"至善"为最高境界，而在传统文化里，"百善孝为先"。孝在善事父母的基本前提下，拓展了较为丰富的内容。《中庸》言："夫孝者，善继人之志，善述人之事者也。"即孝的表现，是能最恰当地继承先祖的意志，最恰当地接续先祖的事业。《楚语下》讲到在选择"宗伯"时，特别强调"心率旧典"。其云："使名姓之后，能知四时之生、牺牲之物、玉帛之类、采服之仪、彝器质量、次主之度、屏摄之位、坛场之所、上下之神、氏姓之出，而心率旧典者为之宗。"即让那些有名望的家族的后代，能够懂得四季的生长、祭祀所用物的多少、服饰的礼仪、祭器的多少、尊卑的先后、祭祀的位置、设坛的处所、上下神灵、姓氏的出处，而且能遵循旧法的人，担任宗伯。《国语》的寻古、遵古、崇古、尚古，也有这方面的含义。但这些方面的观念，正在受到生产方式、生活环境等方面的极大冲击。城市"新民"不再考量"过去"，几乎没有传统框框的束缚，更没有对祖先的敬畏与尊崇。"家庭"概念的内涵发生了根本性的改变。特别是父母在农村，子女在城市打工的结构，更使父母与子女有了代沟，传统意义上父母对子女的那种天然的绝对权威，已荡然无存。由于商品社会金钱制约人们的生活水平，那些坚守在农村的父母，对于他们的子女来说，手中的资源越来越少。利益结构的改变，导致家庭内部权力的变化。传统的家庭至上，听命于父母，父母为尊为大的观念，在新型的农民子女那里不适用了。在城镇化进程中，在建设北京文化的过程中，传统孝道仍然需要，但要以新形式进行，且要赋予新的内涵。

我国的传统文化中，还特别强调读书的重要性。我国古代有两副对联说得特别好。其一云："人间数百年旧家无非积德，天下第一件好事还是读书"；另一云："勤耕种无多有少，多读书不圣也贤"。今天建设北京城市文化，必须强调全民读书。阅读，让城市更美丽，更有气质。阅读，影响一个国家和民族的未来。一个民族的精神境界，在很大程度上取决于这个民族的阅读水平。因为人类最伟大的思想，人类智慧的结晶，通过书本都可以触摸到、感受到并予以吸收、消化、运用。阅读，可以让一个人静下来，并慢慢变得有智慧，有君子气。17世纪法国哲学家笛卡尔说得好："读一本好书，就是和许多高尚的人谈话。"英国作家莎士比亚说得更形象、生动："书籍是全世界的营养品。生活没有书籍，就好像没有阳光；智慧里没有书籍，就好像鸟儿没有翅膀。"一个没有阅读、不思考的人，是一个被完全物化的人，他所要求的只是动物本能的满足。他不可能有智慧，也不可能对社会做出什么贡献。一个不阅读的民族，是没有思想、智慧、前途的民族。要好读书，读好书，读书好，做好人。德国的一项研究表明，一个人在13岁，最迟15岁之前如果养不成阅读的习惯，没有培养起对书的感情，那么在个人一生的人生旅程中，就很难再培养起阅读的习惯。城市中最美的风景不是物，而是人。而美的人既在外表，更在内在的修养、气质。而内在精神境界的外在显现，很多情况下要靠读书、有知识体现出来。用知识武装起来的一个人，自然就有底气，举手投足之间也就少了俗气，变得儒雅、从容起来。因而通过阅读与思考，靠知识将自己武装起来的人才真正是强大的。所以，我们一定要引导人们读书，让读书成为城市之中一道亮丽的风景。现在太需要传统文化塑造出温文尔雅的谦谦君子。而要做到这样的地步，其中一个很重要的方面，就是一个城市的人都要养成阅读的习惯。阅读书籍，不仅可以让人静下来，而且还可以增长智慧。《朗读手册》里有一句话说得特别好："阅读是消灭无知、贫困与绝望的终极武器，我们要在它们消灭我们之前歼灭它们。"阅读与知识可以改变一个人、一个民族、一个国家的命运。以犹太民族为例。先让我们看看这样一批名单：马克思、爱因斯坦、弗洛伊德、海涅、卓别林、毕加索、门德尔松、柏格森、胡塞尔、大卫·李嘉图、卢森堡、基辛格、斯皮尔伯格、玻尔、费米、罗思柴尔德家族、摩根、洛克菲勒、巴菲特……这些名字不能不说不是伟大的名字。在全美 200 位最有影响力的名人，以及 100 多位诺贝尔奖获得者中，占美国总人口 2%—3% 的犹太人占了一半；在全美名牌大学教授中，犹太人占 1/3；全美律师中，犹太人占 1/4，华盛顿和纽约两地的大律师事务所合伙人中，犹太人占 40%；美国的百万富翁中，犹太人占 1/3；全美文学、戏剧、音乐的一流作家中，犹太人占 60%……人类的物质与精神世界，几乎都受到犹太人思想的改变。如马克思的唯物史观，弗洛伊德的精神分析学说，爱因斯坦的相对论……在以色列本土生活的犹太人，大概有 600 多万人，全世界的犹太人加起来不超过 3000 万人。犹太民族在公元 70 年以后就失去了祖国、失去了家园，到处流浪，寄人篱下，但为什么会出现如此多的世界级顶尖杰出人物？其中原因之一，是与他们嗜书如命的阅读有很大关系。有材料显示，每 4500 个犹太人就拥有一个图书馆；在以色列，平均每 6 个人就订一份英文报纸；犹太人会在书上涂一层蜂蜜，让孩子一生下来就知道书是甜的……他们的这种种做法，值得我们学习、借鉴。而政府主导推动全民阅读战略，已是世界潮流。因为世界上许多发达国家，都将阅读看作是国家综合实力的核心要素之一，从国家战略的高度推动全民阅读。主要做法有：政府立法推动阅读。如美国的《卓越阅读法》（1998）、《不让一个孩子落后法案》(2002)，日本的《关于推进儿童读书活动的法律》(2001)，韩国的《读书振兴法》(1994)、《读书文化振兴法》(2009)，俄罗斯的《民族阅读大纲》(1012) 之类。这些法案都是立足于民族和国家的文化未来，以立法的形式，保障国民要进行阅读。还有一种做法是设立专门机构，以便推动阅读。如英国为"阅读起跑线"项目设立的"图书信托基金会"，德国设立的"促进阅读基金会"，日本有"读书协会"以及"儿童梦想基金会"，美国有"国家艺术基金会"。另外有些国家的领导人为了鼓励民众读书，通过各种形式，亲自倡导阅读。如美国总统及第一夫人都有开学季到学校陪孩子读书的惯例，英国前首相布朗和教育大臣共同发起过"全国读书年"活动，"德国促进阅读基金会"名誉主席一直由总统担任。此外，英国女王伊丽莎白二世、俄罗斯总统普京等都积极支持并参与本国阅读活动。在我国，党的十八大报告号召"开展全民阅读"是很及时的，全社会应该形成"以读书为荣"、"以读书为乐"、"好书伴我终生"的观念。我们一定要形成全民阅读的风气，并持之以恒，始终坚持下去，形成"书香中国"的氛围。

　　建设北京城市文化，还必须强调传统文化中特别重视的道德的约束、感化作用，激发道德的力量。"勿以善小而不为，勿以恶小而为之。"俄国伟大作家托尔斯泰想以道德的力量感化人心、感化世界是有道理的。尽管有时候这是一种美好、善良，却是近乎空中楼阁式的愿望，但我们要让社会风气变好，要让人活得舒心，既要一切制度来做保障，但确实需要唤醒人内心深处的良知。使每一个人以爱心去善待这个世界，善待自己周围的人。当这个世界洋溢在爱的氛围中时，每个人都觉得是安全的；当遇到困难或挫折时，是有信心的。当"人人为我，我为人人"成为一种内心信条与行为自觉，当奉献成为一种荣誉，世界就会越来越美好。尽管城市化（主要是城市人口的剧增）的速度、强度、力度让管理者措手不及，资源与人口比例出现了严重的不协调，从而引起严重的现实问题，比如住房、交通、污染、就业、教育、医疗、环保等一系列问题，这是必须要面对的现实困难。资源与人口之间关系的不匹配，导致许多矛盾的产生。以一个小例子而言，稍早一些的小区在建造的时候，没有想到私家车会如此迅猛地增长，停车位严重不足，"同一屋檐下"的居民会因为停车，时时出现冲突。车位紧张固然是一个现实，但人们不能克制自己的情绪，谁也不让谁，宁可僵持在那里，也要不顾一切的大吵大闹，甚至大打出手。一些人唯我是重，完全以自我中心，即使能给别人以举手之劳的形式，行些许的方便也不愿意。这些都是法律、制度所不能解决却又在社会生活中经常遇到的。有些国家的公务员或公司职员，在车位比较紧张的情况下，先来上班的人反而要自觉地将车停得离办公楼比较远的地方，而将离单位或办公楼近的车位留给后来的人。因为他们认为先来的人时间不紧张，可以从容地进办公室，不用赶时间，但后来的人也许就比较仓促，要匆匆忙忙地赶上班时间，因而将车位就留给后来的人。诸如此类不起眼小举动，是靠法律或制度强制实行的吗？之所以有这样的举动，还是内心有他人，做事情不只顾及自己方便，而是心中有他人。一叶知秋，滴水见太阳。这样的小德行一点一滴汇集起来，整个社会、人与人之间就会充满善意。与环境保护，生态文明，发展绿色能源（如风能发电，太阳能电池之类），以及自然绿色相比，心灵的绿色更重要。如一个医生首先要具备的本能的素质是爱心，确实视病人为亲人。如果只把病人看作是自己工作流程中的一个环节，甚至是一个缴费对象，而没有站在病人的角度，给予人道关怀，首先从心理上予以抚慰，那么刚性的制度再严，管理措施再到位，但总让人感到医院是冷冰冰的，是非常可怕的。因为病痛就让人充满恐惧，再加上医生冷若冰霜的态度，就更让人想起医院时就不寒而栗。互敬、互谅、互让、互爱、互助是"以人为本"的具体化表现。

结　　语

文化是人民的精神家园。文化的力量深深熔铸在民族的生命力、创造力和凝聚力之中，体现着国家和民族的品格。传统文化不等于落后文化，不能把现代文化与传统文化割裂开来。在建设北京城市文化的过程中，一定要继承和发扬优秀传统文化，建立新型的文化。对待文化的态度应该是：不忘本来，吸收外来，着眼将来。

参考文献

1. 张岱年、方克立主编：《中国文化概论》，北京师范大学出版社 1994 年版。
2. 冯友兰：《中国哲学简史》，北京大学出版社 1998 年版。
3. 钱穆：《中国文化史导论》，商务印书馆 1994 年版。
4. 钱穆：《国史大纲》，商务印书馆 1996 年版。
5. 梁漱溟：《中国文化要义》，上海人民出版社 2011 年版。

（裴登峰　北京第二外国语学院国际传播学院　北京　100024）

北京文化符号的对外传播策略
与世界城市建设

曲 茹

摘 要：本文主要探讨了北京文化符号传播两种策略。一种是常规的传播策略。一种是积极打造北京文化符号传播影响力，即我们既要推广出去又要吸引进来。这有助于北京世界城市建设。

关键词：北京 世界城市 传播策略

一 关于北京文化符号

文化是以价值观念、情感哲学为基础的思维方式、行为方式所构成的，蕴含于物质、精神领域各事物、各现象中的意义。美国人类学家格尔茨曾强调，"文化是指从历史沿袭下来的体现于象征符号中的意义模式，是由象征符号体系表达的概念体系，人们从此进行沟通，延存和发展他们对生活的知识和态度"。①

文化符号正是为了象征地表达这一概念体系，是一系列凝练的、具有高度影响力的象征形式系统，是具有某种特殊内涵或特殊意义的标示。北京文化符号就是能代表北京文化及其显豁特征的象征形式系统。作为传播媒介和载体，北京文化符号要将城市总体的文化精神、文化内涵、文化价值及文化制度等方面系统有力地表达与传播。

北京的文化符号并不仅仅是历史沿袭的北京文化形态、文化精髓的传递，而且还是具有符号意义的建构活动。北京文化符号作用的转型、新文

---

① ［美］格尔茨：《文化的解释》，纳日碧力戈等译，上海人民出版社 1999 年版，第 103 页。

化符号意义的嵌入、异质文化符号形式的移植以及对符号意义的解读，构成了北京文化符号的建构过程，从而使北京文化生生不息、充满活力。城市文化符号的功能是最经常、最广泛、最有效的传播城市文化形象的部分。毫无疑问，北京文化符号的建构在北京城市文化的形成中具有十分重要的影响，对于北京城市文化精神建设、北京世界城市软实力建设意义深远。

二　北京文化符号的建构与解读

北京在中国各大城市的地位相对而言是有其特殊性的，不仅仅是人们日常生活中常常提到的"皇城根儿"、"天子脚下"这些称谓，实际上，作为新中国的首都，从新中国成立开始，北京不仅是政治文化等方面的中心，在中国人的传统观念中，都城，还是一个榜样和示范的标准。即便在城市多元化发展的今天，北京仍然在中国人的心里占据着不可替代的位置。因此，北京的文化符号某种意义上与中国人的传统价值观与文化观是紧密联系在一起的。北京代表着中国，而提到中国自然也不会少了北京。如此说来，北京的文化符号就不仅仅是一座城市的精神内涵的具体体现，更多的，它还涵盖了中国文化最具特色的主流价值与精神风貌。这也是北京文化符号与其他城市所不同的地方。

北京文化符号实际上涵盖了中国文化传统与发展的全部内容，因此，北京文化符号在构建上很容易变得烦琐复杂，甚至于纠结于传统与现代的截然不同的文化元素其中而迷失了方向。而文化符号在概念上、在识别与解读上又要求其简洁明了，这些无疑会成为北京文化符号在构建上的最大障碍。

因此，我们有必要从中国文化传统中寻找最为核心的价值理念，寻找作为文化符号可以简洁有力地传达出来的文化精神，能够将传统与发展贯穿为一个整体的中国化的、独特的文化内涵。

徐复观在《中国艺术精神》一书的自叙中有这样一段话："道德、艺术、科学，是人类文化中的三大支柱。中国文化的主流，是人间的性格，是现世的性格……在人的具体生命的心、性中，发掘出道的根源、人生价值的根源；不假藉神话、迷信的力量，便每一个人，能在自己一念自觉之间，即可于现实世界中生稳根、站稳脚；并凭人类自觉之力，可以解决人类自身的矛盾，及由此矛盾所产生的危机；中国文化在这方面的成就，不仅有历史的意义，同时也有现代的将来的意义。"①

有关中国文化传统方面的论述无尽其数，也不乏精妙独到的言论，但自20世纪初，缘于国势羸弱而引发的针对中国文化传统的批判在某种程度上表达了对于强大国家的向往，而在这种美好的向往下，作为西方文明的对立面而存在的中国文化传统也成为制约中华民族走向现代文明的桎梏。某种意义上，这恰恰是中国文化传统中并不排斥世俗价值与现世利益的体现；但在另一方面，在长达一个多世纪的文化反叛的过程中，我们几乎一面倒地持续对中国文化传统全面的反叛，也毫无疑问地摧毁了我们在文化传统上的自信。表现在我们在文化传播与表达上的空洞与中国文化精神传统的偏移，表现在我们对于社会核心价值理念的缺失，表现在我们面对外来文化影响下的混乱失序。

与西方文化本质上的不同，是缘于中国文化生长的土壤环境的不同，中国文化起源于农耕文明定居文化，与游牧文化的完全不同的人与人之间联系，血缘宗亲、家族谱系等社会构成关系，在历史与时间的积淀下逐步形成世俗价值，现世利益与人际间亲密联系的道德伦理和人文理想，在生存智慧体现出的生命哲学以及在日常生活中构建的与自然的关系，对于宇宙未知事情的谨慎的好奇，天道合一的观心与观世界融为一体的世界观等等，这些独特的中国文化基因，在我们迈向现代化社会的同时，恰恰是需要我们重找寻的内容。

就像西方人永远不会理解每年一度的"春运"，中国人对家的概念，恐怕是最世俗也是最现实的信仰，而家族血缘宗亲，实际上也构成中国社会最原始最有效的秩序。无论是经历过什么样的文化灾难，家与国在今天仍然是中国社会最有效、最简单的核心结构，我们只是在批判人情社会，但很多移居国外的人最受不了的寂寞，也恰恰是因为西方人一臂之遥所带来的人情淡漠。任何事物都有两面，在我们深恶痛绝的许多积习背后，也往往隐藏着我们赖以生存的基础。这其中也一直在贯穿着千百年来能够让我们这个民族持续下去的价值判断。

寻找我们自己的文化上的自信，并不等同于我们重回过去曾经的禁锢与封闭的状态，恰恰是因为开放与交流，在不同文明与文化的碰撞中，我

---

① 徐复观：《中国艺术精神》，春风文艺出版社1987年版，第1页。

们的文化传统才会发扬光大，才会不至于永远束缚在过去的环境与条件下，才会融入更广阔的空间里面。

而事实上，作为构建一座城市的文化符号，最为基础的、最为核心的是在我们的文化传统之中找到我们这个社会真正的价值标准，这个价值标准不是口号，也不是标签，而是真正在日常生活中左右着人们价值判断的东西。我们尽可以像抚去玻璃上面蒙上的灰尘一样，在我们日常生活中，尽管我们在抱怨世风日下，人心不古，但不要去装糊涂，我们每一个人的内心，都有一条衡量的标准，或许会有人跨过底线，但这并不等于这条底线没有存在过。日常生活中的种种不堪，并非是社会主流价值观的缺失，根本的原因是在于人们常常有意模糊，用空洞而宏大的词汇将它抽离出社会生活，实际上，几千年来，只要你能舍生取义你就是英雄；你对朋友好，就是有情有义；对父母好就是孝子，肯帮助比你弱小的人，你就是好人。这是最简单的道德判断，这也是最能温暖人心的主流价值。

构建北京的文化符号，可以是一项宏大的工程，但说到底这种宏大的工程，却不一定非要像奥运会开幕式那般大动干戈。文化的工程终究要有人来参与的事情，文化符号说大可以"满城尽带黄金甲"，说小可以像莎士比亚所说的那样，恰如滴水入池中，无状无形……

当生命中的美好能够在某一个时间、某一个地点留在你的记忆中，这不就是最好的文化符号吗？

三　北京文化符号传播的策略

北京文化符号作为塑造城市形象的重要手段，如果要实现其功能，关键之处在于被人们认知和接受，其所代表的文化系统才能真正发挥作用。而完成认知、关注环节直至达到接受以及形成态度、产生行为，这一切过程最重要的还在于传播的有效性，也就是说必须通过传播文化符号的功能才能实现，没有传播就没有文化符号的形成和城市形象的打造。只有寻找到适合文化符号认知和推广的媒介传播策略，才能使城市形象最终得到更好的传播和发展。

北京文化符号传播策略可以分为两种，第一种是常规的传播策略，也就是说采用现代的现代手段，构建新媒体为主导的多元媒介融合的立体传播平台，组合运用各种手段和方式来强化传播效果，达到传播目标。但另外一个方面，在北京文化符号的传播策略上，更为重要的是如何打造北京文化符号在传播上的影响力，来吸引更多的人来关注、认同与接受。如果说前一种方式是推广出去，那么第二种方式就应该是吸引过来。

影响力的打造与形成，核心还是北京文化符号的构建，某种意义上，我们也可以把北京的文化符号比喻成这座城市的某种性格，或是色彩，比如温暖，比如宽容，比如现代，也可以是锐利的气质，充满活力与动感等等。文化符号绝不是冰冷的口号标语，它一定是具有直指人心灵深处的情感与关怀，一定是有温度，可以感受到触摸到质感的城市律动，一定是与人相关的故事，或是一个美好的瞬间，或是永恒的记忆。

北京的故宫无论多么辉煌，长城多么震撼，一个城市对于一个人来讲，可能最具代表性的符号却是故宫高墙下的一片落叶，或是长城脚下的一缕清风。

这就是文化的魅力与其无可比拟的精神空间，同样，这也是北京文化符号在传播影响力上最具有挑战性也具有诱惑的发展空间。一座美好的城市，自然会给人留下美好的记忆，而这记忆，无一不是文化符号。

事实上，无论哪一个城市，美好都不只是无论现代还是悠久历史的建筑，而是生长在其中的文化品格与精神力量，而城市的历史带给人们的思考与启示，与现代文明的反差也必将通过情感的力量让人流连忘返。

寻找一个城市独一无二的气质，寻找一个城市与众不同的美好，让更多的人了解，喜欢，热爱，让更多的记忆与一座城市联系起来，或许这就是最好的传播策略。

四　世界城市建设

20世纪60年代，世界上一些主要大都市因专业服务业和金融业向其集聚，在全球经济运行中的地位不断提升，逐渐成为世界经济体系的控制、管理、协调中心，成为引领并支配世界经济运行的主体力量。所谓世界城市就是指那些具有超群的政治、经济、科技实力，并且和全世界大多数国家发生经济、政治、科技和文化交流关系，有着全球性影响的国际一流大都市。目前，世界公认的世界城市有纽约、伦敦、巴黎、东京，它们具有如下特点：世界经济组织高度集中的控制点；金融机构和专业服务公司的主要集聚地；高新技术产业的生产和研发基地；产品及其创新活动的主要市场。

　　北京世界城市建设要遵循其规律,从目前公认世界城市的形成过程看,世界城市建设也要遵循一定的规律。首先,世界城市建设将是一个长期的过程。从以上的比较看,北京很多方面仍有待进一步发展,而这个过程将会是一个中长期的发展过程。因此,北京世界城市建设应做好作长期努力的准备。不仅如此,即使北京建成了世界城市,达到较高发展水平后,也并非一劳永逸,仍需继续完善和发展。其次,世界城市建设要寻找恰当突破口。从世界城市发展现状及趋势看,知识的产生、传播与学习能力,信息技术在经济技术发展中的运用以及新型产业部门在城市及其周边地区的聚集将成为城市获得全球竞争力的关键。以知识和信息为对象的服务业与金融业将成为世界城市的中心部门,多样化的商贸、投资和总部运作服务的专业结构在城市主要部门的升值过程中将起到十分重要的作用。与此同时,随着城市文化的经济化和城市经济的文化汇通融合趋势的不断增强,文化产业也将更大范围地渗透到资本运作的各领域,成为增强城市影响力、沟通力、吸引力的重要途径。这些都为北京的世界城市建设提供方向与思路。

　　　　　　　(曲茹　北京第二外国语学院国际传播学院　北京　100024)

新媒体环境下的传统文化传播策略研究

王春枝

摘　要： 在当前新媒体环境下，公众接受知识的习惯和信息渠道都发生了变化，传统文化如何在新媒体环境下进行更有效的公共传播，是一个重要问题。本文针对这个问题展开研究，认为中国传统文化应该加强数字化处理和新媒体传播资源的创新开发，搭建优质、国际化的传播平台，有针对性地为不同群体提供优质的文化资源，并注重传播的多媒体、互动性、个性化等特征，在新媒体环境下更好地服务大众。

关键词： 新媒体　故宫　传统文化

2013 年 7 月 4 日，台北故宫博物院在知名社交网站贴出一款"朕知道了"纸胶带，顿时引发网友疯传、讨论，在两岸引发了销售热潮。热情的网友为了抢得这款霸气外露的胶带，连夜刷台北故宫的官网，使网络线路一度瘫痪。大陆的知名电子商务网站淘宝网，也把原价 200 台币三卷（折合人民币 42 元）的胶带，打出 98 元一盒的高价，依然供不应求。更有商家因为买家连拍，调价至 99999 元，却依旧挡不住疯狂的买家。

"朕知道了"这简单的四字是康熙皇帝真迹的复制品，康熙在批阅奏折时爱在文末朱批"朕知道了"、"知道了"，台北故宫因此将其作为一个文化创意开发，早在 2005 年，台北故宫博物院院长冯明珠就策划过"知道了：朱批奏折展"，当时的导览手册封面就印有康熙满汉文朱批真迹"知道了"，深受认可，目前已再版九次。此次台北故宫将"朕知道了"与纸胶带结合，更是借助网络畅通的传播渠道，一炮走红。

"知道了"也在大陆引发了文化探寻热潮，在南京，与康熙颇有渊源的江宁织造府（如今的江宁织造博物馆）里，往日乏人关注的康熙批阅奏折，现在被众多年轻游客点名要看。在一众网友热议"朕知道了"有趣、霸气的同时，也有专业人士或机构在借机普及专业知识，例如奏折的审批程序，不同皇帝的风格个性等，例如"国立故宫博物院"微博便做了一张"清代奏折的传递"图，其中显示：至少经过四关，重要紧急公文才能成为奏折送达皇帝手上，皇帝批阅后，寻常的奏折就会批阅"知道了"或者"朕安"，再层层传递下去，这样的流程图已引发数千人关注、转发，网友纷纷表示"'知道了'里面也有大学问，学到了"。还有"中国书法报"微博列出了清朝八位皇帝的御批，引发网友热议，同样是"知道了"三个字，网友点评：光绪写得最认真，雍正写得一般，史载雍正的字写得很好，网友点评："最勤劳的皇帝，太忙了。"也因此，网友们对比字迹的认真程度，公认：光绪帝是最闲的。网友：从字体看出光绪帝最闲。

"朕知道了"纸胶带的走红，给了我们几个启示。

1. "朕知道了"纸胶带的成功，是新媒体传播的胜利，台北故宫较好实现了网上销售、文化传播与自身经营紧密结合，在新媒体环境下，文化产业应该充分利用自身资源，创新理念和方式，提升传统文化的传播效果。

2. 传统文化的大众化，是文化推广和传承的必要前提。近年来，中国传统文化的流失颇令相关人士叹息与焦急，但是"朕知道了"的走红，却在古老文化与当代受众之间轻松架起了一座桥梁，跨越光阴的两岸并不难。纸胶带的创意虽然在历史传承中本身力量微弱，但是却显示出大众对于传统文化的渴求与热爱，文化的传承，应该重视大众的力量。

3. 在新媒体时代，传统文化在大众中推广要从打动人心开始，需要接地气，顺应当下的社会心理。此次台北故宫推出的纸胶带，除了"朕知道了"之外，还有其他几款，包括金文、青铜或是印章图案的；但除了这款有字的，其他款卖得都不好。分析认为，人们看上"朕知道了"这四个字，因为"知道了"是普通的日常用语，配以"朕"这个主语，又显得霸气十足，这样新奇而顽皮的创意，成功地接上了现代人的地气，"稳准狠"地抓住了年轻人的心理，既有文化历史感，又能在实用的基础上幽人一默，旧朝奏折里那深埋的文字突然间就被唤醒了生命，这样的"穿越"对于频频告危的中国传统文化来说是一件好事。

在当前新媒体环境下，公众接受知识的习惯和信息渠道都发生了变化，传统文化如何在新媒体环境下进行更有效的公共传播，是一个重要问题，本文针对这个问题展开研究，基本的研究内容包括：新媒体的传播特征；新媒体环境下中国传统文化的传播策略、新媒体环境下传统文化传播的案例分析及比较研究。研究结论主要包括几个方面：中国传统文化应该加强数字化处理和新媒体传播资源的创新开发，搭建优质、国际化的传播平台，有针对性地为不同群体提供优质的文化资源，并注重传播的多媒体、互动性、个性化等特征，在新媒体环境下更好地服务大众。

一 新媒体的传播特征

美国传媒学者南波利曾这样比喻当前的传播环境：我们处在一个媒介嘉年华时期。[①] 这个比喻有两层含义：其一是媒介种类丰富多样；其二是说媒介发展变化速度快。这个比喻准确地概括了从 20 世纪最后五年起，世界传媒环境发生了翻天覆地的变化：以互联网和无线通信为代表的新媒体技术出现，媒介种类比任何时候都更加丰富、更加多样，而且各种新的传播渠道和传播手段仍在不断涌现。

麦克卢汉曾提出"媒介即信息"这个著名论断，任何新技术都将逐渐创造出一种全新的人类生存环境，网络技术的出现也不例外，它不单单意味着信息存储和传播方式的"更新换代"，更是引发了信息传播领域的全面变革，从媒体的内容形态、传播过程、受众心理、运作推广等模式都在新的技术潮流中受到冲击和洗礼。喻国明教授曾指出，数字化极大地改写着现有传媒市场的版图和游戏规则，使旧有的运作架构和营利模式日渐式微，催生着与这一时代发展相适应的新型产业模式。[②] 如何利用新媒体进行传播是各行各业面临的问题。

对于新媒体的定义，清华大学陆地教授把新的媒介和传播渠道区分为新型媒体和新兴媒体两类：所谓新型媒体是指应用数字技术、在传统媒体基础上改造或者更新换代而来的媒介或媒体，新型媒体与传统媒体在理念和应用上并无本质差异，比如报纸从铅字、油印再到激光照排、彩印，形式发生了变化，但本质还是报纸；新兴媒体则是指在传播理念、传播技

① ［美］菲利普·M. 南波利：《受众经济学》，陈积银译，清华大学出版社 2007 年版，第127 页。

② 喻国明：《中国传媒业已进入重要选择的岔路口》，《中国新闻传播学评论》2006 年 9 月29 日。

术、传播方式和消费方式等方面与传统媒体相比发生了质的飞跃的媒介或媒体，它必须在形态上前所未有，而且在理念上和应用上也非常新颖①，最典型的代表就是网络媒体。

网络媒体在中国的发展历史并不长，从 1994 年中国与全球互联网正式连接至今，只经历了 20 多年时间。但作为一种全新的媒体，互联网已经展现出了极强的活跃性，在十几年时间发生了翻天覆地的变化，从边缘角色成长为传播市场的主流力量，在信息传播领域扮演着越来越重要的角色，并在很大程度上影响和决定着文化传播态势。网络媒体能如此快速融入社会，与其各方面传播特征有密切关系。

（一）内容特征：富媒体呈现

以网络媒体为例，数字化是网络这种媒体存在的前提，数字化的含义，就是把所有的信息都转化为"1"和"0"这两个数字的组合表达，使声音、文字、图像等不同类型的信息可以用同样的符号系统传输，并相互转化，这使传播的内容可以更加丰富地呈现出来，主要体现在三个方面：信息内容丰富海量；传播方式多媒体化；风格趋向娱乐化。

1. 海量信息

传统媒体受版面空间或者播出时段的限制，能容纳的信息非常有限，需要对信息进行取舍，而且信息传播深度相对较浅，往往只能点到为止，在深入挖掘、广泛全面了解信息方面存在很大障碍。而网络媒体的数字化存储和传播方式，几乎可以容纳无限的信息，可以将所有信息整合在一起，对分散的资源进行集中整合，形成广泛联系，使受众能轻松了解更多、更详细生动的信息。当然，网络媒体的海量信息也受到了质疑，有观点认为，海量信息使受传者被淹没在信息汪洋中无所适从，但事实上，网络媒体的传播技术不仅实现了信息的丰富化，也实现了信息的有序化，即使是面临海量的信息，受传者也能迅速找到自己需要的内容，主要的技术支持就是互联网的超链接的信息组织方式和搜索技术，使无限丰富的信息呈网状立体化排列，通过关键词进行资料检索，就可以迅速找到目标信息。

---

① 陆地、尹坤：《2006 年中国新媒体发展报告》，载《2007 年中国传媒产业发展报告》，社会科学文献出版社 2007 年版。

2. 多媒体化

传统媒体的传播符号系统相对单一，例如报纸媒体主要是文字和图片传播，广播以声音发送信息，电视则主要依靠声音与画面，这种传统的传播方式在信息表达方面都有这样那样的局限，而网络等新媒体的出现则将之前所有的传播因素合而为一，实现了"文字、声音、图像、动画"等多种手段组合的多媒体传播，并适宜制作逼真的 3D 视频，成为一种多媒体的综合性的信息平台，最大限度地实现了各种传播形式的"兼容并包"，丰富了新闻传播的手段，使信息能以多种形式存在和交换，更大程度地还原事实，延伸并调动了人类的各个感觉系统，使信息更加生动形象具有吸引力，抓住受众眼球，引起关注，适合展示性传播及更进一步的深入传播。网络媒体在信息传输量上具有无限的丰富性；在信息形态上具有纷繁的多样性，是一个重要的传播优势，对于内涵博大精深的传统文化来说，是一个极为重要的传播渠道，有助于减少信息在传播过程中的衰减和失真，并降低信息传播成本。

3. 娱乐取向

网络媒体是一种大众化的媒体，其运行文化有显著的大众文化特征。大众文化是指工业化、城市化、市场化社会中为普通民众生产，并为普通民众所参与和消费的一切物质、符号、观念和活动。[1] 大众文化代表着普通民众的生活方式，具有通俗化和娱乐化等方面的特征。所谓通俗化，是指大众文化波及社会上散在的普通大众，而非特定阶层；所谓娱乐化，是指大众文化具有偏重感性化、娱乐性的取向，满足人们的感性娱乐需求是其重要功能。

网络等新媒体的出现，以其丰富的信息、多样的传播方式，迅速成为大众文化的重要载体。新媒体平台为人们提供了广阔的艺术创造空间，尤其是原来没有机会或没有能力从事艺术活动的人们，也开始有条件体验艺术创造的乐趣，奠定了文化泛化的基础。数字媒体艺术创造方面"人人参与，不分贵贱"的民主化浪潮，使高雅文化的地位和传播方式受到强大的冲击，传统的经典艺术创造方式和审美理念不再适用于新兴的大众文化或者大众艺术，文化领域出现了明显的文化泛化和审美平民化的趋势（论数字媒体艺术的大众化特征）。

---

[1]　解学芳：《论网络文化的产业特征》，《学术论坛》2010 年第 6 期。

在这种环境下，追求休闲、渴望娱乐已经成为一种普遍的社会心理，因为从社会心理学的角度分析，"大众"与"精英"相比，更喜爱娱乐信息，娱乐化传播成为网络传播的重要特征。对于文化传播而言，历史的、批判的、教诲的色彩的传播效果逐渐被稀释，而通俗化、娱乐化的传播效果逐渐得以强化，审美标准泛化，高雅的、专门化的文化趋向日常化和普及化，总体格调是轻松活泼，推崇快感和经济，将文化与日常生活进行对接，特别是在网络平台上，诙谐、调侃、黑色幽默、嘲讽、恶搞、无厘头和颓废艺术等特征在网络新媒体艺术作品中占相当大的比重。

4. 文化与商业的融合

与此同时，还值得关注的一个趋势是在网络媒体背景下，由于网络平台兼具信息传播和电子商务等多方面的功能，文化产业运行结构呈现扁平化趋势，传统模式中的中间环节弱化，从文化接受向文化消费的过程缩短，文化内容与商业的关系前所未有的紧密，文化是精神内涵，商业是其外在化的表达，文化与商业的结合典型地体现在文化创意产业方面，传统文化的创意化发展，为社会公众带来了与众不同的新体验。

这种文化发展趋势意味着，传统文化传播者应该开发出更多健康有益并适应当下风格的文化精品，以更加新颖、便捷、生动、形象、娱乐的方式进行传统文化的传播，在缓解人们的工作和生活压力的同时，提供综合、导向的文化教化功能。

（二）媒介特征：全时态全空间传播

信息社会的基本要素不是物理形态的原子，而是信息形态的比特，两种要素遵循着完全不同的运行法则，原子有物理实体，只能由有限的人使用，使用的人越多其价值越低；比特没有物理形态，可以由无限的人使用，使用的人越多其价值越高；比特没有重量，易于复制，传播速度极快，能很容易突破时空障碍，实现全时态全空间的传播。

1. 即时、全天传播

传统媒体的传播都要受到严格的时间限制，例如报纸使用纸质媒介传递信息，受制于制作、印刷和发行等环节的限制，最快的发行周期是一天；广播电视以无线电磁信号为介质进行传播，传播速度也受到一定限制；而网络媒体的传播介质是光纤通信线路，可以实现即时传播，所有内容可以随到随发，全天候不间断。例如各大门户网站、文化产品和服务在线运营平台、在线游戏、网络影视与网络音乐的欣赏等活动不受时空因素的制约，可以24小时运转。

2. 传播范围无远弗届

互联网是一个全球性、开放的信息资源网，它通过专门的传输协议，实现了不同类型的计算机之间、不同国家和地区一系列的局域网、校园网以及其他国家的各种类型网络的连通，这个平台上的信息能供世界各地的网络用户查询使用。因此，就传播覆盖的范围而言，与传统媒体的传播相比，网络媒体可谓无远弗届，打破了传统媒体所受的地区限制，真正实现了全球范围的传播，"网络传播无国界"。网络媒体的这一特征，使世界上任一时间任一地点发生的任一事件广泛传播，获得全世界的关注，并产生全球影响。对于文化传播来说，这种全球性的传播，使各种信息和不同文化通过互联网交流、沟通、对话、碰撞、互相融合和取长补短，在"走出国门"的同时，提升全球影响力，这有利于促进全球社会文化的多元整合和人类的文明进步。

3. 多种传播形式并存

新媒体的数字化技术，使传播形式多元化，例如我们耳熟能详的论坛、贴吧、搜索引擎、博客、播客、微博、微信、网络视频等，这些技术和表现形式的融合促成了跨媒介、跨产业融合的传播新格局，受众可以通过多种形式、多种终端接收信息，参与传播，特别是3G手机所具有的便捷性及无线互联的特点，更使人们可以在任何地点、任何时间，以任何方式传递和接收信息。

特别值得一提的是，随着3G网络的成熟与完善，手机与Pad等移动终端成为新媒体发展的热点。以中国市场为例，使用移动终端的用户数量正在大幅度增加，根据中国互联网发展状况统计报告CNNIC第32次报告，2013年上半年，使用手机上网的网民数量增幅为70%，远超电脑使用者的增幅。

同一份报告显示，截至2013年6月底，我国手机网民规模达4.64亿，较2012年年底增加约4379万人，网民中使用手机上网人群占比由74.5%提升至78.5%，较2012年下半年增速有所提升。分析认为，自2013年上半年开始的新一轮的快速增长是中国手机上网发展过程中的第三波增长周期，此轮增长得益于3G的普及、无线网络发展（包括公用和私有WiFi的发展）和手机应用的创新。3G的快速普及和无线网络的覆盖为手机上网奠定了用户基础和网络基础，在促使更多用户便捷上网的同时，也提升了各项上网体验，尤其是对各类大流量数据应用的使用。总体来看，手机上网是新媒体的一个重要构成部分，一方面，手机上网为受网络、终端等限制而无法接入的人群和地区提供了使用互联网的可能性；另一方面，手机上网也为文化传播提供了更多模式和发展空间。

4. 信息的病毒式扩散路径

口碑营销是网络营销最为独特的一种手段，又称病毒式营销，其主要思路是通过策划活动事件或者制造热点话题等方式，在社交媒体上引发公众热议，使信息像病毒一样在网络用户间迅速扩散和传播，达到数以千计、数以百万计的受众，简而言之，口碑营销就是通过提供某种有意义的信息，在网络用户之间流传，"让大家告诉大家"，通过别人进行宣传。这种传播方式也是网络传播的一个重要特征，值得文化传播者重视。

当然，口碑营销并非一有病毒就能成功，这种营销传播方式对社交媒体有较强的依赖，因此，口碑营销成功的前提，是遵循社交媒体规则。首先是选择目标受众对象，选择有影响力的群体，使所发信息能引发他们的关注，例如微博的"大V"，微信的知名公共账号等，他们在网络中掌握的话语权相对较多，对于推动网络热点的形成有重要意义；其次是涉及具有较高传播性的"病毒"，也就是所提供的信息要有足够的特色，能够引发人们的讨论，比如实用价值高的信息、幽默性的可传播内容等，激发人们口耳相传的欲望，比如台北故宫推出的"朕知道了"纸胶带，就具有这样的特征，容易引发人们的转发欲望。

传统文化传播者也应该积极借鉴口碑传播的理念，并利用网络社交媒体口碑传播的优势，扩大传统文化在普通公众中的传播力和影响力。

综上所述，从传播过程来看，与传统媒体相比，网络的强大功能把整个世界变成了一个地球村，将时间限制和空间因素的制约降低到了最小限度，实现了随时随地的传播和接受，用户可以在无限广阔的节目信息空间中，根据自己的爱好和需求检索、选择和传播内容。同时，用户之间的信息传播对于信息的扩散有至关重要的意义，值得传播者细究。

（三）受众特征：体验创造价值

体验创造价值的提法，最早出现在美国营销学专家菲利普·科特勒的著述中，他在1970年提出，旅游和教育等产业的"体验性"将逐渐凸显出来，并且成为一种经济特征；派恩和吉尔摩 1999 年所著的《体验经济》一书，深入具体地分析了"体验经济"在社会发展中的演变过程和发展意义，认为在经历了产品经济、商品经济、服务经济等经济形态之后，体验将成为最重要的经济提供物，人类社会将开始体验经济发展阶段。① 所谓体验，就是"每个人以个性化的方式参与其中的事件"②，体验经济则是一种相对于产品经济、商品经济、服务经济的经济形态，强调消费者的参与和主观感受。例如，用同一种咖啡豆煮成的咖啡，每杯成本价格是 5—25 美分，这是产品经济的价值；在街头小餐馆、杂货酒吧，售价为 0.5—1 美元一杯，这是商品经济的价值；在一家五星级酒店，售价为 2—5 美元一杯，这是服务经济的价值；在意大利威尼斯圣马克广场的弗劳里安咖啡店，络绎不绝的顾客愿意为这样一杯咖啡支付 15 美元，因为他们在这里除了能享用咖啡，还能享受威尼斯的清新空气以及城市让人流连的古典现代交融之美，15 元的价格，很小一部分是为咖啡支付，更多的部分是为享受支付，这是体验经济的价值。体验经济的本质，就是突出消费者的地位，做到以消费者为中心，重视消费者个人感受、重视个性化，重视消费品"让人难忘的"特质。

在新媒体环境中，消费者以及媒体受众以生于 20 世纪 80 年代、掌握和熟悉互联网的一代为主导；他们身处日益丰富的媒介环境中，面临越来越多的消费选择；他们既是技术的购买者和使用者，又是讯息的生产者和接受者；他们本身被分流并逐渐走向专业化，媒介与受众之间的关系较之传统完全被颠覆，这种变化态势改变着传统的传播模式，相对于大众化的传统媒体来说，新媒体是个性化媒体，受众的主观感受都得到充分重视，这正与体验经济的特征对应，体验经济是新媒体的主要价值形成模式。

1. 主体化：受众参与内容生产

对于新媒体，美国知名的前卫 IT 杂志《连线》曾经有过这样一个定义——"新媒体是所有人面向所有人的传播"，着重强调受众在新媒体传播中的主体作用，但解放日报报业集团社长尹明华认为这个定义方式对受众的强调还不够彻底，新媒体应该是"所有人面向所有人的传播参与和

---

① 姜奇平：《体验经济》，社会科学文献出版社 2002 年版。

② 转引自 [美] B. 约瑟夫·派恩等《体验经济》，夏业良等译，机械工业出版社 2002 年版，第 19 页。

创作"①。

传统媒体的传播过程中,信息内容由媒体机构生产并发布给公众,而普通人一直是传播过程的终端角色,处于被动地位,几乎不可能通过大众媒介向公众发布消息。但新媒体技术使受众有了发布信息的可能,不管个人还是组织,很容易就能通过电脑或手机等媒介与网络世界对接,在论坛、博客等各种平台上发布信息,充当传播者,在传播过程中成为"主体","受众"成为"用户"。用户生产的内容颇受青睐,拥有可观的流量。比如微博、博客、BBS等大量传播方式,都以用户提供内容为主,这些媒体平台的影响力和品牌效应,丝毫不亚于一个具有相当覆盖力的媒体;特别是一些草根用户通过在网络空间中贡献有价值的内容,逐渐在网上、在特定领域获得名声和地位,成为某一个领域具有一定影响的人。

"受众"的主体化,改变了传播内容生产的本质,内容生产不再是少数媒体机构中的专利,普罗大众都可以参与生产创造,每个个体都可以把自己的知识、热情和智慧融入内容产品中,充分享受传播的快乐,这是新传播时代的价值真谛。② 这种全民共同参与创造内容的传播模式,尊重并充分开发用户参与的价值,要求传播者改变自身长期形成的传播者中心意识,提升传播效果。

2. 自主化:受众控制消费过程

新媒介环境的另一个关键特征是它提升了受众在媒体消费过程中的自主化程度,即受众可以自主控制他们的媒体消费过程,包括自主选择消费内容、消费时间和消费方式③。在网络媒体出现之前,已经有相关技术在一定程度上增强了受众消费的自主能力,比如电视机遥控器的出现,使受众更方便地开关机、选择频道;录像机的出现,使受众能自主地控制收看电视的时间。但与网络技术相比,这些还存在很大的差距,"互联网代表了受众媒体消费过程自主水平的顶点"④,受众发挥自主性的余地空前增加,假如受众对某一电视剧感兴趣,他们可以选择在电视上看,购买DVD看,通过网络视频看,下载到手机上在公交车上看,或者在网上搜

---

① 尹明华:《数字化时代:决胜在内容》,《中国记者》2007 年第 8 期。

② 喻国明:《传媒的"语法革命"》,南方日报出版社 2007 年版,序言。

③ [美]菲利普·M. 南波利:《受众经济学:传媒机构与受众市场》,陈积银译,清华大学出版社 2007 年版,第 103 页。

④ 同上。

索剧情介绍，先睹为快。

受众媒体消费的自主化可以归纳为两个方面：对消费内容的自主选择和对消费形式的自主选择。在消费内容方面，由于新媒体环境中传播渠道更丰富，信息容量更大，使传播的内容更丰富，观点更多元，受众可以按照自己的认识对丰富多样的媒体内容进行评价和判断，进而作出自己的选择，在一定程度上取代传统的媒介把关人角色。比如微博，每个人都可以选择自己感兴趣的人进行关注，每次登陆自己的微博平台上，就能看到自己感兴趣的信息，"关注"实际上就是一种编辑控制的作用，以兴趣编辑个人首页的内容。

在消费形式方面，数字化传媒改变了以往媒体单向传播的特点，而具有了双向互动的功能，信息接收的主动权越来越多地向受众方面转移；数字化传媒改变了以往受众收听收看广播电视必须与节目播出同步的特点，而实现了异步性，即受众不受播出时间的限制，可以在任意选定的时间收听收看，如有兴趣有必要还可以反复收听收看；数字化传媒改变了以往媒体传播过程受控严格的局面，使信息的传播流通更为自由，尤其是互联网通过其各种强大的功能，形成了海量信息源；数字化传媒改变了以往众多媒体地域性传播的特点，使传播的范围扩大至全球。①

新传播环境下，受众自主决定在任何地点任何时间通过任何媒体进行任何形态信息的接触消费。有人总结了人类媒介接触习惯的几个转变：从书斋阅读走向马桶阅读；从文字阅读走向感官阅读；从知识阅读走向娱乐阅读；从单一阅读走向互动阅读，这分别解释了信息接触的地点自主性、形式自主性、内容自主性、渠道自主性的增强。受众有权利选择自己感兴趣的内容，以自己认为方便和舒适的方式享受信息，从而在信息的消费过程体现出受众体验至上的特征。

3. 个性化：传播机构的受众烙印

与传统媒体环境下作为大规模传播对象的受众相比，新媒体环境下的受众媒介消费行为个性化特征彰显。对于传播者来说，应该充分重视受众的个性化需求，根据不同客户的需求、不同读者的兴趣、不同的终端界面展开细分化的服务，为受众提供他们期待的体验，以适应传受关系重心不

---

① 喻国明：《中国传媒业已进入重要选择的岔路口》，《中国新闻传播学评论》2006年9月29日。

断向受众方滑动的现实。

在传播内容方面，传播者必须围绕消费者的喜好、习惯、生活方式、年龄特征、收入差别等进行分众精准传播。在新媒体环境中，传媒影响力发生了根本性的动摇，传媒不再有足够强大的能力为受众乃至公众打上渠道烙印，而反过来是由受众选择能够符合和代表自我认知的媒体作为自我群体的符号烙印①。比如说，在传统媒体环境中，《南方周末》被认为是一份有品味、有影响力的报纸，阅读这份报纸的读者也会被贴上有品味、社会影响力大的标签，读者的地位因媒体而提升；而在新的媒体环境中，《南方周末》希望能吸引那些有良知、有能力推动社会进程的精英知识分子，他们需要根据这一人群的特征确定报纸的内容和表达风格，如果报纸偏离了这种风格，它的目标受众就会转而寻找能够代言自我角色的其他媒体，也就是媒体的地位因这些读者的存在而得以提升。媒体需要具备自己独特的个性和气质，并且在传媒市场中找到自己的理想位置，其影响力不再通过影响受众获得，而是通过标榜自我个性并获得受众群的认同而确立，那些没有个性的媒体会受到冷落，最终被市场淘汰。②

在传播过程方面，媒体为受众提供了多种形式的个性化选择。很多网络媒体为用户提供内容和版式的个性化定制，用户事先确定自己喜欢的版面模式，自己感兴趣的话题范围，这样在每次打开电脑时就能按自己的预期获得需要的信息。比如美国的纽约时报网、华尔街日报网等网站，都有这样的个性化定制服务，让受众根据自己的需要定制"我的时报"、"我的日报"，使受众的独特需求得到充分的满足。此外，几乎所有的社区网站都给网友提供独特的头像和个性化签名，允许网友进行个性化设置；而网络游戏也趋向开放式游戏，每个人可以根据自己的偏好选择自己的玩法，而不是制定一套游戏，让所有玩家来适应。从这个意义上看，新媒体传播是尊重受众个性的传播。

新的传播技术刷新了受众的媒体消费体验，要使传播致效，必须注重为用户提供独特的个性化体验，这推动着整个传播模式的变革。传统文化的传播也需要尊重受众的主体地位，顺从传播个性化趋势。

---

① 陆斌：《整合能力决定传媒的未来》，《现代广告》2006 年第 2 期。

② 同上。

二 传统文化在新媒体环境下的传播策略

每一种新媒介的出现，都会为我们的生活方式、思维方式、文化观念以及文化传递的方式产生影响，从而为文化的传播提供无限可能。当前的新媒体形态是以数字化技术和网络基础为基础建立起来的，这种新媒体使传播突破了时间限制、空间限制、传统的传受关系界限，文化的传播方式和策略也因此发生了变化，呈现出完全不同于以往的全新特色：在传统媒体时代，传统文化的传播相对缓慢、艰难，并且主要局限于特定的圈子之内，缺少与外来文化的膨胀与交流，缺乏在大众中的普及，而当前的新媒体时代，文化以近乎光速的传播速度四处传播，并且还彻底打破地理意义上的疆域之分，使文化可以传向无限广阔的空间。同时新媒体时代的受众和媒体运行也有了与传统媒体截然不同的特征。因此，传统文化传播者应该更好地利用新媒体的优势，为传统文化的传播搭建更为通畅的渠道。

（一） 内容策略

运用新媒体技术弘扬和传播中华传统文化，首先要在内容开发方面有所创新，通过创建丰富多彩、形式多样的新媒体文化产品，打造新媒体文化传播品牌，拉近与受众的距离，达到宣扬传统文化的最终目标。

1. 题材选择：注重故事性

要让普罗大众对传统文化产生兴趣，利用讲故事的方式引发社会共鸣是一种很好的方式。讲故事的传播理念，与新媒体环境下人们追求娱乐的心理有密切关系。以跌宕起伏的人物命运引发人们的好奇心，以具有戏剧性情节冲突的故事叙述方式激起观众的求知欲，使受众在轻松的氛围中享受知识的乐趣，提升文化传播的效果。中国传统文化博大精深，在新媒体环境中的传播，也要注重对于传统文化人文历史内涵的挖掘，为受众提供直观生动的感受。例如京剧是中国文化的瑰宝，但是现在京剧的受众人数正在急剧下降，尽管如此，与京剧相关的影视作品，比如中央电视台播出的大型纪录片《京剧》等，都受到观众的热捧，不仅是行业专家和戏迷，大量普通受众也愿意接受这样的内容。究其原因，是因为这些内容产品的着眼点并非京剧的唱腔、技巧等专业技巧问题，而是这个行当中相关人物的情感和喜怒哀乐的故事，专业问题对于普通大众来说非常陌生，但人物故事永远能在人群中产生共鸣。由此可见，讲故事是吸引受众兴趣的最好方式，如果故事能吸引受众的兴趣，即使他们不懂京剧，不听京剧，也至少会对京剧有一份尊重和了解，因此，将关于京剧的故事，比将技巧、讲唱腔更有意义。《京剧》纪录片的制作团队就表达了这样的理念。希望让更多人看看这些故事、看看京剧曾有怎样的辉煌，让更多人对京剧感兴趣。

讲故事的叙述方式对中国文化走向世界也将产生积极影响。新媒体的传播突破了时空的限制，赋予了文化国际交流的便利，而跨文化传播要达成效果，必须要跨越各主体间的巨大文化差异，寻找到人类共通的东西，激起观众的共鸣，注重文化本身的故事性和娱乐性。以京剧文化在美国的传播为例，在西方公众视野中，中国戏曲的表演形式是一种另类的存在，很难欣赏，但京剧史上的传奇人物却一度在美国声名远扬，1930年2月，梅兰芳在纽约第49大街剧院表演京剧，由于受到空前的欢迎，演出从原计划的两个星期延长到五个星期，并搬至更大的可以容纳一千人的曼哈顿国家剧院。当时美国的主流报纸《纽约时报》《纽约先驱论坛报》《世界报》《纽约电讯报》《晚邮报》等，都长篇累牍地报道了梅兰芳的成功，认为他的演出为纽约上流社会带来了一股活力和狂热，"梅兰芳的表演使买票去国家剧院成为生活中的必需，并且在任何社交场合人们都不再缺少谈资"①，评论分析梅兰芳演出大获成功的原因，认为虽然美国公众听不懂京剧唱词的咿咿呀呀，也看不懂动作的一招一式；但是梅兰芳作为一个活生生的人，举手投足中展现出来的优雅和美，足以慑服观众。换言之，美国公众不懂京剧，但是他们能看懂这个人。而以京剧人物命运为主线的电影作品《霸王别姬》《梅兰芳》等，在西方社会都取得了相当大的反响，这足以证明，讲故事是中国文化成功向世界进行传播的途径。

故事题材的选择有几个思路：第一，老题新作，即对传统题材进行现代化解读，使其焕发出令人耳目一新的传播效果。例如中央电视台探索频道的《新少林方丈》纪录片，主题是中外闻名的少林寺，阐释的是在中国演绎千年的传统文化，但是所使用的素材抛却了少林寺的发展历史和今昔对比的路数，而是突出"新"这个要素，突出展示少林寺在维护传统和适应现代商业文明之间的矛盾情形，例如方丈坐奔驰车、打手机处理日

---

① 程龙：《美国公众视野下的梅兰芳：不甚理解却高唱赞歌》，《中国社会科学报》2011年8月23日。

常事务，特别是在英文版中，将"方丈"翻译成西方企业管理界的术语"CEO"，形象贴切地涵盖了方丈的角色定位，打破了东西方文化的隔阂，原本被熟识的故事顿时变得新意盎然。第二，大题小作，传统文化的内涵博大精深，很多内容是难以言说的，美国学者霍尔认为，东西方文化之间的差异可以用高语境和低语境文化进行区分，中国文化就是典型的高语境文化，也就是其表达重意境、重言外之意、重"言有尽而意无穷"的境界，这于西方文化存在较大差异，当西方受众对中国文化的各种背景不理解时，就会存在解码障碍，甚至产生反感、抵触情绪。要解决这个问题，在文化传播时，就应该为博大精深的文化寻找具体实在的载体，使受众能够直接接触，从而产生至关了解，进而引发深入了解的兴趣。比如2012年热播的纪录片《舌尖上的中国》，用讲故事的方式讲述中国的美食文化，截取一个个劳动者的生活场景片段，例如吉林查干湖的渔民的渔网只能捕到两公斤以上的鱼，小鱼则被人为地漏掉了，这是为了"猎杀不绝"；云南的卓玛采了松茸后，立刻用地上的松针把菌坑掩盖好，只有这样，菌丝才不被破坏，自然的恩赐才能延续……生动直观地展现"天人合一"的中国文化精髓，将具体的人物、诱人的美食与文化哲学有机融合在一起，展示在观众面前，发人深省。

　　2. 叙述方式：适度娱乐化

　　"传统文化"与"娱乐化"在很多人眼中是格格不入的两个词，过度的娱乐化固然不利于传统文化本质内涵的发掘与传承，但在新媒体环境中，传统文化忽视受众审美趣味的变化，始终摆出一副高贵冷艳的面孔，也同样会拒人千里之外，难以促成文化的有效传播。选择符合时代的表达方式对于文化的传播来说也是非常重要的。新媒体的发展为中国传统文化的传播提供了新的可能，借助新媒体的力量，重新构建更加符合当今形势的传播形式，这不仅可以增进传统文化在中国国内大众中的普及程度，也可以让世界更加清楚地认识中国的传统文化，使传统文化借助新媒体技术源源不断地走向世界的各个角落。

　　所以，传统文化的内涵不能娱乐化，但是叙述方式可以适度娱乐化，传统文化传播者应该避免采用高高在上、宣传说教的传播方式，而是采取一种通俗的、亲近历史、亲近观众的陈述方式，并适当体现娱乐化的传播风格使传播更容易被接受。中国传统文化通俗娱乐化传播成功的一个案例就是《百家讲坛》中易中天、于丹的走红，伴随着他们在荧屏上获得高度关注，中国传统文化也在中国涌现出一股热潮，表明通俗娱乐化的传播方式使一度渐行渐远的传统文化开始回归。通过通俗娱乐的方式传播传统文化，是对国民产生潜移默化的影响，有助于循序渐进地重构符合新媒体环境和现实的文化传播格局。此外，传统文化还可以与电视剧、电子游戏等娱乐文化产品相结合，比如北京故宫博物院 2008 年与美国 IBM 公司合作开发"超越时空的紫禁城"项目，由故宫博物院资料信息中心提供内容支持，IBM 公司提供科技支持，以故宫古建筑群 3D 数字模型为基础，开发运行在国际互联网上的网络虚拟游览项目，兼有虚拟展示、网络游戏与网络社区的特点，使用户在游戏中了解故宫的文化，这对文化的普及有重要意义。还有东方卫视一档名为《非常有戏》的娱乐节目，利用时下流行的选秀节目的样式，请明星唱戏，将传统与时尚对接、文化与娱乐联手，对于中国传统戏曲文化的传播也产生了积极的影响。

　　3. 深度开发：以创意赢口碑

　　口碑传播是新媒体中信息扩散的一种重要方式，前文提到台北故宫"朕知道了"纸胶带的案例，就是典型的口碑传播，传统文化的传播，需要有创意，创意是口碑产生的源头，因此，传统文化传播者在传播内容和产品时，应该注重创意，以创意赢得口碑，从而促进文化的传播范围和影响力。

　　传统文化在创意方面具有得天独厚的优势，因为丰富的文化资源，本身就是创意源源不尽的来源，通过对传统文化资源的发掘与创意，不仅能使传统文化得以传承与提升，使珍惜文化资源得到保护，而且也赋予文化产品新内涵，不断提高其附加值，不断散发其影响力。比如中国传统文化的题材花木兰从军的故事，被好莱坞挖掘出来，通过开发电影、书籍等多种形式进行传播，现在已是全世界闻名。

　　创意的发掘，主要体现在创意产业，台北故宫就是利用自身文化资源开发创意产业，既传播传统文化，又获得商业效益的典范。据统计，台北故宫善用院藏珍宝开发文创商品，产品多达 4000 多种，除了之前提到了纸胶带产品之外，台北故宫开发的最著名的文化创意产品是"翠玉白菜伞"。"翠玉白菜"是台北故宫博物院珍藏的清代皇宫珍品，由一块天然玉石巧雕而成的白菜，是清代皇帝光绪之瑾妃的嫁妆，"翠玉白菜"白菜寓意清白，象征新娘纯洁，菜叶端有一蝈蝈、一螽斯，象征多产子女。这件藏品因造型逼真、做工精巧、观感令人赏心悦目而知名。这种创意产品深得大众喜爱，从而形成了口耳相传的口碑，拉近了传统文化与民众之间的距离，满足了普通人对历史的重温。

（二）受众策略

1. 重视公众智慧

新媒体环境下，信息的互动反馈非常方便，任何人都可以在网络等新媒体平台上发表自己的见解。互动性提升了网民参与分享信息的积极性，用户主动性增强，对于传播内容的生产有重要影响。基于这种特点，传统文化的传播也应该重视网络平台上的个人力量，充分发掘公众智慧，并有针对性地改进传播方式，提高传统文化传播效率。基于 Web 2.0 和口碑传播的效力，网民生产内容对于传统文化的推广和传播有不可忽视的影响，例如中央电视台播出大型纪录片《京剧》之后，引发了巨大的社会反映，其中相当一部分因素要归功于新媒体上对公众智慧的挖掘，《京剧》播放前期，就充分利用微博等新媒体开展大规模的宣传，请受众提意见、猜问题，使其关注度呈几何式增长，很多观众是在微博上看到《京剧》推荐及其他人的讨论而开始去看电视的；在其播出过程中，多家主流媒体不吝笔墨进行报道，网友们纷纷参与讨论，微博成了热议的主场，很多网友针对《京剧》的画面、解说、服饰、典故等问题深入开展讨论，提供了更多细节，引发更多人关注，使其在网络上热度不减，最终使这部 8 集纪录片所引起的关注度超过诸多电视剧，创造了荧屏的收视奇观。网民不再是被动地接受信息的受众，而是主动寻找、发掘信息的信息使用者；网民在网络的互动过程中参与信息的生产与再生产。因此，文化传播者应该积极策划公共话题和事件，引发公众的关注和讨论，进而产生社会影响力。

2. 个性化传播

个性化传播是新媒体环境的一个重要特征，对于传播者来说，应该从重视研究受众，针对不同受众群体的特征，开展个性化的传播。传统文化的受众群体大体可以分为三个部分：专家、粉丝、大众。不同群体，对传统文化的认识和理解程度不同，对于接受传统文化的诉求也不同，传播者应该区别对待，面向不同群体用不同的方式进行传播。

传统文化传播者面向专家和粉丝的传播，已经有比较成熟的做法，但对于传统文化在大众中的普及，还有更多需要探索。传统文化大众受众群体中有一个特殊的组成部分，即青少年人群，这些人群也是新媒体技术使用者的重要组成部分，他们接受新鲜事物的能力强，尽情地享受着高科技带来的新生活。电脑和网络对于他们来说是再普通不过的家用设备，出入网络的世界也是易如反掌。他们在目前年龄段所接受的关于某种文化传播将直接决定他们未来对这种文化的态度，也决定这种文化的未来命运，他们的行为、喜好都决定了未来媒体的内容和形式，如果传播方式不符合他们的兴趣和价值观，他们就会采取拒绝的态度，因此，培养青少年群体的兴趣，了解年青一代的审美特征，以一种适合当代审美诉求的形式进行有效的传播，是传统文化传播的一个重要功能起点。

现代中国传统文化的铁杆粉丝大多是上年纪的人，如何推动年青一代欣赏、继承自己的文化，是传统文化传播面临的一个重要问题，因为在很多孩子甚至年轻人的印象中，传统文化过于沉重，不够酷，吸引不了他们的兴趣。为了使传统文化更好地在年青一代中得以承继，需要传播者独辟蹊径，让传统文化变得轻盈、可感、可触，培养他们对传统文化的兴趣。

案例：香港文艺界策划的"我的家在紫禁城"儿童教育计划①

该计划试图让孩子们在"穿越"中认识紫禁城这一人类伟大文化遗产，以及与之相关的人与历史，培养孩子们对中国传统文化的兴趣。计划始于 2010 年，《我的家在紫禁城》系列丛书在香港出版并大获成功，获第 22 届香港印制大奖"优秀出版大奖：最佳出版意念"大奖、第四届香港书奖等奖项。2011 年，设计及文化研究工作室连同何鸿毅家族基金开始成立独立的教育团队，尝试在香港的小学及相关儿童教育机构，面向小学生及公众，开办儿童工作坊，举办拓展性教育活动，至今已举办 2400 多场工作坊，惠及超过 90 间学校、12000 人。这一教育计划获得了 2011 年"香港艺术发展奖"之"艺术推广奖"（团体/机构组）金奖。2013 年，简体字版的《我的家在紫禁城》丛书由广西师大出版社携手故宫出版社共同出版。

"我的家在紫禁城"简体字版共七本，以不同主题展现故宫和故宫所承载的文化，例如《故宫三字经》模仿宋代《三字经》的形式，用朗朗上口的童谣讲述紫禁城"六百年，人和事"，解开故宫一连串历史文化密码；《幸福的碗》由著名漫画作者麦兜引领小读者了解中国的彩瓷天地，从具体的粉彩纹样，一朵花、一只昆虫入手，看到整

---

① 案例资料摘自《传统文化传播可以"活"起来》，《深圳商报》2013 年 1 月 30 日。

个中国瓷器的发展史,再从宫廷里的人对碗的使用,追溯到中国人的饮食习惯,非常深入浅出地引导孩子重新认识中国传统文化;《皇帝先生,您好吗?》,展示皇帝的悲喜苦乐。而形式上,这些图书采用妙趣横生的话语、精致的图画和可爱的绘本,以丰富的表现形式使故宫的历史、文化、建筑、工艺、人物,以至大自然获得了别样的生气,也让孩子们在游览这纸上紫禁城的同时轻松地认识有关故宫的种种,并乐在其中。

除了系列丛书,"我的家在紫禁城"同名展览还通过动画、装置、互动游戏、影像等多种形式领着孩子们游历600年明清两朝皇帝的家,领会中国建筑文化与大自然的和谐关系,了解并亲近中国传统文化艺术,例如"最好的皇宫"工作坊,透过道具、小册子及游戏活动,与学生一同解读紫禁城的建筑特色、认识当时的人物与历史,提升学生对中国文化的兴趣;而"游花园"工作坊,将故事、游戏、生活关怀都放进奇妙的匣子里,以互动方式,与孩子们一起揭开发生在故宫花园里的故事。

"我的家在紫禁城"项目,使传统文化脱去了陈旧、酸腐的气息,变得清新可爱。这种简单有趣充满童真的教育方式,有助于激发孩子对传统文化的热爱,这对传统文化的传承和推广有重要意义,因为"现在对中国文化有兴趣的大多是退休人士……如果将这个年龄层往前推20年,甚至更前,中国文化有趣和动人的面貌能够在小朋友、青少年内心生根,日后他们能主动接触、研究,那么中国文化就有活力前进、开拓"。

(三) 媒介策略

1. 文化资源的数字化处理

新媒体平台的传播,需要将传统文化的相关资料和内容进行数字化、虚拟化展示,将博大精深的传统文化"一网打尽",为文化的传播开辟崭新的渠道。首先,新媒体的数字化技术特征,改变了传统文化相关信息资源的保存、管理、使用和传播的方式,将相关资料的图像、文字、声音、影像和科学数据等多媒体信息进行数字化技术处理,有助于文化资源的保存和管理,并突破传统媒体空间的限制,使更多资料和信息能够全方位地展示给观众。以博物馆为例,传统博物馆的运作受空间局限比较大,比如故宫博物院，由于展厅位置有限，常年只有少量藏品能对外展出，大部分藏品都堆积在一起，这不利于文物资源的利用，存储数字化节约了大量空间，众多文物资料可以缩微在数字存储设备中，随身携带，连接到网络上以后，更是让人们零负担地随时使用。同时，一些珍贵的文化对保存环境有苛刻要求，怕声音、怕光线、怕观众触摸，不适宜在展厅公开展出。将这些物品制作成数字化的图片或者视频材料在网络上展示，就能在很大程度上解决这个问题，使一些容易损坏、不宜长期陈列的珍贵器物能通过高技术电子手段传向世界每个角落，令感兴趣的人一饱眼福，提高文物利用率，并扩大传播和影响范围。为了实现文化资源的数字化处理，故宫博物院已经与国际先进的技术研发机构开展合作，例如 2000 年与日本凸版印刷株式会社合作开发"故宫文化资产数字化研究"项目，共推出故宫系列虚拟现实（VR）作品四部，其中第一、第二部已由凸版公司移植成 PC—VR 作品，可以 DVD 光盘的形式播出，使公众能更便利地接受相关信息。

同时，数字化的传播技术还有多媒体传播的优势，可以用图片、视频和文字材料等各种传播符号系统更全面地展示自己的文化，包括有形的物品，也能包括难以进行实体展示的无形文化。仍以故宫为例，除了宏大的建筑和丰富的珍异藏品，也有很多非物质文化遗产，比如清朝宫廷音乐，大体分为两部分，其主要部分是用于内朝的典制音乐，包括祭祀、朝会、宴飨、行幸等音乐；另一部分是用于内廷、御园等处的娱乐性音乐，其中典制性音乐自两千多年前周代开始创立一直沿用到清末，是民族音乐的一个重要组成部分，自有其独特价值。① 故宫博物院保存着大量的宫廷乐器，这也一直是对外展示的重点，但是这种乐器演奏出来的效果究竟怎样，这是实体的博物馆很难展示的，但在数字化平台上，可以将实际演奏的效果录制成音频供受众欣赏，有助于帮助人们更好地理解这种古老的民族音乐及其传承。

2. 积极开发移动终端应用

经过数字化处理的文化资源，除了在普通网络媒体上展示之外，还应该适应潮流，开发在其他终端，尤其是移动终端的应用。应该通过传统文化素材与手机等移动终端嫁接，形成全新的创意型应用。比如建立传统文化的手机新媒体 WAP 网站，建立移动终端的发送与管理机制，提供彩

---

① 郑欣淼：《永远的故宫　永远的保护》，《故宫博物院院刊》2006 年第 3 期。

信、手机游戏等新媒体业务；建立微博、微信等移动终端公共账户，吸引受众注意，并注重与用户的即时互动；使用二维码储存文化资源信息，方便手机用户随时查询。

3. 传播平台的国际化建设

网络媒体无远弗届的传播特征，有助于促进跨文化交流，帮助人们更全面、多元、真实地了解异域文化。传统文化在构建网络传播平台时，应该格外重视国际化发展思路，在这一全球性的平台上，积极推动为文化的全球性传播，使跨文化交流更加多元、丰富、全面。仍以博物馆为例，传统媒体时代，公众要欣赏博物馆的藏品，就需要亲自到达博物馆，或者等待难得一遇的异地展出，而在网络媒体平台上，任何对博物馆藏品感兴趣的人，都可以通过网站随时随地了解自己想要知道的内容。例如大英博物馆的网站，就按全球区域文化设计网站的栏目，包括亚洲文化、欧洲文化、美洲文化、中东文化、希腊文化、大英文化等，在世界任何地方的观众想了解其他国家、其他民族的文化，都可以从中有所收获。网络平台使传统文化很容易实现全球传播，传统文化的传播者应该为国际受众直接通过中国文化的本土网站了解原汁原味的中国文化提供便利。比如在设计网站时，应该考虑国际受众的要求，针对国际受众的需要提供必要的语言服务和相应的信息；同时还可以设计远程教课等内容，将相关资料设置在合适空间，使教师可以在网络空间进行跨国教学，为世界各地的观众提供了方便的途径来获取别国文化产品，了解其他文化状况，可以在不同文化之间搭建廉价快捷的信息通道。

三 案例分析：北京故宫博物院官网 VS. 台北故宫博物院官网①

故宫是中国传统文化的核心重镇，在传统文化传播方面承担着重要责任，而作为中国内地最受重视的文化单位之一，故宫在利用新媒体传播传统文化方面的表现，也具有标杆意义。本文因此选择北京故宫博物院官网与台北故宫博物院官网，通过对比研究，分析文化单位在利用新媒体传播文化方面的得失。

---

① 如未特别说明，本节资料均来自北京故宫博物院官网和台北故宫博物院官网。资料获取时间为 2013 年 9 月 2 日。

（一）基本风格

1. 北京故宫博物院：庄严、典雅

北京故宫博物院的网站的欢迎页面以黑红为主色调，内页也以单一深色调为主，凸显庄严、典雅、深邃的风格（图1、图2）。

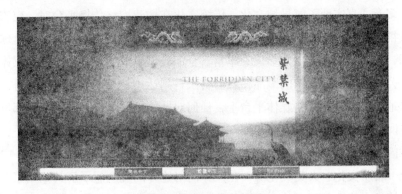

图1　北京故宫博物院首页

图2　北京故宫博物院目录页

2. 台北故宫博物院：清新、活泼

台北故宫博物院欢迎页以藏品的动态图案，比如这个页面的主题是花开富贵的瓷瓶，以瓷瓶为主体，以瓶上局部团放大作背景，色彩鲜明亮丽，特别是当停留在这个页面时，瓷瓶上牡丹花上的蝴蝶会从瓶上飞出，在页面上起舞，妙趣横生；而目录页也以浅色调为主。整体风格清新活泼，更容易让人产生亲近感（图3、图4）。

图3　台北故宫博物院首页

图4　台北故宫博物院目录页

(二) 内容设置

1. 北京故宫博物院

北京故宫博物院目录比较简单，主要包括三个类别：

（1）参观导览，为游客提供的旅游指南，包括展览公告、馆藏目录、开放时间、交通等各种服务信息。没有多媒体，没有互动信息，没有面向特殊人群的特殊信息。

（2）"时空漫游"，探索紫禁城宫廷文化，主要是对故宫历史和各种藏品介绍信息，以文字和图片为主，没有多媒体，没有立体展示，没有互动，没有特殊设计。

（3）"资料搜寻"，主要是面向学术研究的文博和科研资料搜索服务，实质是一个数据库。

2. 台北故宫博物院

台北故宫的内容分类相对较精细，以不同的维度区分出不同的栏目。

（1）网页左侧设计了按受众对象细分的栏目，包括：一般参观者、学校师生、研究人员、媒体记者、合作厂商。

（2）网页右侧则是按内容细分的栏目，包括：参观故宫（展览信息、交通信息、地图等）、典藏资源（典藏精选、主题网站、文物3D赏析、典藏资料库系统）、学习资源（图书文献馆、虚拟博物馆、学校学习资源、故宫E学园、儿童园地、教育活动、故宫周末夜、故宫期刊、出版物、展览说明书、双语词汇）、博物院行政（数位计划、大故宫计划、文创资源网等）、认识故宫（院长、传承与延续、文物与账房、大事记、故宫年报等）。

（3）网页下部还有其他栏目，包括：每日精选（每日选择不同的藏品置于首页供欣赏）；加值服务（包括故宫电子报、网络商城、电子贺卡、政府资讯公开、性别统计赚取、多媒体下载、团体导览预约系统、加入我的故宫）；热门网页排行（主要是故宫的社交平台，Facebook 粉丝团、故宫 YouTube、故宫常设展 App、带着故宫走 APP、最新消息、展览行事历、活动行事历）。

从栏目设计看，北京故宫更平面化，主要功能是介绍故宫的各种信息，为旅游和学术研究提供服务；而台北故宫更生动多样化，除了介绍基本信息之外，更注重服务大众，使用多媒体、多渠道、多终端为受众提供文化普及和传播。

（三）针对青少年的文化普及

1. 北京故宫并没有专门针对青少年的内容涉及，在一些专题中稍显轻松活泼的内容，例如文化专题"皇宫里的玩具"，从截图可以看出，这些内容的传播手段仍局限于文字和图片，没有多媒体和互动手段。

2. 台北故宫有多个栏目针对青少年的文化普及教育，多媒体的传播方式更生动有趣，游戏式地设计与参与的环节，使文化与日常生活更贴近。

（1）"儿童园地"栏目是官网的一个主打栏目，其重要功能之一就是针对不同年龄层的儿童规划学习单、教学资源手册等辅助教材，可与展厅参观活动做结合，并提供教师或家长伴随学童参观故宫前置准备与延伸学习之用，也可依个别的需求，选择感兴趣的主题，下载这些数字学习资源。

（2）故宫 e 学园线上课程：动漫形式的课程，讲授如何欣赏绘画、故宫文物典故、如何从故宫中寻找灵感设计现实生活。

（3）儿童游戏：故宫寻宝等，以生动活泼互动的形式，传达了关于故宫的布局、文物的典故等相关知识。

（四）传播渠道与终端的使用

北京故宫官网上体现不出对于社交媒体和手机终端的使用。

台北故宫官网上，把社交媒体和手机终端都作为重要内容推出。不仅在目录页的"热门网页排行"中对于社交媒体平台和移动终端的 app 应用有推荐，而且在主网页上也有对于相关内容的详细介绍和推荐，比如主页正中间的浮动旗帜公告栏中，就有"带着故宫走"（台湾第一支文物互动APP）和"故宫常设展 APP"的详细介绍，其中"带着故宫走"有中英文两种语言接口，并有为其量身打造的"古今穿梭游"微电影同步上映，由青年偶像化身迷途的汉代宫廷画家毛延寿，带领民众一同体验文物掌中游的乐趣；故宫常设展 APP 则主要是导览故宫典藏精品、饱览珍藏华夏瑰宝。

（五）多媒体的使用

北京故宫官网的主要传播符号系统文字和图片，少有多媒体内容。

台北故宫官网的传播符号有大量多媒体因素，包括动漫作品，如《国宝娃娃入宝山》系列原创 3D 立体动漫，以台北故宫藏品为角色，在台北故宫内探险的方式，介绍台北故宫的藏品和文化。此外，台北故宫官网大量体现了对 3D 技术的使用，立体化全方位地展示文物。

（六）互动性与受众参与

北京故宫发起了"紫禁城杯"故宫文化产品创意设计大赛；台北故宫也发起了新媒体创意竞赛，鼓励社会参与，提升兴趣，加强科普功能，共同推动传统文化的传播。

（七）国际化

北京故宫官网主要包括三种语言：简体中文、繁体中文、英语。

台北故宫包括八种语言：正（繁）体中文、英语、日语、韩语、法语、德语、西班牙语、俄语。台北故宫官网的国际化程度远超北京故宫。

（八）传播效果

根据 alexa 全球互联网流量统计的相关信息①，北京故宫和台北故宫传播效果比较如下。

1. 网站综合排名

	综合排名	访问速度	反向链接	日均 IP 访问量	日均 PV 浏览量
北京故宫	207060	461 Ms／93 分	1543 个	≈ 1920	≈ 5760
台北故宫	108844	592 Ms／89 分	2619 个	≈ 6000	≈ 54000

2. 流量来源统计

	流量来源	国家/地区排名	网站访问比例（%）	页面浏览比例（%）
北京故宫	中国	29256	62.5	74.8
	中国台湾省	17155	12.4	9.4
	其他	—	25.1	15.7
台北故宫	印度	318517	0.6	3.1
	印度尼西亚	62295	0.9	4.0
	中国台湾省	1510	40.0	61.2
	美国	461285	1.0	3.6
	中国	41528	20.8	14.0
	其他	—	36.8	14.2
结论	北京故宫的访问者主要是在大陆和台湾两地，且大陆占绝对多数；台北故宫的访问者较为分散，台湾省仅占 40%。			

由此对比分析可见，北京故宫官网的传播效果不如台北故宫官网，不仅表现在网站排名及访问速度、浏览量等基本指标方面，也表现为两个官

---

① 数据获取时间为 2013 年 9 月 2 日。

网的受众来源国际结构方面，这样的传播效果也是对上文分析的一种印证：台北故宫官网对于新媒体技术的使用比较充分，无论在受众细分、多媒体、互动性、社交媒体等多个方面的表现都比北京故宫官网更有先进性，北京故宫坐拥雄厚的文化资源，更应该在传统文化的传播方面做出贡献，从做好官网做起，是一个不错的选择。

参考文献

1. ［美］菲利普·M. 南波利：《受众经济学》，陈积银译，清华大学出版社 2007 年版，第 127 页。

2. 喻国明：《中国传媒业已进入重要选择的岔路口》，《中国新闻传播学评论》2006 年 9 月 29 日。

3. 陆地、尹坤：《2006 年中国新媒体发展报告》，载《2007 年中国传媒产业发展报告》，社会科学文献出版社 2007 年版。

4. 解学芳：《论网络文化的产业特征》，《学术论坛》2010 年第 6 期。

5. 姜奇平：《体验经济》，社会科学文献出版社 2002 年版。

6. ［美］B. 约瑟夫·派恩等：《体验经济》，夏业良等译，机械工业出版社 2002 年版。

7. 尹明华：《数字化时代：决胜在内容》，《中国记者》2007 年第 8 期。

8. 喻国明：《传媒的"语法革命"》，南方日报出版社 2007 年版，序言。

9. 陆斌：《整合能力决定传媒的未来》，《现代广告》2006 年第 2 期。

10. 程龙：《美国公众视野下的梅兰芳：不甚理解却高唱赞歌》，《中国社会科学报》2011 年 8 月 23 日。

11. 郑欣淼：《永远的故宫　永远的保护》，《故宫博物院院刊》2006 年第 3 期。

（王春枝　北京第二外国语学院国际传播学院　北京　100024）

北京文化教育的传承性研究

张　鹏

摘　要：北京文化教育事业发展进程与中国历史发展变化密切联系。北京在没有成为都城之前，在文化教育方面对全国的影响是微乎其微的；而确立为都城之后，大量的先进文化教育人才云集这里，使北京的文化教育事业逐步发展壮大。在这个过程中，北京的书院教育主要是传播了理学，弘扬优良传统道德，培养了人才，对传播文化、进行学术交流发挥了重要作用。

关键词：文化　教育　书院

一　北京地区文化教育事业发展历程

北京地区是中华文明的重要发祥地之一，早在70万年前，北京周口店地区就出现了原始人群部落"北京人"。北京建城也已有两千多年的历史，最初见于记载的名字为"蓟"。公元前1045年北京成为蓟、燕等诸侯国的都城；公元前221年秦始皇统一中国以来，北京一直是中国北方重镇和地方中心。

秦始皇攻占蓟城后，正式设蓟县，属于三十六郡之一的广阳郡管辖。汉代以后到隋唐，北京地区的郡县设置都没有间断，地方官学教育也逐步建立和发展起来。到北朝十六国时期，北京地区成为北方少数民族的政治文化中心。隋唐时期幽州不仅是军事重镇也是贸易中心，儒学教育也有发展，并为辽金以后逐渐成为全国政治文化教育中心奠定了基础。

北京文化教育事业发展进程是与中国历史发展变化密切联系在一起的。伴随着北京在中国历史发展进程中的位置不断提高，北京地区的文化教育也变得繁盛和完备起来。统治者对教育的态度，影响着文化教育的兴衰。都城地位的确立直接影响着文化教育事业的发展。北京在没有成为都城之前，在文化教育方面对全国的影响是微乎其微的；而确立为都城之后，大量的先进文化教育人才云集这里，使北京的文化教育事业逐步发展壮大，教育规模越来越大，逐步成为中国文化教育事业最发达的地区之一。

北京地区历经漫长的文化发展过程，从原始的"周口店人"聚居地逐步发展成为北方地区最重要的都市，文化教育事业也逐渐繁盛和完备起来。但在辽代以前，北京地区的教育发展相对缓慢。原因有三：首先是受风俗的影响，北方以游牧生活方式为主，此种生产生活方式决定了其游离的风俗习惯，进而使该地区的文化教育事业不能稳定发展。其次是受到文化发展渊源的影响。先秦时代，阴阳五行学说在燕国备受尊崇，燕地的学术渊源与中原地区有着很大的差异。最后且最重要的是受到社会环境的影响。先秦时期到隋唐五代时期，北京地区一直是北方少数民族、游牧民众占据主导地位的地区，中原稳定的生产生活方式不被提倡，以"礼乐"文化为主题的文化教育内容自然受到游牧文化的冲击，无法构建与中原地区一样安定的教育环境。

在辽金以后北京地区文化教育事业有了大发展，北方的少数民族契丹政权占据了燕云十六州，并定幽州为陪都。开明的辽太宗耶律德光吸取汉文化和中原地区的农业文明，兴办学校，开始举办科举，传播诗书文化，大力推广汉文化教育。

辽之后，金朝继续占据北京地区。虽然统治者还是少数民族，但是仍然效仿契丹统治者，大兴文化教育事业。甚至金海陵王完颜亮迁都燕京，改名中都。北京成了政权的中心，开始建立国子学等中央教育机构，以九经、十七史及百家之言教育学生。自金朝开始北京成了全国性的政治文化中心，文化教育中心的地位也越来越稳固。

元朝是首个以北京为首都且实现中国大一统的王朝。蒙古统治者在大力推广蒙古民族所熟悉的少数民族游牧文化的同时，部分开明的统治者也向往繁盛中原文明，并且虚心学习中原文化。元帝国疆域辽阔，使得中亚、欧洲等地区的伊斯兰文化和基督教文化逐渐进入中原地区。北京地区作为帝国首都成了一个多元文化的聚集地。在文化教育领域，出现了传授中原文化的国子学、传授游牧文化的国子学和传授伊斯兰文化的回回国子学同时并存的现象。

从明朝开始，古代文化教育事业进入了一个重新整理和发展阶段。特别是明成祖朱棣称帝之后，迁都北京，永乐元年（1403）二月将北平府儒学改为北京国子监。永乐十八年（1420）十一月，又下令改北京国子监为国子监，以儒学教育为核心的中央官学体系和地方官学体系在北京已经很完备。京卫武学、四夷馆、太医院和钦天监等各种高级专业教育机构同时出现在一座城市，也成了北京文化教育发展的重要特点。以书院为代表的北京地区的私学教育事业也呈现出前所未有的繁荣局面。

清代教育制度集传统教育制度之大成，达到了古代文化教育高度发展阶段，也充分表现出了古代教育腐朽僵化的特征，显露出盛极而衰的趋势。从顺治到康熙，开始确立文化教育基本方针政策，北京继续国子监、地方官学和科举考试等多层次教育的基本制度。雍正中期到乾隆初期，统治者进一步对国子监和书院制度等加以改革和完善，形成了从中央到地方，从国子监、满族官学、地方官学、书院、蒙学到各种社会教育的多级宝塔式的教育体系。清统治者为培养满族人才建立了各种级别的专门学校，以八旗贵族子弟为主要教育对象的八旗官学就是清代北京特色的教育之一。

清代也是一个从传统向近代转变的重要阶段。鸦片战争以后，传统的儒学垄断学校的局面开始改变。西方近代文化科学知识以不可阻挡的趋势渗透和涌入我国近代学堂。私塾、官学和书院构成的旧的教育体系，开始瓦解。代之以培养各类实用人才的"近代新学制"。1862年京师同文馆的创办，开启了中国教育近代发展的历程。中日甲午战争以后，维新运动兴起，中国教育近代化进程有了更激进的发展。进入20世纪，传统的书院改造、科举废除，对传统教育变革进一步加深，新式学堂开始大发展，并开始了中国历史上的第一次留洋海外的热潮。

民国时期，中国教育经历了巨大的变革，北京作为时代先锋，在此创立了众多名牌大学，云集了众多教育名家，确立了作为中国新式现代教育的领先地位。

新中国成立后，在中国共产党的领导下，政府高度重视文化教育事业。特别是十一届三中全会以后，中央和北京地方政府都坚持把教育摆在优先发展的战略地位，经过全社会的共同努力，全面普及九年义务教育，高等教育步入了大众化阶段，职业教育蓬勃发展，继续教育稳步推进。北京作为新中国的首都，教育发展的速度和层次一直处于全国前列。基础教育方面已经全面实现义务教育，高等教育方面驻京高校和北京市属院校在办学理念和层次上不断创新，为社会主义现代化建设培养了大量的高素质劳动者和专门人才，国民素质显著提高。随着改革开放的深入发展，国际交流越来越频繁，北京作为首都也是很多外国友人交流的首选地，驻北京的著名大学：北京大学、清华大学、北京师范大学等成为来自世界各地的留学生向往的高校。除了"请进来"，北京高校的"孔子学院"和"北京市汉语国际推广中心"等机构还把中国文化推向世界。"走出去"战略把北京教育的影响力扩大到了世界各地。

二 北京地区的非官学教育——书院教育的传承

（1）书院教育的起源

书院是在我国古代教育体系中有别于官学的另一种特殊的教育形态。书院的萌芽可以追溯到汉代，与汉代的"精舍"、"精庐"有一定的传承关系。"精舍"与"精庐"为汉代聚集生徒、私家讲学之所。《后汉书·包咸传》载：包咸"少为诸生，受业长安，师事博士右师细君，习《鲁诗》《论语》。后住东海，立精舍讲授"。《三国志·魏武帝纪》载："筑精舍，欲秋夏读书，冬春射猎。"《后汉书·儒林传论》载："精庐暂建，赢粮动有千百。"不过汉代的"精舍"、"精庐"，私家讲学皆由口授，限于当时的技术水平，尚不具备藏书条件，可以将其当作书院的前身，但还不能算作真正的书院。

从唐末到五代时期，战乱频繁，官学衰败，许多读书人避居山林，模仿佛教禅林讲经制度创立书院，形成了中国封建社会特有的非官学教育组织形式。书院是实施藏书、教学与研究三结合的高等教育机构。书院制度萌芽于唐，完备于宋，废止于清，前后千余年的历史，对中国封建社会教育与文化的发展产生了重要的影响。

（2）北京书院教育的发展

北京的古代书院出现非常早，五代时期就创办了窦氏书院，但发展缓慢，到清朝末年，北京地区共建立过28所书院。其中非常有代表性的是太极书院、首善书院和金台书院，三家书院分别创立于元代、明代及清代，代表了三个不同时代北京地区非官方教育的特征。太极书院创立于蒙古统治者最需要理学的时候，首善书院存在于明代宦官和士大夫斗争最激烈的时期，金台书院则完全成了清代科举制度的附庸。

　　五代后周时期北京就出现了书院，设于今北京市昌平区，名叫窦氏书院。是后周谏议大夫窦禹钧所建。据历史记载，窦禹钧是范阳（今河北涿州）人，精于词学，义行高笃。"于宅南构一书院，四十间，聚书数千卷。礼文行之儒，延置师席。凡四方孤寒之士无供需者，公咸为出之。无问识不识，有志于学者，听其自至。"书院还为社会培养了许多显贵，"凡四方之士，由公之门登贵显者，前后接踵"。他的五个儿子都在这里学习，"见闻益博"，相继登科，"五子登科"的美誉闻名遐迩，《三字经》中有"窦燕山，有义方，教五子，名俱扬"的记载。

　　窦氏书院是北京地区第一所书院，创办的具体年代不详，只知道是在后周时期。它一开始就是内朝中大臣窦禹钧经营的。书院规模相当大，有房屋40间，藏书数千卷。书院还"礼文行之儒，延置师席"，即聘请"文行之儒"来书院讲学。书院实行开门办学，不问认识与否，只要有志于学，就可以来听讲。书院的经费由窦禹钧提供，并且为各地贫困学生提供资助。书院培养了许多显贵，尤其是窦禹钧的五个儿子相继登科，使书院声望大振，闻名遐迩。可见，这是一所集藏书、讲学、科举于一体的书院。

　　元代北京的书院主要有太极书院、谏议书院与文靖书院等，其中的太极书院最著名。太极书院，庚子（1240）、辛丑（1241）年间，蒙古国大臣杨惟中和姚枢创建，位于燕京。郝经在《太极书院记》中记载道："庚子、辛丑间，中书杨公当国，议所以传继道学之绪，必求人而为之师，聚书以求其学，如岳麓、白鹿，建为书院，以为天下标准，使学者归往，相与讲明，庶乎其可。乃于燕都筑院，贮江淮书，立周子祠，刻《太极图》及《通书》《西铭》等于壁，请云梦赵复为师儒，右北平王粹佐之，于是伊洛之学遍天下矣"。《春明梦馀录》曰："在京师者，有太极书院，中书行省杨惟中请建，以赵复居书院中，录其所说程朱之学以教学者。"《元史·赵复传》云："立周子祀，以二程、张、杨、游、朱六君子配食，选取遗书八千余卷，请复讲授其中。"

　　从上述材料看，我们可以看出太极书院位于燕京，是杨惟中和姚枢筹建，延请理学名士赵复为教授，于1240—1241年开办起来的，即创建于元太宗窝阔台汗时期，是元代建立最早的书院，也是我国北方创办最早的书院。杨惟中和姚枢都是在元朝任职的汉族士人，杨惟中推崇理学，时为国子监的负责人之一。赵复，字广甫，德安人，通经能文，为当时的理学名士，学者称之"汉江先生"，他把自己对程朱理学的理解传播给太极书院的学生。创建太极书院的目的是"继学传说"，把它办成和岳麓书院、白鹿洞书院一样有名的大书院，作为"天下标准"，起到率先垂范的作用。太极书院藏书杨惟中从江淮地区收集来的八千卷图书. 书院立有周子祠，并量把程朱理学的经典著作《太极图》《通书》《西铭》镌刻在墙壁上，选拔一些"俊秀有识度者"接受理学教育。

太极书院在它的兴盛时期，规模名声一度超越了国子监，但后来逐渐衰落了，到明朝万历十二年（1584），在太极书院的旧址上建立起了百泉书院，清朝乾隆十五年（1750），书院又被改为"万寿行宫"，百泉书院停办。清人孙承泽认为太极书院始建于元太宗八年，即1236年。今人多沿袭其说，侯外庐等人就认为："赵复存太极书院讲学，是在元太宗八年（1236）十月，次年即离开。"其实1236年是赵复到达燕京的年份，赵复到燕京以后确实有小规模的游学活动，但是，当时燕京并没有建立太极书院。太极书院建立的时间应以时人郝经的记载为准，他曾经在太极书院听讲并是授过课。

谏议书院，地址在原昌平县城内，位于今昌平西南五里，为纪念唐朝晚期舍命进谏的昌平人刘蕡，元泰定二年（1325），昌平释官宫棋奏请设立。明景泰二年（1452）废，万历年间府尹刘荣嗣重新修缮。文靖书院，位于房山县西南七十里，里人总管赵密、教授贾壤曾经跟从元代理学家刘因游学，归乡建书院传播其学，元顺帝赐额"文靖"，以刘因死后谥号"文靖"，雍正午间废。

明朝北京的书院有首善书院、通惠书院、双鹤书院、白檀书院和百泉书院等，其中首善书院最为著名。首善书院是由明朝都察院左都御史邹元标、左副都御史冯从吾于天启二年（1622）在北京创立的。首善书院创立之前北京已经有城隍庙讲会，实际上就是书院。

关于首善书院的创建一事，大学士叶向高和御史周宗建都有记录，叶向高在《首善书院记》中曰："首善书院者，彻史台诸君所创，为南皋邹先生、少墟冯先生讲学所也。额曰首善，以在京师为首善地也。……书院在大时雍坊十四铺，贸易自民间，赀一百八十两，皆五厅十三道所输。经纪其事者，司务吕君克孝、御史周宗建。以天启二年月日开讲。"

天启四年（1624）六月，朝廷下令取缔首善书院，阉党把书院中所有的书籍全部焚毁，碑文被打碎，孔子的牌位也被丢弃在大路边。

通惠书院，通州地方官府主办，位于城中州学西侧。嘉靖二十七年（1548），巡仓御史阮鹗创办，为州学员"退息肄业之所"，存在了 15 年。吏部尚书、通州人杨行中撰写碑记，嘉靖四十二年（1563），改名为州学明伦堂。通惠书院以临近通惠河而得名，史书对其记载甚略，仅曰："通惠书院，明嘉靖二十七年巡仓御史阮鹗建于学宫左地，旋废。"

闻道书院始于万历十九年（1591），由因直言敢谏获罪归里的御史马经纶私人创办。以其谥号"闻道先生"而得名。著名思想家李贽曾经在此书院讲学。

双鹤书院，位于通州张家湾，万历三十九年（1611）巡抚李三才因为反对矿监税使而获罪归里，自己在家乡创办双鹤书院讲学授徒，因书院设在自家双鹤轩内而得名。十余年后，随着李三才去世，书院也停办。

自檀书院是密云兵备、按察使王见宾创建于明万历四年（1576）之后，地址在密云新城东南隅。

清朝北京的书院主要有：金台书院、云峰书院、燕平书院、卓秀书院、潞河书院、蒙泉书院、近光书院、温阳书院、自檀书院、冠山书院和缙山书院等，其中金台书院最负盛名。

康熙三十九年（1700），京兆尹钱晋锡在位于正阳门外东南金鱼池附近洪承畴的园地洪庄设立义学，称为"首善义学"，这是北京史上第一个义学，"首善义学"经过康熙、雍正两朝，到了乾隆十五年（1750），进行大规模修缮和扩建，借东郊"燕京八景"之一的"金台夕照"之名，改称为"金台书院"。根据《宸垣识略》记载："金台书院在慈源寺东，本义学，康熙四十一年，圣祖御书'广育群才'额以赐。乾隆十五年，改为书院，有彻制碑。"

金台书院的建筑特色是古代书院建筑的典型体现，有朱子堂、讲堂、大堂、官厅、大门、东西文场、东西厢房、厨房、马棚、厕所等。

金台书院于道光二十二年（1842）和光绪五年（1879）进行两次大规模修缮，到光绪三十一年（1905），因"戊戌变法"，废除科举制度，金台书院停办，改为"顺直学堂"，1912 年改为"顺直小学"，民国时期改为师范学校、公立第十六高等小学校，新中国成立后为崇文区第一中心小学，以后又改为东晓市小学，现为金台小学。

燕平书院，位于昌平城内，由于古代昌平称之为燕平，清朝乾隆年间命名为燕平书院，今昌平城内有清代杨清贻书写的碑文。

卓秀书院原位于良乡县城东门外皇华馆，道光二十七年（1847），知县程仁杰将其移至城内东街路南。光绪三十年（1758）改办成为高等小学堂。

潞河书院是康熙五十九年（1720），内仓场总督张仪朝、知州朱英主持创办的官立书院。以后经过数次修缮。康熙二十三年（1758），王检和范延楷捐银重建，并且订立每年筹款基数，十州县共捐银 800 两，当年招收京东学生就读。四十六年（1781），道台李调元到任，见书院破败不堪，凑银 700 两，购买位于天恩胡同东端北侧（今靳家胡同幼儿园处）的陈桐家瓦房 31 间，灰房 4 间，动工改建，三月后完成。改建后的潞河书院面貌大为改观。光绪二十九年（1903），改为"通州官生小学堂"。

（3）北京古代书院的地理分布特点及其原因

北京最早的书院窦氏书院位于今天的昌平区，元代的 3 所书院分别位于城区、昌平和房山。明代的 6 所分布于城区、通州、密云。清代的 18 所书院分布于城区、通州、昌平、房山、良乡。

北京古代的书院共有 28 所，地理分布特点是相对集中，主要分布在城区、通州、昌平和房山。时间分布特征表现为：清朝时期，北京古代书院创办多于前几代，数量比清朝以前创办的总数还要多，而在清朝创办的北京古代书院中又集中在乾隆朝。

（4）北京古代书院相对集中的原因

政治因素。政治因素主要是指政治地位的影响和地方官吏对书院的热衷程度。北京历来就是我国北方的政治重镇。西周时期的蓟、燕国就在北京地区，唐、五代时期，北京又是北方的军事重镇，辽代时今北京是上京，自金朝以后，直到元明清，北京一直是都城。这种政治地位为北京地区文化发展提供了政治优势、区位优势，而且还能够得风气之先，朝廷有什么政治上的动向，北京地区首先能够了解，对书院的创办会有很大影响，如元、明和清三个朝代北京书院的代表——太极书院、首善书院和金台书院都创办于城区。通州是大运河终点码头，为河漕仓储重地，明清两朝都十分重视，巡漕御史、仓都等差职均驻节通州，这使通州的政治地位大大提高。密云是京北军事重镇，巡抚驻节之地，在行政建置上和省会等而同之。

经济因素。经济水平比较高的地方，其书院的创办数量往往要高于落后地区，越是发达地区，书院设置就越多。北京城区由于政治的原因，经济发展水平一直比较高，通州作为大运河的码头，商贾云集，是北方地区的交通枢纽、商贸中心，经济发展水平相当高。所以，通州的书院也就比较多。

学术因素。学术因素是指学术活动对书院的发展所起到的作用。书院是学术活动发展到一定阶段的产物，反过来，学术活动的发展又促进了书院的发展，所以，学术活动和书院结下了不解之缘。各个学术派别为了传播自己的主张，往往建立书院作为基地，吸引四方生徒前来听讲。北京城区、通州等地都是学术活动比较频繁的地方，因此建立的书院也比较多。如元代的杨惟中、赵复等人就是为了宣传程朱理学就在京师创办了太极书院。

三　北京古代书院的历史作用

第一，传播了理学。由于书院主要向学生讲授程朱理学，而且书院收徒限制不太严格，什么人都可以前往听课，因此，书院为传播程朱理学起到了不可或缺的作用，如太极书院就有力地促进了理学在北方的传播。

太极书院创立的目的就是"传继道学之绪"。"太极"是北宋时期理学创始人周敦颐理论的出发点，书院以此命名就是为了传授理学。书院中建有周子祠，也是为了纪念周敦颐的，另以宋代大儒二程、张载、杨时及理学集大成者朱熹为陪祀。自从唐代安史之乱后，北方长期处于少数民族政权统治下，武功大张，文治乏陈，几百年间理学不传于北方，太极书院使程朱理学在北方得到广泛传播。黄百家说："自石晋燕、云十六州之割，北方之为异域也久矣，虽有宋诸儒迭出，声教不通。自赵江汉以南冠之囚，吾道入北，而姚枢、窦默、许衡、刘因之徒，得闻程朱之学，以广其传，由是北方之学郁起，如吴澄之经学，姚燧之文学，指不胜屈，皆彬彬郁郁矣。"郝经在《周子祠堂碑》中说："燕自安史之乱，暌隔王化者将四五百年，至于孔孟之祀亦将废坠，一旦祀道学宗师，加以其徒配礼秩文采，惊动幽朔，尤近世所未有也。唐末以来，北南隔绝载籍不通，理学不传于北方，自太极书院。"由于赵复及其弟子的传播，"伊洛之学遍天下矣"。太极书院培养了许多理学大师，如许衡、姚枢、郝经、刘因及窦默等，这些人又分别利用自己的影响进一步传播理学。在许衡的建议下，程朱理学被定为科举考试的程式，为官定的教育内容。

第二，弘扬优良传统道德。书院主要讲授儒家经典，而儒家讲求仁义廉耻、名节诚信等道德规范，所以对培养臣民的优良品质功不可没。尤其是到了封建社会后期，官场腐朽，世风日下，官学又成为衙门，故这一时期的书院对弘扬优良传统道德发挥了重大作用。

首善书院和东林书院的办院宗旨是关注国事，校正社会风气。邹元标和冯从吾不惧怕宦官的淫威，与阉党势不两立。《明史纪事本末》称赞他们是"真理学，真骨力，真气节，真情操"。冯从吾说自己年轻的时候在京师做官，并开始讲学，后来因病离开，30年后等他又回到北京，已经人心不古了，于是便和邹元标商议创办书院，在京师营造良好的道德氛围。首善书院注重道德气节的培养，邹元标在讲《论语》"岁寒松柏"句时说："为人要办一副松柏底骨，若骨是桃李，饶会熬耐，终然凋谢。"让学生思考"如何是撼不摇，吹不折，火不焚，水不溺，古今不动？"作为人要讲究自律，他举例道：一伙人共同外出，见一梨树上桂满了梨子，且无人看守，众人便拥上去采摘，只有一个人无动于衷，同行的伙伴说："此梨无主，吃它何妨？"这个人回答："梨无主，心无主耶？"读书是为了更好地做人，"圣贤之书，不是教人专学作文字求取富贵，乃是教天下万世做人的方法"。

第三，培养了人才。书院作为讲学授徒的场所，培养人才是其主要功能，乾隆皇帝为金台书院赐额"广育群才"四个大字，便是寄托了对书院培养人才的期望。书院虽然是为科举服务的工具，但科举取士也不可一概否定，封建社会许多有作为的大臣基本上是科场出身的。在书院学习者，还可以由官员举荐，台宪官考核后，或用为教官，或取为吏属。

太极书院培养的人才著名的有许衡、姚枢、郝经、刘因及窦默等，他们对蒙古政权的汉化起到了巨大作用，使北方人民免受蒙古军队铁骑的蹂躏，保护了中原地区先进的文化。

第四，收藏了很多书籍，有的书院还从事修书、刻书，对传播文化，进行学术交流发挥了重要作用。

早期的书院本来就是藏书的地方，到了后期，藏书仍然是书院的功能之一。太极书院就藏书8000余册，是杨惟中随元军征战过程中"收伊洛诸书送燕都"而积累起来的，首善书院也藏有经史典籍。

同时，有的书院还从事修书和刻书活动。潞河书院于乾隆四年刊刻了清人张叙撰写的《孝经精义》，该书正文一卷，后录一卷，二册，白口，四周双边，版心下镌"潞河书院"。张叙（1690—?），字滨潢、宾王、凤冈，镇洋人。雍正举人，乾隆时举博学鸿儒科。《孝经精义》是他主持潞河书院时期修成的。该书卷首有宋寿屏序和自叙。正文分四支十三章。第一章为全书提要，为第一支。二章、三章发明首支，为第二支。四至九章探源细论孝经，为第三支。十至十三章推其极要，为第四支。全书溯其源流，汇其诠释，论述孝经为言性与天道之理，颇有创建。

潞河书院在光绪九年（1883）还出版了《（通州）州治图》。该书先后多次修撰，参与该书编修的有：嘉靖二十五年汪有执、杨行中等，康熙三十六年吴存礼、陆茂腾等，乾隆四十八年高天凤、李卉仙等，光绪九年王维珍等。

参考文献

1. 范仲淹：《四库全书荟要·窦谏议录》，吉林人民出版社 2002 年版。
2. 郝经：《陵川集》，吉林出版集团有限责任公司 2005 年版。
3. 宋濂、王濂：《元史》，中华书局 1976 年版。
4. 孙承泽：《天府广记》（上），北京古籍出版社 1982 年版。
5. 侯外庐等：《宋明理学史》，人民出版社 1987 年版。
6. 冯从吾：《冯恭定全书·续集》，清光绪二十二年（1896）重修。
7. 李鸿章、黄子寿：《畿辅通志》，上海古籍出版社 1991 年版。
8. 周宗建：《周忠毅公奏议》，全国图书馆文献缩微中心 1985 年版。
9. 吴长元：《宸垣识略》，北京古籍出版社 1983 年版。
10. 黄宗羲：《宋元学案》（全四册），中华书局 2010 年版。
11. 《范文正公文集》，上海古籍出版社 1995 年版。

（张鹏　北京第二外国语学院国际传播学院　北京　100024）

北京形象

北京标识性文化元素的内涵解读及传播策略

刘　晖

摘　要：在新的历史时期，北京正在努力朝着建设世界城市而奋斗。本研究采用文献研究法回顾了世界城市这一概念的内涵。同时界定了若干类具有代表性的文化符号，并用焦点小组访谈法对这些文化符号传递的文化内涵进行解读。本研究还针对外媒对"北京精神"的解读进行了研究，并在研究发现的基础上提出了针对外媒的公关策略。

关键词：世界城市　文化符号　质性研究方法　北京精神　对外公关

随着我国综合国力的日渐提高，我国政府日益意识到加强对外传播，提升我国在国际事务中的话语权的重要性。为此，我国从政府层面到民间层面都积极地开展对外文化交流与传播，力图全方位地提升我国的国际形象。这些举措总结起来大致如下。作为我国中央级的媒体中央电视台（China Central Television Station，简称 CCTV）担负着对外传播我国官方政策以及解释我国当前经济社会发展的重大问题的任务，其主管部门为了加强央视的对外传播的力度，增设了若干语种的对外广播频道。同时还聘请多名外籍主播进行多栏目的对外播报，其目的在于增强节目对外国目标受众的亲和力，扩大传播效果。为了打造国际一流的媒体，我国还尝试对国际上一些面临资金困难、运营不善的媒体进行收购，以借用这些老牌媒体的品牌，提高我国对外传播的效果。除了利用媒体进行对外传播之外，我国还采用 Ellul 所宣称的"整合式"的宣传方式对外宣传自己的执政理念。① 如我国在海外开设了数百所孔子学院，每年派遣大量的汉语教师远

---

① Ellul, J. (1973). *Propaganda：The Formation of Men's Attitude*. Vintage Press.

赴海外传播中国优秀文化。同时，我国也深刻地意识到公民外交的重要性，大力开展民间外交，并且提出，每一海外中国公民都是一位民间大使。我国的文艺演出单位每年也都派出大量的艺术团体赴海外进行文艺演出。我国还与许多国家每年互办文化节，弘扬彼此的优秀文化，寄希望外国公众可以近距离感受中国的优秀传统文化。

应该说，上述措施的贯彻执行的确产生过一些效果，但也确有不足之处。利用媒体对海外进行传播对远在万里，对中国没有任何认知的受众会产生一定的效果，但受众同时也受其他诸多不可预测的因素的影响，使媒体对其产生的对中国的印象感知趋于增强或者弱化，因此媒体的效果实则很难测量。在海外大量开办孔子学院固然可以深度传播中国优秀的传统文化，但又容易被理解称为"阴谋论"，并进而受到抵制。[①] 公共外交的确是一种有效的方式，但却很难大面积地展开，因此其效果也大打折扣。文化外交也同样如此。近些年，随着我国日益发展称为世界工厂，工业品大规模地出口海外，有学者指出，客户对其产品的使用在很大程度上可以影响他们对产品的生产地的情感认知，并进而上升到对国家形象的层面。[②]更有学者指出，充分发掘我国的历史文化资源，大力发展外向型的旅游业，吸引更多的外国游客来华旅游是提升我国国际形象的重要方式。这一想法已经被很多从事旅游学研究的学者研究所证实。

笔者认为，我国充分利用自己丰富的历史文化资源的优势，大力发展旅游业，建设一批世界城市，是提升我国国际形象的一种非常有效的方式。建设世界城市并不能简单地理解为大力发展旅游业，尽管发展旅游业的确是建设世界城市努力的一个重要组成部分。建设世界城市应该更多地理解成为是一个多维度、多层次的概念。建设世界城市包括发展一座城市有代表性的特色经济产业、文化传媒产业、金融业等。建设世界城市可以说是一个系统工程。建设世界城市亦不能理解为是向国际社会推销一座城市，建设城市的核心在于打造一座城市的品牌价值（brand equity）。

① "Critics Worry about Influence of Chinese Institute", *The New York Times*, May 4, 2012

② 参见 Bilkey, W. J. and E. Nes (1982), "Country-of-Origin Effects on Product Evaluations", *Journal of International Business Studies*, 8 (1), pp. 89—99; Robinson, J. P. and R. Hefner (1967), "Multidimensional Differences in Public and Academic Perceptions of Nations", *Journal of Personality and Social Psychology*, 7, pp. 251—259。

一　建设世界城市理念的提出

建设世界城市这一构想最早于 2009 年提出。这一构想是在北京圆满地完成举办奥运会、新中国成立 60 周年的庆祝活动以及成功地应对国际金融危机的背景下提出的。时任北京市市委书记的刘淇指出，把北京打造成为世界城市是我国国情国力变化和国际地位提高的结果与客观要求。国际地位的变化在客观上要求我国的首都（北京）必须面向世界谋划城市的发展，顺应国家统筹国际国内的两个大局的需要，不断提升城市发展的国际化水平。① 客观上说，作为我国的首都，北京经过过去 30 多年的发展，早已具备建设世界城市的基础，无论从人均国内生产总值上说，还是从经济结构上说。更重要的是，北京具备极其丰富的历史文化遗产，这在世界所有的城市中都是不可多见的。②

根据北京市政府制定的建设世界城市总体部署，建设世界城市一共分三步走。第一阶段为建构基本框架阶段。在这一阶段，北京市作为首都要努力率先在全国城市中实现现代化。第二阶段为全面实现现代化阶段。在这一阶段，北京需要以鲜明的特色确定北京的世界城市的地位。第三阶段是截至 21 世纪中叶，把北京建设成为经济、社会与生态具有全面协调与可持续发展的现代国际城市，使北京进入国际公认的世界城市的队伍。③

目前，世界上被公认的世界城市有三个，分别是伦敦、纽约与东京。北京在很多方面距离这三座世界城市尚存在较大的差距。虽然学者、政府的相关部门以及产业界对北京建设世界城市的内涵上无一致的意见，但相关人士都认为北京目前的"短板"还有很多。如北京市的经济结构尚不合理，服务业以及技术含量高的产业比重还不大。与此相关的是，北京的自然环境与生态形势不容乐观。发生在 2013 年的若干次严重的雾霾引起了国际媒体的负面评价，严重地损害了北京作为世界大都市的城市形象。

---

① 《刘淇谈北京为什么要建设世界城市》，摘自北京市委书记刘淇在 2010 年北京市两会上的讲话和在北京市纪念建党 89 周年暨深入开展创先争优活动交流大会上的讲话。检索自 http：// news. xinhuanet. com/politics/2010 – 07/22/c_ 12361007_ 2. htm。

② 同上。

③ 据《北京晚报》2010 年 3 月 3 日报道。

北京尚不是全球的金融中心，金融交易量远远落后于上述的三座世界城市。北京的城市交通设施还有待发展。同时，北京的民生事业发展程度还不高，有许多地方亟待改进。北京与周边区域的经济社会一体化尚处在起步阶段，实现一体化还有诸多的难题需要攻克。

与政府职能部门以及产业界提出的观点不同，我国学界更多地认为，把北京建设成为一座世界城市，文化的因素不可谓不重要。笔者认为，一座城市的文化的向外辐射力以及影响力与一个国家的文化对外辐射力没有本质的区别。在国际层面，综合国力强大的国家一定具备很强的文化影响力。同样，一座具有影响的城市一定也应具备强大的文化辐射力。而建设强大的文化影响力又受制于多种因素，如民主法治的氛围、实力雄厚有强大影响力的媒体与文化创意产业、发达的高等教育，还有其居民对世界通用语言（英语的熟练掌握程度以及拥有的国际组织的数量），等等。这些都是打造世界城市所不可或缺的因素。毫无疑问，世界城市应该是硬实力与软实力的结合体。

二　世界城市的概念以及相关理论

"世界城市"并不是一个崭新的概念。早在一个多世纪前的 1889 年，德国诗人歌德（Goethe）第一次使用"世界城市"这一词汇来描述当时具有中心地位的城市如罗马与巴黎。歌德提出的这一概念最原始的含义便含有世界城市具有强大的文化辐射与经济辐射的功能。虽然歌德提出的世界城市概念包括了文化因素，但是歌德所提出的世界城市还是基于这两座城市的经济功能而提出的。世界城市作为一个学术概念则是 1915 年由英国学者 Geddes 提出的。[①] Geddes 在其所著的《进化中的城市》中首次提出世界城市的概念。但 Geddes 认为世界城市应该是集中了世界上最重要的商务活动的城市。显然 Geddes 对世界城市下了一个非常狭义的定义。这也难怪，处在世界工厂的英国的确汇集了世界上绝大多数商业活动，这一事实也使 Geddes 相信，商业活动的密集程度在很大程度上可以等同于一座城市世界化的程度。遗憾的是，Geddes 从学术角度提出的世界城市

---

① 赵继敏：《世界城市内涵的历史演变及对北京的启示》，《城市观察》2011 年第 5 期。以下部分来自赵继敏对世界城市研究的摘要。

这一概念并未引起学界的关注。

歌德与 Geddes 可以说是最早系统地提出世界城市这一概念的学者了。第二次世界大战之后的世界开始面对全球化的洗礼。在这一时期，引领全球化的跨国公司在全球遍地开花，极大地促进了世界城市化的发展，更促进了一批世界性的大城市的发展。这一时期，英国学者 Hall 再次提出世界城市这一被世人久久遗忘的概念。Hall 认为，对世界城市的界定应该基于该城市的经济发展水平、基础设施状况以及城市的规模加以判定。本着这一原则，Hall 界定的世界城市应该是具有世界意义的政治、商业、文化和人口中心。在 Hall 看来，当时的伦敦、巴黎、莱茵—鲁尔工业区、莫斯科、纽约与东京是当时引领世界发展的世界性的城市。Hymer 也注意到快速发展的全球化浪潮，于 1972 年对世界城市进行了界定。不过 Hymer 对世界城市所下的定义非常简单，即以一座城市所拥有的跨国公司总部的数量。

应该指出的是，无论 Hall 还是 Hymer 对世界城市的界定仍然是有缺陷的。Hymer 的定义缺陷自然非常明显，因为他仅仅强调了世界城市的经济功能。Hall 的定义虽然强调了建设世界城市中的文化因素，但他所理解的文化是媒体与娱乐业。娱乐业固然与文化相关，但不能等同于文化。尽管如此，我们认为，Hall 对世界城市的定义还是比较完善的。20 世纪 80 年代以来，Friedmann 提出了世界城市假说。Friedmann 的世界城市假说认为，城市结构的变化受制于城市与世界经济的整合程度；世界城市扮演着连接生产和市场的纽带功能，而资本的空间流动为世界城市体系的形成提供了可能；世界城市的产业结构可以对全球具有某种程度的控制作用；世界城市是全球资本的汇集地；世界城市还是国际、国内劳动力以及移民的主要集中地；世界城市的居民会出现空间与阶层的分化；世界城市由于其发达的经济会吸引大量新移民的涌入，并进而提升医疗、教育等成本。毫无疑问，Friedmann 的世界城市假说依然逃脱不了过于强调世界城市的经济功能的藩篱。

遵循这一思路，社会学家 Sassen 继续从经济学的角度对世界城市的内涵加以发展。Sassen 认为，世界城市应该具有高度发达的金融、保险以及房地产业，并对全球城市产生影响。地理学家 Taylor 也强调生产者服务业在世界城市发展中的决定性的地位。不同的是，Taylor 在测算方法上有所改进。他认为世界城市的尺度可以用坐落在城市中的跨国公司在国际城市间的联系度作为衡量指标。

进入 21 世纪以后，学者们越来越关注世界城市的文化消费、创意等因素在城市中的特色作用。这就为学者们研究世界城市提供了新的研究思路，并对传统的过于强调经济因素在世界城市中的作用提出了挑战。如 Glaeser 指出，作为世界城市，其功能不仅仅体现在其经济实力，而是看是否能够提供其居民适宜的居住环境。在 Glaeser 看来，一座城市的气候条件也是影响一座城市能否成为世界城市的一个因素。Florida 认为，世界城市首先应该为创意城市。只有那些能否吸引从事艺术、科学与管理职业的精英的城市才具有竞争力。Currid 在对纽约经济发展的原因进行深刻分析的基础上得出结论，他认为纽约成为世界城市的一个重要原因得益于纽约的文化创意产业的快速发展，如艺术、音乐与时装等。因此，世界城市的发展有一种新的趋势，即生产者的服务业的重要性在降低，而创意产业的重要性则显著提升。Currid 的研究把教育、医疗等专业技术服务业排名第一，经营管理业排名第二，金融业排名第三，艺术与文化排名第四。Currid 认为，纽约最大的竞争优势不在于生产者的服务业，而在于其文化与艺术产业。Storper 进一步把世界城市与消费者城市、创意城市三种理论概括为当今有关城市发展的最具有影响的三种学说。

自 20 世纪 90 年代互联网的崛起又一次赋予世界城市这一概念一全新的解释。Castells 在其著作《网络社会的崛起》中指出，在网络社会崛起之前，传统的社会强调空间与空间之间的联系。这种空间也就是我们通常认为的实体空间。但互联网社会的出现使我们必须面对一个纯粹虚拟的空间。这一虚拟的空间可以把分布在不同地理区域的实体空间联系在一起。这就会产生一种新的情况，即主导实体空间的不是实体空间的经济实力以及文化影响力，而是虚拟空间中的网络联系的强度。换句话说，如果网络中的某一链接能够对其他城市产生影响，那么他在某种程度上具有世界城市的某些功能。[①] Castells 的虚拟空间论显然对实体的世界城市产生了颠覆性的影响。由此可见，世界城市的内涵呈动态表现，在不同的历史时期会被赋予了不同的元素。

---

① Castell, M. (1996). *The Rise of Network Society (Information Age Series)*, Vol. 1. Wiley Blackwell.

三 世界城市研究的文献回顾

自世界城市这一概念提出以来，不同领域的学者从不同的角度对北京
建设世界城市这一重大历史性的命题进行了较为深入的研究。清华大学的
曾明彬采用市场营销学中的 SWOT 分析法分析了北京建设世界城市所面
临的问题。他认为，北京建设世界城市的主要努力应该放在优化产业结
构，努力实现低碳经济。① 徐颖探讨了主要的世界城市的发展之路，并且
指出北京更应该采取政府推动的模式与城市区域发展相结合的发展模式，
建设资本供给型或者产业中心型的世界城市。② 郑晓光在《世界城市产业
结构比较及对北京的启示》一文中指出，北京虽然距已有的世界城市存
在差距，但北京通过大力发展金融服务于商务服务可以通过在世界范围内
打造"北京服务"的方式来建设世界城市。③ 陆军在探讨世界城市判别指
标体系及北京的努力方向这一问题时指出，北京应该大力发展宏观经济，
同时应该致力解决其生态问题。与其他学者的建议一样，陆军也提出北京
应该大力发展科技创新，同时提升金融服务业的对外开放程度。④ 而来自
政府机构的人士对北京建设世界城市这一问题的看法更是集中在如何发展
北京的各类服务业以及如何提升产业结构这些方面。

另有学者从大力发展北京的各类教育事业以打造世界城市的角度来论
证这一命题。张佐友指出，把北京建设为世界城市，首先应该把教育放在
优先发展的位置。张佐友把发展教育作为文化建设的一部分加以看待，认
为发展大教育，即学校教育、社会教育以及家庭教育，而不能把重点仅仅
局限于高等教育。⑤ 而陈树文与邓鹏则提出了不同的观点。他们认为，世
界城市是科技与公民教育建设成功的体现。北京建设世界城市，必须把公

---

① 曾明彬：《北京建设世界城市的策略分析和对策研究》，《北京城市学院学报》2011 年第
1 期。

② 徐颖：《北京建设世界城市战略定位与发展模式研究》，《城市发展研究》2011 年第
3 期。

③ 郑晓光：《世界城市产业结构比较及对北京的启示》，《中国国情国力》2012 年第 11 期。

④ 陆军：《世界城市判别指标体系及北京的努力方向》，《城市发展研究》2011 年第 4 期。

⑤ 张佐友：《关于北京建设世界城市的思考》，《北京联合大学学报》（人文社会科学版）
2010 年第 8 期。

民教育摆在突出的位置，以公民教育来引领北京世界城市建设。① 而孙善学从人才与教育的角度论述了北京建设世界城市这一命题。他认为教育是构成文化软实力的基础。作为首都，北京应该大力发挥大学在社会发展中的引领作用，积极吸引大批人才，提高城市核心竞争力。②

旅游业往往是一座城市向外推销自己的名片。现有的世界城市无一不是世界旅游名城。北京在打造世界城市的努力中，旅游业如何为建设世界城市助力也是研究旅游学的学者们关注的问题之一。来自 IUD 领导决策数据分析中心的研究发现，未来 5—10 年，中国将成为世界第一旅游目的地和前三位的客源输出地。中国旅游业的高速发展将推动北京、上海等国内大城市向"世界城市"的目标迈进。③ 张凌云等认为，建设世界城市是一个复杂的系统工程，而一座城市的国际旅游业发展水平也是衡量世界城市建设的一个重要指标。他们把北京与其他四座世界城市的旅游业进行对比研究，发现北京的旅游业在助其打造世界城市工程中既有一定的发展优势，也存在明显不足。为此，北京应大力发展基础设施，同时完善各种规章制度的建设。④ 厉新建等也考察了在建设世界城市的背景下，北京应该实行的旅游目的地的理念创新问题。他们认为北京的旅游业建设应该突出北京独特的文化特色，使北京的旅游业成为传播中华文化的桥梁。⑤ 黄璜则从相反的角度来看待这个问题，他认为，北京大力打造世界城市的努力可以极大地促进北京旅游业的发展。⑥

但更多的学者都认为，北京建设世界城市离不开对其文化的建设与发展。王一川特别强调了城市文化精神建设在未来城市发展中的作用，他认为，文化建设毫无疑问应该成为北京建设世界城市重要的内容，应纳入北京世界城市的建设规划中，也要纳入城市文化精神的建设筹划中。北京的

① 陈树文、邓鹏：《以公民教育引领北京世界城市建设》，《中国特色社会主义研究》2011年第1期。

② 孙善学：《北京建设世界城市文化的教育命题》，《北京行政学院学报》2010年第5期。

③ IUD领导决策数据分析中心：《世界城市旅游业发展的比较研究》，《领导决策信息》2010年第21期。

④ 张凌云、程璐：《北京旅游业在建设世界城市中的优势与不足——北京与巴黎等世界四大城市旅游发展差异比较》，《北京社会科学》2010年第5期。

⑤ 厉新建、张凌云、崔莉：《全域旅游：建设世界一流旅游目的地的理念创新——以北京为例》，《人文地理》2013年第3期。

⑥ 黄璜：《建设世界城市对北京旅游发展的促进禁止研究》，《北京社会科学》2011年第1期。

文化建设，需要全体北京市民乃至全国人民的参与。① 付宝华认为，北京应该着力建设自己的文化主题，因为这是一座城市在世界名牌城市格局中的鲜明的符号象征，城市主题文化是城市核心竞争力的体现。② 与付宝华的论断相呼应，曹淑艳指出，北京应该把文化创意产业作为建构城市主题文化的重要内容加以发展建设，大力发展以数字娱乐为主要内容的文化创意产业。③ 相比之下，赵书的观点显得更加"传统"。赵书更加强调开拓与传播北京传统文化，利用传统京味儿文化扩大北京城市影响力。④ 与之对立的是张小乐对北京建设世界城市中文化因素的研究，他认为，北京的文化建设应该反映国家的文化精神、文化形象以及文化价值。⑤ 这一论断似乎在两年前发布的"北京精神"中已经得到体现了。

与付宝华对北京的文化主题的强调不同的是，王一川更加强调在建设世界城市中建设代表性的文化符号的重要性。王一川认为，凡是世界城市，它们无一不具备自己独特的文化符号。这说明从一座城市的历史、时尚、艺术等资源中都可以挖掘出最能代表这座城市的文化符号。王一川进一步把城市文化软实力由外及里分为四个层次。最外一层的文化符号由最为显豁的符号组成，如北京的胡同、京剧、故宫、长城等。这一层是外显层面。第二层面是外隐层面，由城市的文化传媒系统组成，体现了城市核心价值体系与生活方式等。第三层面是内显层面，由城市的文化体制系统组成。第四层面为内隐层面，由城市的文化价值系统组成，特指那些位于其价值系统深层的思想以及观念等。其中处于第三层面的内显层面文化体制系统为第二层面提供经过加工后的文化产品。王一川认为，城市文化符号最能代表一座城市文化，是最通俗易懂的层面。⑥ 具体到北京，王一川的研究发现，一提起北京的特色文化，人们首先想到的是北京话、故宫、长城、京剧等。显然，这些是最能代表北京的文化符号。

---

① 转引自金元浦、王林生《北京世界城市与国家文化中心建设研究综述》，《北京联合大学学报》（人文社会科学版）2012 年第 4 期。以下关于文化建设对北京建设世界城市中的作用均转引该文。

② 同上。

③ 同上。

④ 同上。

⑤ 张小乐：《国家文化中心的内涵与特征初探》，《人民论坛》2012 年第 3 期。

⑥ 王一川：《北京文化符号与世界城市软实力建设》，《北京社会科学》2011 年第 2 期。

　　从某种意义上说，王一川的研究对传播学学者研究北京文化的对外传播，为北京打造世界城市这一品牌具有重要的启发意义。王一川的研究揭示了一个道理，即世界城市必须有一个或者一批具有推广价值的文化符号。简而言之，文化符号对世界城市来说是一个必要但并非充分的条件。对于不了解中国或者北京的外国公众而言，他们认识北京乃至中国是从接触北京代表性的文化符号开始的。更有可能的是，外国公众对北京代表性的文化符号的理解往往容易上升为对中国文化的理解，并进而成为对中国印象形成的基础。从任何意义上说，北京大力加强对其标志性的文化符号的建设正是建设世界城市的重要组成部分。王一川的研究提出了建设北京标志性的文化符号的三种策略，其中的一种就是利用文化传媒加强北京城市文化符号的对外传播。

　　但王一川的研究却存在内在的缺陷。首先，王一川强调了利用媒体传播向世界传播其城市文化符号的重要性，但提出的可操作性的策略似过于笼统，实际很难为外宣部门进行实际操作提供决策支持。其次，王一川的研究所发现的北京以及其他世界城市标志性的文化符号是基于对中国大学生样本的研究后提出的一种设想。对此发现，笔者认为值得商榷。因为一座城市标识性的文化符号的确定，不仅应该由本国民众的认同，更需要得到海外民众的认可。换句话说，王一川的研究所确定的北京标识性的文化符号未必能得到海外民众的认可。与前两条原因相关的是，北京在推销自己的文化符号的同时，更应该了解外国民众如何理解与解读北京标识性的文化符号。因为只有掌握了外国民众如何理解北京的文化符号的心理，外宣部门才可以制定出行之有效的外宣方案。这些都是王一川的研究所欠缺的。

四　城市品牌（City Branding）的打造

　　走向世界城市离不开对城市特质（city identity）的挖掘与打造。目前，世界上所有的世界城市都概莫能外。例如，巴黎在世人眼里是温情浪漫之都；纽约则以多样性及活力著称于世；米兰以其时尚著名；而东京更以自己的现代性获得世人的认可。① 挖掘一座城市的特质并进行打造源于

---

　　① 参见 Li & Zhao，(2009)．"City branding and the Olympic effect: a case study of Beijing". *Cities*，26，pp. 245—254。

市场营销人员对产品的品牌打造。一种产品的特质不仅仅体现在产品的名称上，产品的特质还体现其所反映的文化以及价值观念。从制造商的角度来说，树立产品的特质有助于扩大其产品的市场占有率，并进而获得更大的利润；从消费者的角度来说，对具有独特特质产品的消费则满足了消费者不同的消费心理。产品的品牌价值说同样适用于城市的品牌价值。对一座有独特品牌价值的城市来说，品牌的特质意味着可以为一座城市吸引更多的投资与更多游客的青睐。可以毫不夸张地说，城市的品牌价值是城市重要的无形资产。

但是，对城市特质的挖掘与呈现却是一项极具有挑战性的工作。这是因为对城市特质的界定需要能够高度浓缩一座城市的价值观、历史文化及其居住者的思维方式，并且浓缩的特质应该广为国内外民众所接受。从这个层面上说，对某一产品的特质的界定又不同于对某一城市的特质的界定。Li 与 Zhao 认为，北京对自身品牌的打造是通过发展旅游业与举办奥运会的方式进行的。Li 与 Zhao 通过对北京进行的旅游促销与举办北京奥运会后的效果评估发现，北京作为一文化名城的地位在国际上广为认可，但需要打造的"宜居"北京的特质却与大众的期望相距甚远。① 更重要的是，北京并未对其城市特有的文化等进行提炼并进而形成自己的城市特质，作为营销自己与打造自己品牌的基础。在随后的 2011 年，北京出台了"北京精神"。应该说"北京精神"并不能作为北京的特质进行品牌营销。因为作为一座城市的特质，必须具有普遍的被接受性、易于识别性、高度的浓缩性以及易于感受性等特点。"北京精神"显然未能达到易于识别与易于感受的要求，对于海外的民众尤其如此。而"北京精神"所强调的"包容"也为海外媒体所误读，并进而影响到海外公众对北京的认知。因此，北京在打造世界城市这一品牌的过程中，仍然需要大力凝练北京作为世界知名都市的城市特质。

以纽约为例，纽约是一座以多样性与活力著称的世界城市。纽约是美国最古老的经济中心，也是世界著名的金融中心。纽约在打造自己的品牌过程中，努力以自己独特的发展历史作为打造自身品牌的资本。作为北美最古老的经济中心，纽约拥有一大批国际知名的跨国公司。作为北美最古

---

① 参见 Li & Zhao, (2009). "City branding and the Olympic effect: a case study of Beijing". *Cities*, 26, pp. 245—254。

老的城市之一，纽约拥有众多的旅游资源，每年吸引大量的海外游客。历史上，纽约接纳了大量来自世界各地的移民。大量移民的持续涌入，既成就了纽约发达的经济，也是纽约保持生机与活力的源泉。在此基础上，纽约于1970年发起了公关攻势，并且打造了"我爱纽约"的流行语。毫无疑问，纽约的多样性与活力正是扎根于其独特的历史文化之中的。再以巴黎为例，巴黎号称"光之城"与艺术之都。巴黎在打造自己的城市特质时依然牢固地把其特质扎根于自己的历史文化渊源中。巴黎作为欧洲以及世界上著名的文化之都，有众多为人津津乐道的文化遗产。而巴黎居民对生活的热爱，也促使他们把日常生活的每一细节都提升到艺术的高度加以精致化。例如，有"光之城"称号的巴黎不仅大量增加巴黎街头以及各种经典建筑使用的灯光照明，更在人文学术方面力争卓越。因为巴黎人认为，只有知识才是点亮人们的智慧之光。巴黎这座城市的名片无论从内涵还是从可见的形态，都较好地整合并浓缩了该城市的各项特质并使其达到高度的统一。再看德国的柏林。柏林是一座历史悠久的城市，但也是一座背着沉重历史包袱的城市。一提起柏林，大家首先想到的是希特勒的德国。面对这么一座毁誉参半的城市，柏林充分利用自己悠久的人文积淀向外界传递其历史文化的精华。面对过去不愉快的历史，柏林着力打造一个已经悔过自新的新形象。总体来说，柏林传递给世人的形象是一个负责任、积极向上且具有极强的人文气息的城市。伦敦是世界上公认的世界城市之一。伦敦也是最古老的金融中心。伦敦打造其世界城市地位的手段是得益于英国作为世界上第一个工业化国家的条件，充分发挥其金融业的优势，造就了世界上最早的金融帝国。同时伦敦也具有另一得天独厚的优势，即利用英语这一世界通用的语言，积极传播英国（以伦敦为代表）的历史人文景观。毫无疑问，伦敦的影响力遍及全球。伦敦也日益发展成为世界上著名的多元文化主义盛行的大都会。作为与纽约、伦敦并列的三大世界城市之一的东京以其现代性著称。东京演变为世界城市是依托其强大的经济影响力以及以信息业为基础的创新力的快速发展。东京的现代性体现在每年的信息业的产值位居世界主要城市前茅。同时，东京具有高度发达的交通体系以及教育产业。在日本国内，东京也扮演着一个重要的文化中心角色。东京的文化产业，尤其是动漫产业在世界具有重要的影响，每年的出口量相当可观。作为中国的近邻，东京这座世界城市的演变历程非常值得北京借鉴，因为中日两国在政治、经济尤其社会与文化方面存在诸多相似之处。不同的是，东京是集政治、经济与文化三者于一体，而北京的定位是政治与文化中心，经济中心则是上海。从这个层面上说，北京在走向世界城市的努力中，如何正确为自己定位是一个值得城市管理者认真思索的问题。

五　符号学（semiotics）视角

基于王一川对北京经典的文化符号的研究发现，笔者在本部分将着重论述若干北京经典的文化符号所传播的特定的政治与文化信息。为了弥补王一川研究中存在的不足，笔者将对海外受众对北京特定的文化符号的理解与解释作为研究的对象。不难理解，如果北京要走向世界城市，其经典性的文化标识符号必须获得国内外，尤其是国外民众的理解与接受，否则打造世界城市就变成一句空话。笔者将利用传播学中的符号学的相关理论，并运用质性（qualitative）研究的方法对这一问题进行考察。

对符号进行研究通常是研究文化最主要的一种形式。符号学研究起源于欧洲，经过发展，逐步形成两大流派：欧洲学派与美国学派。首先对符号进行研究的是瑞士语言学家 Ferdinand de Saussure。他认为语言的各个组成要素正是整个社会体系的一部分。因此，对语言的诸要素的理解应该充分考虑语言与整个社会各组成部分的关系，而不能孤立地去理解语言的要义。Saussure 认为，语言符号本身具有二重性，即能指（signifier）与所指（signified），这两者之间的关系具有随意性与主观性。通过研究这两者之间的关系，我们可以窥视到由语义所钩链的社会结构之间的关系。当然，Saussure 也承认，语言不是唯一的符号体系。但是以研究语言符号作为切入点，我们可以理解社会的复杂结构以及不同社会体系之间的互动关系。

另一对符号的研究植根于崇尚实用主义哲学的美国。美国学者 Peirce 所提出研究符号的模型有三个维度：符号（sign）、所指对象（object）与解释者（interpretant）。在 Peirce 看来，符号是一种有形的实体，是符号所暗示的一切社会关系的最终归宿。但符号本身却是没有任何意义的。符号的意义在于符号本身所指的对象，即符号代表了什么，反映了什么社会现实。而符号的意义需要由解释者作出解释。解释者对符号的解释受制于多重因素的影响。但是，首先把符号学运用到文化研究与文化批判的是法国学者 Roland Barthes。Barthes 认为，符号传递了社会与政治讯息，而媒体是各种符号最大的传播者。媒体可以通过特定的方式，如通过对人物与景物拍摄的角度、灯光以及背景等赋予一个符号特定的意义。[①] 对媒体传播符号的研究往往是传播学者最为关注的问题之一。

对符号学的研究所采用的研究方法当推质性研究法。质性研究法与量性研究法同为社会科学研究的两大流派。量性研究热衷于追求事物的客观性，认为客观性是独立于个人主观的价值判断而存在。一般而言，量性研究的结论具有代表性。与量性研究不同的是，质性研究主要是以解释为主，并且这种解释是基于个人的价值判断。个人基于自己主观的解释是不具有代表性的。

在众多的质性研究方法中，采用焦点小组访问法是研究个人对符号解读的一种重要且行之有效的方法。焦点小组访问法（focus group study）又称集体采访法（group interviewing）。与传统的针对个人采访不同的是，集体采访是在同一时间、同一地点对多个受邀嘉宾就研究者在研的主题进行采访。采用焦点小组访问法所得到结论自然不具有代表性，但是采用集体访谈法进行研究的最大优点是该法有助于研究者发现受访者对研究问题较深层次的看法，并且洞悉形成某一特定看法的根源。这一优势显然是量性研究所无法比拟的。集体访谈法的另一优点是操作简单、成本低并且获取数据所需的时间较短。

作为一项探索性的研究，笔者把所调研的对象锁定为在北京高校中从事中国语言与文化学习的外国留学生。挑选从事中国语言文化学习的外国留学生作为集体访谈的对象非常适用于本项研究。这是因为语言是文化的载体，而从事中国语言文化学习的留学生经过对汉语语言与文化若干年的学习，普遍具有了解中国文化的基础。而在北京留学的外国学生大都去过北京著名的名胜旅游，对北京经典的文化标识具有一定的感知。笔者所征集参与集体访谈的人数是八人，共进行两次，每次有四人参与。进行两次集体访谈的目的是为了避免由于一次性访谈得到特定的结论。受访者的年龄集中在 18—23 岁之间。平均年龄是 20.7 岁。受访者应邀对以下经典文化符号进行畅谈：故宫、长城、天安门与 CCTV。笔者挑选这四种文化符号是基于王一川对北京文化符号与世界城市建设的研究发现。尽管王一川

① Danesi, M. (1994). *Messages and Meanings: An Introduction to Semiotics*. Toronto: Canadian Scholars Press.

的研究中所罗列的文化符号是基于对中国大学生的调查发现，但其中的一些文化符号也广为海外人士奉为经典。根据王一川的研究，故宫、长城与天安门属于第一类文化符号，即被最大多数的大学生所认可，而 CCTV 属于第二类文化符号，被认可的人数仅次于第一类。笔者之所以把 CCTV 从众多的第二类文化符号中挑选出来作为研究对象，是因为传媒业广被认为是世界城市最重要的特点之一，而 CCTV 是我国传媒业的领军媒体。

由于受经费以及研究时间期限的限制，两次集体采访的主持工作由笔者独立承担。采访的方式采取开放式的方法，即允许每位受访者畅所欲言。两次集体采访分别由两个部分组成。第一部分，笔者询问所有的受访者"您对北京这座城市的总体印象如何"这一问题；第二部分，笔者分别就王一川所界定的第一类文化符号询问受访者"请问您对故宫、长城、天安门与 CCTV 这四处名胜如何解读其政治与文化内涵"这几个问题。受访者所有的回答由录音笔记录，然后笔者根据所获得的文字数据进行质性分析。

六　研究发现

针对第一个问题的质性分析，笔者总结出两个主题。第一个主题是，受访者普遍认为北京是一座具有丰富文化遗产的城市。例如，一位男性留学生表示："毫无疑问，我觉得北京作为中国的首都，这座城市具有丰厚的文化历史。像北京的紫禁城，其规模是我无法想象得到的。"但另外一个主题却具有很强的负面倾向。所有的留学生都认为，北京作为一座具有国际影响的都市，其生存环境非常糟糕，这主要是因为污浊的空气。一位留学生表示："北京利用奥运会竭力想把自己打造成为一座宜居城市。但现在看来，这个目标远远没有实现。因为北京污浊的空气让人痛苦不堪，难以忍受。"

而针对具体的文化符号，受访者给出了较大差异性的回答。其中，受访者对世界上面积最大的天安门广场的评价较为负面。受访者在谈及天安门广场时，首先想到的是这是中国的一个政治性事件的发生地。受访者多认为，天安门广场主要是"悲剧性"事件的发生地。在天安门广场上举行的正面活动，也被理解成为政府加强"统治权威"的举措。例如，一位受访者认为："我从媒体上了解到的天安门广场经常是一个抗议的场所。也是中国政府彰显其权威的场所。"

　　而针对央视新址的访谈，笔者根据所获得访谈记录，并且进行分析归类，发现央视新址所传递的信息基本上也是负面。受访者最为一致的看法是央视新址实在是一座"离奇"的建筑。很多受访者无法解释其复杂的建筑内涵。一位接受访谈的嘉宾说道："央视的新址气派非凡，但设计极其离奇，不知蕴含何意。"但有一些访谈者对央视新址所传递的政治与文化信息给予负面的解读。例如，有受访者认为："央视新址无比宏大，正是政府的权威的体现。……似乎显示政府在利用其权威对言论牢固的控制正在加强。"

　　然而，基于群体采访的质性数据，笔者发现，受访者对故宫与长城这两种文化符号的看法却颇为正面。受访者普遍认为，故宫规模宏大，是世界建筑史上的奇迹。故宫彰显了中国古代文明的辉煌以及中国人的智慧。一位受访者认为："我从来没有见过这么宏大的宫殿建筑。故宫的建筑设计让我惊叹。"另有受访者认为："故宫的精妙设计显示中国的古代文明是何等辉煌，令人终身难忘。"但也有少数受访者也认为故宫的宏大正是彰显中央政府的权威。这些受访者赋予故宫以政治上的内涵，并且认为故宫的宏大正是验证了中国的政治文化现实。

　　而对长城的印象，受访者普遍认为长城与故宫一样，同属宏大的建筑，是世界建筑史上的奇迹。不同的是，受访者没有把长城与中国的政治文化联系在一起。受访者普遍认为，长城是一个建筑奇迹，尤其考虑到长城修建在两千多年前的中国。一位受访者认为："长城那么宏大的规模，让我相信长城不愧为世界八大建筑奇迹了。"在中国学习中国语言文化的受访者有多人认为，"长城在历史上曾是为抵御外敌入侵的防御工事，这说明中国人不是个具有侵略性的民族。这恰恰说明，中国人是一个具有很强内向性的民族"。

　　采用群体采访的方法对邀请受访者畅谈对一系列问题（本研究中的北京经典文化标识）的看法有助于研究人员全方位地深入了解受访者对在研问题的看法。而这些看法通常是采用量性研究方法如问卷调查法所无法获得的。然而，受制于一系列因素的限制，本次研究采用的群体采访法也存在一些问题，具体如下。首先，一些问题是群体采访法本身所固有的，即群体采访法涉及对受访者的挑选。而挑选受访者一定会涉及挑选所引起的偏见问题。这一点与问卷调查法有根本的不同。问卷调查法所遵循的原则是随机性的原则，而群体采访法则需要对受邀的受访者进行筛选。

研究人员需要挑选出对在研问题有所了解的受访者，只有这样，研究人员才可以最大限度地了解受访者对在研问题的深度看法。其次，作为质性分析的一种方法，群体采访法的研究结论不具有代表性。这主要是因为受访者的样本过小的缘故。最后，由于时间的关系，本项研究的群体采访只举行了两场。从严格意义上说，对一个研究问题举行两次群体采访的次数是不够的。理论上，为了深度了解受访者对一个问题的看法以及形成这种看法的原因，举行群体访谈的次数没有限制，直到达到某一饱和点为止，即尽可能地多举办几次群体访谈，直到受邀嘉宾所提供的观点没有新意为止。从这个意义上说，为本项研究仅仅举办两次群体访谈是不够的。

七　针对外宣的政策建议

本项研究尽管存在一些研究上的弱点，但通过对北京标识性的文化元素有所了解的外籍受访者的集体访谈，笔者了解到了部分外籍人士如何解读这些文化元素的内涵。尽管这种研究的结论不具有代表性，但管中窥豹，我们还是可以从中捕捉到一些信息，并得到一些启发，进而为北京市的外宣提供有效的政策建议。

笔者认为，在众多可以影响公众对某一特定问题的看法的因素中，媒体扮演了不可或缺的角色。媒体可以有选择地对事件的某一方面进行凸显，也可以有选择地淡化问题的某些方面。媒体还可以对发生的事件作出特定的归因，引导公众舆论；亦可回避对某些问题的报道，使公众对这些问题视而不见。尽管媒体可以以特定的方式强烈地影响公众对社会事件的认知，但媒体对受众认知的影响却受具体的事件、事件与公众的距离（另一种说法是"相关度"）等因素制约。一般认为，与受众越相关的事件，媒体的报道对受众的影响便越弱，因为受众的直接经历可以塑造受众对该事件的认知。距离受众越远，或者说与受众的相关度越低的事件，媒体的影响就越强大，媒体的报道对受众的认知便越强，这是因为受众无法亲自感知事件，只能依靠媒体获取相关的知识。

可以说，外国受众对中国与北京这座城市的认知很大程度上会依赖本国媒体提供信息的影响，因为绝大多数外国受众对中国与北京缺乏直接接触的经历。因此北京负责外宣的相关部门理所应当地加强对外媒的公关，力促外媒更加公正客观地报道北京的发展，培养各自受众对北京某一方面的正面认知。从上述的调查发现来看，笔者认为针对天安门广场与央视新址可能传递负面的讯息这一情况，北京相关的职能部门应该针对外媒撰写有说服力的公关文书，详细解释央视新址所反映的文化内涵以及我国传媒的根本使命，推动我国媒体界的龙头央视更好地走向世界。同时，外宣部门还应该着力赋予天安门广场以新的主题，使外媒与外国公众减少对天安门广场与各种负面事件的勾连。而针对长城所传递的文化内涵，我们可以大力宣扬中国是一个热爱和平的国家，对他国没有任何侵略意图，追求和平是中国外交的中心任务。针对故宫的宣传，我们可以大力宣传中国人民的伟大智慧与创新，并且在宣传中融入"北京精神"的内容。

八 "北京精神"的提出与文化内涵

2011 年年底，北京市公布了"北京精神"。"北京精神"是一套包括四个维度的城市建设理念，即爱国、创新、包容与厚德。"北京精神"是在首都的各项事业经过长足发展，正在积极建设世界城市的大背景下提出的一套重大的城市建设理念。"北京精神"的提出代表着北京未来城市建设有了明确的方向，更为凝结全体北京市民团结奋斗的意志提供了强大的精神动力。

建设世界城市不可能没有自己独特的城市文化。雷震宇认为，"城市文化是人类进化到城市生活阶段的产物，是人类在城市中创造的物质和精神财富的综合，是城市人格化的凝练，是人类生活的空间表达"。[1] 显然，城市文化并不仅仅是指人类所创造的精神产品的总和，也是长期物质产品积累的结果。世界城市更是人类精神产品与物质产品的有机统一体。而一座城市的精神则是对一座城市文化的浓缩和提炼。城市精神既是一座城市名片，也是一座城市的魅力之所在。树立与打造一座城市的城市精神，无疑也是在打造一座城市的品牌资产。

北京作为我国的首都有着深厚的文化积淀。这既是在长期的历史发展过程中形成的，也是全体北京市民在过去 30 多年改革开放中共同奋斗的结晶。"北京精神"的核心是爱国。爱国也是我国社会主义核心价值体系

---

[1] 雷震宇：《"北京精神"对首都城市文化发展的意义及路径探析》，《北方文学》2012 年 3 月刊。

的基本内容。作为我国的首都,北京见证了一系列具有深远影响的爱国主义运动。从早期的"五四"运动到近期的奥运会及新中国成立 60 年大庆等,这些事件无一不体现出北京市民高度的爱国主义情怀。创新是一座城市生命力的源泉。改革开放 30 多年来,北京市各项事业建设所取得的巨大成就无一不是北京乃至全国人民创新能力与创新精神的集中体现。在新的建设世界城市的目标驱动下,创新更是首都各项事业发展进步的源泉。包容是任何国家与社会进步的基础。一个国家或者社会只有采取对一切新生事物采取包容的态度,才可能在最广泛的层面汲取有益的营养为我所用。"北京精神"所倡导的包容不仅仅是对北京以外的外地人口与文化的包容,也包括对一切先进海外文化的学习与吸收。"厚德"为北京的城市建设与发展所设定的道德标准。建成世界城市的一条重要标准便是其市民理应具有较高的文化与思想道德水准。具有较高文化与思想道德水准的首都市民不但为我国经济文化相对落后的地区产生强大的示范作用,更有助于提升全民族的道德文化水准。

九 外媒对北京精神的报道的文本分析

"北京精神"提出以后,我国的各类各级媒体都给予了大量的报道与解读。但是,海外媒体,尤其是国际主流媒体如何报道"北京精神"的呢?这一问题迄今尚没有成形的研究。笔者认为,作为正在迈向世界城市的北京,国际主流媒体对"北京精神"的报道至关重要,因为这往往意味着北京这座城市为海外受众所认知的程度。而国际媒体对"北京精神"报道的框架往往对海外受众对北京印象的形成具有重要的影响。

大众传播学中的框架理论是学者研究媒体对某一特定事件报道常用的理论。媒体框架在组织有意义的语义生产时,通常会在某种程度上对信息的呈现方式作出一定的调整,使其适用于某一特定的目的。如 Gitlin 认为,框架是记者基于特定的价值观对发生的事件进行有所侧重的报道方式。这种有侧重的报道方式受媒体组织机构权力以及记者本人价值观等因素的影响。[1] Entman 认为,框架可以"帮助记者选择现实中某些侧面在

① Gitlin, T. (1980). *The Whole World Is Watching: Mass Media in the Making and Unmaking of the New Left.* Berkeley, CA: University of California Press.

报道中加以强化，为受众定义重要的社会问题，寻找问题的原因，对事件作道德评估，并依此提出解决方案"。① 无论 Gitlin 还是 Entman，他们只是对框架本身作出一种定义上的解释。而 Gamson 对框架的定义则为我们研究媒体报道框架提供了可供实际运用的研究路径。Gamson 认为，记者所提供的媒体文本中的象征性的符号，以及由这些象征性的符号所组成的话语包即体现了媒体所报道的事件框架本身。框架本身可以以显性的形式存在，亦可以显性或者隐性的求因话语工具（reasoning devices）的形式存在。② 由于 Gamson 所提供的框架定义内涵清晰，且易于操作，笔者将在下文中采用已经被广泛证明有效的方法对外媒针对"北京精神"的报道做一简单的框架分析。③

（一）文本的获取

为了发现国际媒体如何针对"北京精神"作出解读，笔者选用"Beijing Spirit"这一关键词，在 Lexis-Nexis 学术大全数据库中进行检索。笔者没有输入具体的时间区间，目的是最大限度地检索到所有涉及外媒对"北京精神"的报道。笔者一共检索到 23 条记录。剔除不相关的报道，与"北京精神"这一主题相关的报道仅有两篇，分别来自 2012 年 8 月 6日由《新闻周刊》所提供的《站在门口中的外国人》与澳大利亚《快报》2012 年 11 月 3 日所提供的《中国首都危险的和谐》。

（二）编码

在本项研究中，笔者借用 Gamson 与 Lasch 所建构的编码系统对外媒报道中所运用的各类话语工具进行仔细甄别，试图解析媒体所运用的各类显性的框架工具与显性或者隐性的归因工具。与笔者对相关研究所采用的

---

① Entman, R. M. (1993). Framing: towards clarification of a fractured paradigm. *Journal of Communication*, 43 (4), 51—58.

② Gamson, William & A. Modigliani. (1987). The changing culture of affirmative action. *Research in Political Sociology*, 3: 137—177 与 Gamson A. William & K. E. Lasch. (1983). Evaluating the Welfare Stage: *Social and Political Perspectives*. Academic Press Inc.

③ 关于运用框架理论研究具体的媒体文本的研究成果或关于对框架理论本身的阐释，参见刘晖《试析我国对外媒公关效果——以外媒构建新疆事件的框架为例》，《国际新闻界》2011 年第 9 期。

研究方法相似，笔者首先挑选一位能够熟练阅读英文的编码员对编码系统进行研讨，并对编码系统取得共识。然后，笔者与编码员对选中的两篇文本进行三轮阅读。在阅读过程中，两位编码员分别对这两篇报道中的话语工具的内容进行比较与归类。以下便是笔者的研究发现。

（三）研究发现

笔者发现，虽然外媒提供的涉及"北京精神"的报道数量很少，但均为负面的报道，即《新闻周刊》对"包容"质疑的框架，《快报》对"北京精神"的质疑与嘲讽。如表1所示。

表1　　　　　　　《新闻周刊》对"北京精神"的报道框架

对"包容"性质疑						
框架话语工具				归因话语工具		
类比	案例	关键词	深度刻画	归因	后果	道德原则
鸦片战争的耻辱	俄罗斯提琴手不雅的行为；对黑人的偏见；对外来种族的偏见	Laowai（"老外"的称呼）；令人不快的冲突；外国的垃圾；非法滞留；对外国人的恐惧；中国人的孤独与孤立	主持人失当的言论；在京外国人不当的行为	对外国人的无知；中国人缺乏包容的胸怀	历史形成；自我辩解；中国不承认双重国籍	需要更加包容；中国人的热情好客；和谐共处

表2　　　　　　　《快报》对"北京精神"的报道框架

对"北京精神"的质疑与嘲讽						
框架话语工具				归因话语工具		
类比	案例	关键词	深度刻画	归因	后果	道德原则
	路边摆摊老人的"发明"的竹筛子；修车老人检查轮胎是否漏气；父母骑自行车带孩子上学；紫禁城的游客	创新；包容；厚德；爱国	紫禁城的游客象征着"包容"	有活力的；目的性强	充满实际的城市；不安全的马路	无视规则

　　从上述表格中，我们可以发现，《新闻周刊》针对"北京精神"的报道所使用的各类框架工具与归因工具最为齐备。该报道主要引用三个案例，分别是"俄罗斯提琴手在动车上的不雅行为"、"对一位中国女性嫁给黑人"以及"对外来种族的偏见"来论证中国（主要是北京）的不包容性。该文使用了一些具有歧视性的词汇如"老外"（laowai）、"外国垃圾"、"对外国人的仇视"等支持了上述观点。尤其值得关注的是，该报道引用具体的案例来对上述观点进行深度刻画，如该文引用央视英文频道著名主持人杨瑞发表的具有歧视性的语言来支持上述论点。为了使该报道显得更具有平衡性，该文还引用相关专家的点评来试图证明这一论点。从传播学的角度来说，报道中大量运用直接引语，尤其是权威人士的评论，更有助于增加文本的说服力。① 该文把中国人缺乏包容性的原因归咎于历史的原因。显然，《新闻周刊》把中国缺乏包容性刻画成为一个整体问题，而不是一起孤立的事件。这一发现与 Iyengar 对媒体对美国福利制度报道的研究结论基本吻合。Iyengar 通过对美国媒体对穷人领取社会福利事件的报道分析发现，当穷人领取福利的问题被刻画成为一个整体问题时，受众倾向于把美国社会的贫困问题归因于国家相关政策的失效，而把福利问题聚焦于某一特定人物或者群体上时，受众更易把贫困问题归因于个人的原因。② 而针对道德原则，该文呼吁中国人应该更加包容并学会与外国人和谐共处。显然，报道的全文是对中国（主要是北京）缺乏包容性进行批评，这一批评虽未明确提及"北京精神"所涉及的其他三个维度，但该报道确是对"北京精神"的否定。

　　相比之下，《快报》的报道则是明显针对"北京精神"。《快报》的报道并没有使用类比的手段，但该报却提及了"北京精神"的四个维度，并且分别以案例来论证。以论述"北京精神"中的"创新"这一维度时，媒体以修车老人与路边摊老人分别发明的器具作为论证"创新"的根据。而父母日常骑车带孩子上学也被认为是"厚德"的体现。该文以紫禁城人头攒动的游客来形容北京的"包容"。该文也提及"爱国"，但同时承

---

　　① Brooks, B. S. et al. (2007). *News Reporting and Writing* (Ninth Edition), Bedford/St. Martin's.

　　② Iyengar, S. , *Is Anyone Responsible? How Television Frames Political Issues*. Chicago: University of Chicago Press, 1991; Iyengar, S. (1987). Television news and citizens' explanations of national issues. *American Political Science Review*, 81, pp. 815—832.

认无法找到北京市民"爱国"的例子。显然,该报道对"北京精神"的解读显示其缺乏对"北京精神"的深刻了解。该报道所使用的归因工具把北京市民的行为归因为是"有活力的",但同时具有"很强的目的性"。在道德评判上,该报道认为北京市民"无视规则"。显然,该报道提供的显性工具与归因工具均对"北京精神"从整体上进行论述,向受众传递出"北京精神"是"荒诞的"与"不可理喻的"理念。

十　加强对外媒报道"北京精神"的公关策略

基于笔者对仅有的两篇涉及"北京精神"的报道的文本分析,笔者认为,"北京精神"自 2011 年年底提出以来,虽然北京市的宣传部门对"北京精神"的宣传投入了相当大的人力与物力,但没有收到预期的效果,至少对外国媒体的公关没有起到明显的作用。对"北京精神"宣传的失效性主要体现在以下两个方面。第一,这两篇对"北京精神"的报道基调基本呈现负面倾向。来自《新闻周刊》的深度报导提及了"北京精神",但仅仅对"北京精神"中的包容性进行了解读,并得出结论,认为北京乃至中国人具有排外的倾向。而澳大利亚《快报》通过对普通市民的一些行为做出对"北京精神"比较肤浅的解读,显然也误读了"北京精神"的深奥内涵。第二,从外媒对"北京精神"报道的频次来看,过低的报导量显然不利于北京向国际媒体传播北京的城市理念,也不利于北京实现打造世界城市的总体目标。

针对上述两个问题,笔者特此提出以下建议。首先,北京的外宣部门应该认真研究国际媒体,尤其需要研究一些对众多媒体具有设置议事日程能力(agenda-setting)的强势媒体的特点,加强对这些媒体的公关,如《纽约时报》与《华盛顿邮报》。因为这两家媒体属于"典型的严肃媒体","对政策制定、公共舆论和其他地区性媒体的新闻报道都有向导性的意义"。① 如果能够成功地实现对这两家媒体的公关,则可以有效地影响众多的国际媒体,取得事半功倍的效果。其次,首都市民应该以自己的实际行动践行"北京精神"的各种要素。尤其是公众人物,更应该注意自己的言行举止,因为公众人物的一言一行都会给社会大众,乃至外国受

---

① Dearing, J. W. & Rogers, E. M., *Agenda-Setting*. CA：Sage, 1996.

众产生强大的示范作用。再者，广大首都市民应该培养自己理性的思维，遵守我国颁布的互联网使用公约，文明上网，做一理性的网民。在互联网上进行不负责任的传播，如"外国垃圾"、"滚出中国"等侮辱性的语言不但不利于问题的解决，而且对北京乃至中国的国际形象都会产生极大的负面影响。最后，良好的城市形象是靠全体市民集体维护与亲自参与的。而来华的外国人对北京的印象更多地来源于他们与北京市民的亲身接触以及他们在京生活的方方面面，而非来自于媒体的宣传。这是因为来源于自己的直接经历，相对于媒体的宣传而言，所传递的信息距离受众更近。媒体传播的信息由于受到多种因素的影响，最终对受众的影响往往会打折扣。相关的研究也的确证实了这一论点的有效性。①

参考文献

1. 《刘淇谈北京为什么要建设世界城市》，摘自北京市委书记刘淇在 2010 年北京市两会上的讲话和在北京市纪念建党 89 周年暨深入开展创先争优活动交流大会上的讲话。检索自 http://news.xinhuanet.com/politics/2010 - 07/22/c_ 12361007_ 2. htm。

2. 《北京 2050 年将建成世界城市》，《北京晚报》2010 年 3 月 3 日。

3. 陈树文、邓鹏：《以公民教育引领北京世界城市建设》，《中国特色社会主义研究》2011 年第 1 期。

4. 黄璜：《建设世界城市对北京旅游发展的促进禁止研究》，《北京社会科学》2011 年第 1 期。

5. IUD 领导决策数据分析中心：《世界城市旅游业发展的比较研究》，《领导决策信息》2010 年第 21 期。

6. 金元浦、王林生：《北京世界城市与国家文化中心建设研究综述》，《北京联合大学学报》（人文社会科学版），2012 年第 4 期。

7. 雷震宇，《"北京精神"对首都城市文化发展的意义及路径探析》，《北方文学》2012 年 3 月刊。

8. 厉新建、张凌云、崔莉：《全域旅游：建设世界一流旅游目的地的理念创新——以北京为例》，《人文地理》2013 年第 3 期。

9. 刘晖：《试析我国对外媒公关效果——以外媒构建新疆事件的框架为例》，《国

---

① Weaver, J. and Waskshlag, J. (1986). Perceived vulnerability to crime, criminal victimization experience, and television viewing. *Journal of Broadcasting and Electronic Media*, 30: 141—58.

际新闻界》2011 年第 9 期。

10. 陆军：《世界城市判别指标体系及北京的努力方向》，《城市发展研究》2011
年第 4 期。

11. 孙善学：《北京建设世界城市文化的教育命题》，《北京行政学院学报》2010
年第 5 期。

12. 王一川：《北京文化符号与世界城市软实力建设》，《北京社会科学》2011 年
第 2 期。

13. 徐颖：《北京建设世界城市战略定位与发展模式研究》，《城市发展研究》
2011 年第 3 期。

14. 曾明彬：《北京建设世界城市的策略分析和对策研究》，《北京城市学院学报》
2011 年第 1 期。

15. 张凌云、程璐：《北京旅游业在建设世界城市中的优势与不足（北京与巴黎
等世界四大城市旅游发展差异比较)》，《北京社会科学》2010 年第 5 期。

16. 张小乐：《国家文化中心的内涵与特征初探》，《人民论坛》2012 年第 3 期。

17. 张佐友：《关于北京建设世界城市的思考》，《北京联合大学学报》（人文社会
科学版）2010 年第 8 期。

18. 赵继敏：《世界城市内涵的历史演变及对北京的启示》，《城市观察》2011 年
第 5 期。

19. 郑晓光：《世界城市产业结构比较及对北京的启示》，《中国国情国力》2012
年第 11 期。

20. Bilkey, W. J. and E. Nes (1982), Country-of-Origin Effects on Product Evalua-
tions, *Journal of International Business Studies*, 8 (1).

21. Brooks, B. S. et al. (2007). *News Reporting and Writing* (Ninth Edition), Bed-
ford/St. Martin's.

22. Castell, M. (1996). *The Rise of Network Society* (*Information Age Series*), Vol. 1.
Wiley-Blackwell.

23. Critics Worry about Influence of Chinese Institute, *The New York Times*, May
4, 2012.

24. Danesi, M. (1994). *Messages and Meanings: An Introduction to Semiotics.* Toron-
to: Canadian Scholars Press.

25. Dearing, J. W. & Rogers, E. M. , *Agenda-Setting.* CA: Sage, 1996.

26. Ellul, J. (1973). *Propaganda: The Formation of Men's Attitude.* Vintage Press.

27. Entman, R. M. (1993). Framing: towards clarification of a fractured paradigm.
Journal of Communication, 43 (4), 51—58.

28. Gamson A. William & K. E. Lasch. (1983). Evaluating the Welfare Stage: *Social*

and Political Perspectives. Academic Press Inc.

29. Gamson, William & A. Modigliani. (1987). The changing culture of affirmative action. *Research in Political Sociology*, 3: 137—177.

30. Gitlin, T. (1980). *The Whole World Is Watching: Mass Media in the Making and Unmaking of the New Left.* Berkeley, CA: University of California Press.

31. Iyengar, S. (1987). Television news and citizens' explanations of national issues. *American Political Science Review*, 81.

32. Iyengar, S. (1991). *Is Anyone Responsible? How Television Frames Political Issues.* Chicago: University of Chicago Press.

33. Li & Zhao, (2009). City branding and the Olympic effect: a case study of Beijing. *Cities*, 26.

34. Robinson, J. P. and R. Hefner (1967), Multidimensional Differences in Public and Academic Perceptions of Nations, *Journal of Personality and Social Psychology*, 7.

（刘晖　北京第二外国语学院国际传播学院　北京　100024）

城市宣传片中的北京形象研究

刘俐莉

摘　要：随着全球化的进程，世界上许多城市的政府部门都试图通过国际事件或是国际大会来提升他们所在城市的品牌认知度和品牌形象。城市的面孔在不同的艺术载体中不断展示，影像艺术则是这些艺术载体中最具表现力和传播效果的一种，而城市宣传片以它特有的、其他媒介无可比拟的形式占据了城市形象传播的一席之地。本文选择了可视性、目的性及传达性都较强的北京城市宣传片作为文本，从中窥探城市宣传片塑造的北京的城市形象，并试图进一步探析通过片中的城市形象元素，构建并传达出的京味文化。

关键词：北京　城市宣传片　城市形象　京味文化

每座城市都有自己独特的历史脉络和城市文化。城市形象是一个城市政治、经济、文化实力的外显，同时也是构成一个城市竞争实力强盛与否的关键要素，而城市文化蕴含于体现于城市形象的建构之中。"一个城市的城市文化是这个城市的生动写照，反映着它所处的时代、社会、经济、科学技术、生活方式、人际关系、哲学观点、宗教信仰等等。"① 城市的外在视觉表现是城市形象最直接的反应，这种外在视觉存在于客观存在的实体之中，如它自己独有的发展历史、建筑景观、饮食民俗及城市功能，等等，但更体现在受众的主观感知之中，如它在文学戏剧、绘画摄影、影视作品及每一个受众之中。城市形象在客观实体的变迁及主观感知的个体差异与共识中不断被塑造和呈现。

---

① 徐墨菊：《城市文化的视觉表达——符号》，《湖北生态工程职业技术学院学报》2010 年第 2 期。

北京城有着 3000 余年的建城史和 778 年的建都史，诚如范镇之《幽州赋》所言"幽州之地，左环沧海，右拥太行，北枕居庸，南襟河济，诚天府之国"。在历朝历代的建设治理中，北京城不断扩展，提升，愈发显得规整、恢弘、壮丽、雄气十足，形成了政治、经济和文化中心为一体的城市特色，也孕育出浑厚独特的京味文化。说到北京，人们会想到长城、故宫、天安门；会想到胡同、四合院、老字号；还会想到吆喝、京剧、天桥艺人；想到国贸、中关村、王府井；想到侃爷、顽主、北京青年；想到幽默、宽容大气的精神特质，这些融合着传统和现代的符号勾勒出北京鲜活的面孔，这些面孔在不同的艺术载体中被不断展示，而影像艺术是这些艺术载体中最具表现力和传播效果的一种。本文选择了可视性、目的性及传达性都较强的城市宣传片作为文本，从中窥探城市宣传片塑造的北京的城市形象，并试图进一步探析通过片中的城市形象元素，构建并传达出的京味文化。

一　城市形象

国外对城市形象的研究最早出现在 20 世纪 60 年代的美国，首先是从建筑学的角度打开了研究城市形象的开端。最先将"形象"概念引入城市学科、提出"城市形象"的是美国城市学专家凯文·林奇，他在 1960 年出版的专著《城市形态》中提出城市形象的主要构成要素包括路、边、区、节点、标示等方面，并强调城市形象是通过人的综合"感受"而获得的。初期城市形象研究是与城市景观理论、城市设计艺术和建筑美学紧密相连的，对城市形象的研究就呈现出从追求外在形式美到追求内在和谐美的趋势。城市形象研究以城市美化思想为开端，随着城市品牌研究的不断发展，逐步形成了一套科学的城市形象设计理论。如《城市形态》《城市意象》（凯文·林奇）、《城市文化》（刘易斯·芒福德），后来，文化分析、传播媒体探究、传播受众及传播手段分析加入研究之中，如《文化地理学》（迈克·克朗）。

我国的城市形象研究与国外城市形象研究相似，也是以城市美化思想为开端。较为正式与系统的研究从 20 世纪 90 年代开始，很多城市开始在创造有特色的城市面貌方面作出探索与努力。进入新千年以后，在建筑学研究的基础之上，文化、传播媒体、传播受众以及传播手段开始加入研究内容当中。当下,国内对城市形象的探讨主要集中在三个方面,一是在建筑学与环境艺术领域对城市形象的研究,如《天地之间:中国建筑与城市形象》(2005)、《感知与意象:城市理念与形象研究》(2007)、《城市形象概论》(2008)、《人间空间时间:城市形象系统设计研究》(2011);二是在传播学和营销理论研究领域,进行城市形象传播理论的分析,对不同城市的形象建构及个案研究,如《北京形象:北京市城市形象识别系统(CIS)及舆论导向》(2008)、《城市形象与软实力:宁波市形象战略研究》(2008)、《城市传媒形象与营销策略》(2009)、《重庆城市形象定位与塑造研究》(2009)、《中山城市形象定位与提升对策研究》(2009)、《媒介景观与城市文化:广州城市形象研究》(2012);三是从文化学、社会学、形象学等学科领域出发,把城市当作文化文本进行内容分析,如《城市文化建设》(2005)、《从细节品味城市:杭州"生活品质之城"形象研究》(2011)、《后奥运时代北京文化资本与城市形象》(2012)、《形象学视域下的城市个案研究》(2012)、《城市品牌形象系统研究》(2012)等。

鉴于城市自身的复杂性,城市形象并没有一个统一的概念。目前理论界多种方法对城市形象进行设定,其中较有代表性的有四种:第一种从地域特使用色、建筑景观来设定城市形象,提出城市形象独指城市的外在形状和特征,包括城市的三维空间、自然形态和街景建筑等系列客观实体形象。[1] 第二种侧重从城市的现实功能因素,如从政治、经济、交通、旅游、文化等方面对城市形象进行定位,提出城市形象是城市存在意义的注释,也是城市性质、结构和功能的艺术表现形式,[2] 应该构造知识强市、经济强市、生态强市和文化强市来发展城市。[3] 第三种则从城市带来的主观感受层面上来设定城市形象,认为人在城市中居于主体地位,因此提出城市形象应坚持"人本"原则:城市形象不是城市本身,而是人对城市的感知、印象、看法和评估,是人与城市之间形成的一种心理关系。所以,城市形象是城市这一客观事物在人们头脑中的反映,是城市给予人们的综

---

① 刘明:《全球化背景下的世界与中国》,《2007 年国际形势研讨会论文集》,世界知识出版社 2008 年版。

② 刘卫东:《城市形象工程之我见》,《城市规划》2003 年第 4 期。

③ 尹启华、魏海涛:《城市品牌研究》,《湖南工程学院学报》2003 年第 13 期。

合印象和观感①，是社会公众（包括内部公众与外部公众）对一个城市的内在综合实力、外显活力和未来发展前景等因素的综合评价与总体印象。② 第四种则综合了各种观点，提出城市形象是城市独有的文化、城市精神、城市性质、城市的区位和城市底蕴的综合反映，是城市重要的无形资产，体现着城市的价值。③ 在当前全球化与城市高速发展的背景之下，人们越来越意识到城市形象的设定对于城市的各方面发展具有重要的意义，从政治价值上看，良好的城市形象设定是一种感召力和凝聚力，使城市居住者产生心灵归宿感，获得国际的认可和信誉；从文化价值上看，准确的城市形象设定能够集中体现一个城市的物质文化、制度文化、行为文化、心态文化发展形态，彰显城市的文化底蕴和文化魅力；从经济价值上看，良好的城市形象又是一个城市的"无形资产"，是招商广告，是吸引投资和经济竞争的制胜法宝。

城市形象是国家形象的子系统，本文要考察的城市形象是城市可视的各种要素的总和，以及这些可视要素带给城市受众的总体印象和感受，所以，既包括一切可为人们视觉感知的具体可辨识的城市形态元素，即物质层次的形象，包括各类房屋建筑的布局及其所体现的艺术风格，交通、通信、电讯、环卫、绿化及其他城市基础设施的状况和水平，商场里琳琅满目的商品及从中体现出来的城市经济实力，以及社会公共秩序的状况等；也包括城市的社会精神层面，如市民言行、人际关系、社会风气等以从中折射出来的市民素质和思想觉悟，以及这些稳定的物质形象和精神元素激发出的人们对城市内在实力、外显活力和发展前景的具体感知、总体看法和综合评价，最终形成城市的主观镜像。城市形象的形成和改变除了受到城市本身的发展历史的影响外，还受到大众传媒、个人经历、人际传播、记忆以及环境等因素的共同作用。

在城市物质形态层面，中国大多数现代城市按照西方现代主义标准进行城市建设使得地域文脉丧失殆尽，并且不断出现形象趋同现象问题；但在文化和心理层面，不同城市却有自己的独特的城市记忆，具有自己独特的生活模式、心理状态及文化体系。

---

① 张卫国：《城市形象设计理论探讨》，《重庆大学学报》（社会科学版）1993 年第 3 期。
② 孙旭、吴赟：《全球化背景下的中国城市形象传播研究：回顾与前瞻》，《山东理工大学学报》（社会科学版）2002 年第 1 期。
③ 江曼琦：《对城市经营若干问题的认识》，《南开大学学报》2002 年第 5 期。

二　城市宣传片与城市形象

相对于其他城市形象的传播方式，影像传播成为当前城市形象传播的重要媒介平台，影像文本对城市形象的构建更加全面、立体、多元。用媒介的文本，尤其是影像文本中的一个城市所展示给受众的形象，可以直接获得各种形象元素的集结，使受众更快而直观的得到对城市形象的一般想象和认知。在影像传播中，城市宣传片应该说是近年来才出现的新生事物。简单说来，城市宣传片就是以"城市形象"为直接表现内容的影像文本，是指以地方（主要是城市）政府为主要出资人和策划者，通过动态影像语言，运用影视艺术技法凝练城市的独特人文、准确表达城市的差异化定位，旨在更好地传播城市形象的影视短片。这类影视作品的时长一般在30秒至40分钟不等。一般来说，城市宣传片以观众的心理认知和情感认同为出发点，通常巧妙地隐藏其具有工具的说服功能，不把赤裸裸的利益追求表现出来。

随着全球化的进程，世界上许多城市的政府部门都试图通过国际事件或是国际大会来提升他们所在城市的品牌认知度，提高城市的品牌形象。1999年威海市，在央视播出其制作的城市形象片，拉开了中国真正意义上的城市宣传片的序幕；2001年，北京申办第29届奥运会取得成功，在申办过程乃至整个奥运会筹备期间，由张艺谋执导的申奥片《新北京，新奥运》等有关北京的影像作品通过各种渠道频频传播；2002年12月，上海申办2010年世博会，推出了申博片《茉莉花开》和陈述片《城市，让生活更美好》之外，并且邀请刘翔、姚明、成龙、郎朗等代言上海城市形象，创作了一系列上海城市宣传片，将城市宣传片的功能发挥到极致；2003年，成都市邀请张艺谋为其拍摄城市宣传片《成都，一座来了就不想离开的城市》，这部大制作和故事版的宣传片得到了人们的关注与认可，展现了城市宣传片的艺术魅力；而在2008年奥运会前夕，北京市又推出了宣传北京风貌的影像作品《魅力北京》，同时举办了"国际导演拍北京"的活动，邀请了世界6名著名导演讲述他们眼中的北京，在叙事和影像构成层面将城市宣传片提升到更高的艺术层面。伴随着城市宣传片如火如荼拍摄的步伐，业界也开始展示对城市宣传片的重视。2004年由中国广播电视学会、中华广播影视交流学会、中国市长协会、中国广告协会以及昆明市委市政府联合主办首届"中国国际形象片展",而中央电视台从 2004 年起每年一度的《魅力城市评选》活动,其中一个重要环节就是参评城市的城市形象片的展示,这些无不显示,城市宣传片已经进入了城市的发展轨迹之中,成为城市全球化发展的不可缺少的名片。

一般来说,城市宣传片具有直接的目的性,要么是为了实现经济目的如招商引资、吸引旅游外;要么是为城市的重大事件如奥运会、世博会的举办服务,但毋庸置疑,城市宣传片同时还要具有公益性、精神性、文化性等多重性质,所以除了展示自然景观、城市的规划布局、城市人的精神面貌、思想观念及政府的管理模式等要素外,还必须能够把握城市的文化特色、精神内涵,否则城市只是一个空壳。但无论它有怎样的功能定位,也无论它使用怎样的表现手法,它的直接目的就是试图塑造一个城市的独有形象,使观众在看后能够触摸到这个城市方方面面。城市宣传片容纳较大的信息量,能够"短时间内便让观者在轻松、悦目的环境下,迅速了解一个城市的历史、文化、过往与未来。从这一点上说,宣传片已然成为一座城市多元文化的最佳视觉载体,堪称城市的多媒体名片"。① 这些多由政府主持,用于旅游宣传、商业引资、大型活动宣传的城市宣传片,共同建构出城市的品牌意义。

显然,城市宣传片大多是以某一城市的主要特征及优势资源为传播内容。所以,其对城市形象的塑造多以肯定为主,挖掘的深度可能远远不够。作为一种新兴的艺术门类,城市宣传片的创作还不够成熟与完备,对城市形象的把握也必然会有偏颇的地方。但本文既不是研究城市宣传片的创作机制,也不是关注城市宣传片的艺术特性,只是以城市宣传片作为一种艺术文本,选择了城市宣传片作为把握北京城市形象的切入点,对承载城市形象的城市宣传片做文本分析;在城市形象层面上,本文也不是为了客观或者全面把握北京形象的全貌,只是试图从某类艺术创作中窥探北京形象在公众眼中的个性与共性。

在大众眼中,"北京是古代中国与现代中国的重合体,是兼具文化、历史与当代成功商业故事的'魅力城市',是中国政治与文化的中心"。②

---

① 吴三军、杨静:《城市宣传片中的影像叙事策略》,《云南艺术学院学报》2011 年第 3 期。

② 朱峰:《"后奥运时代"与推进北京的"城市形象"建设》,《北京观察》2008 年第 11 期。

2008 年北京奥运会给了全面带动北京城市形象建设新的热情和动力，也为北京形象的发展提供了契机。北京城市形象研究以 2008 年为分界，2008 年之前较多停留在传统文化层面和文学文本符号研究领域。代表作有：《城市形象与城市竞争力》（周汉民，2005），《2008 年奥运会对北京城市形象与景观的影响》（王大勇、王军，2007），《关于城市品牌与在电影中城市形象的研究》（罗太洙，2008），等等。2008 年北京奥运会开启了北京城市形象建设的新篇章，尤其在现代城市形象与城市精神构建方面，北京进行了多层面的思考和探索，代表作有《城市形象传播的广告美学解读》（董保堂、黎泽潮，2009），《城市形象传播的新思考》（朱玲，2010），《以城市文化实力塑造国家中心城市形象》（雷兆玉，2010），《北京文化符号与世界城市软实力建设》（王一川，2011），《北京文化旅游产业国际化发展研究》（吕亚静，2011），《北京城市形象与全球本土化的研究——以话语分析为视角》（冯捷蕴，2011），等等。本文拟采用文本分析、案例研究相结合的方法，对城市宣传片中北京城市形象的建构问题进行研究。

三　城市宣传片中的北京形象

大致来说，城市宣传片主要有四种类型，第一类城市宣传资料片，凸显城市的政治、文化功能；第二类城市旅游宣传片，凸显城市的旅游景观；第三类则是城市招商宣传片，侧重表现城市的经济优势资源的介绍；第四类则是与有影响性的大型活动结合的城市宣传片。① 前文已经提及，北京形象研究的发展伴随着奥运会的步伐，而北京城市宣传片的出现和发展皆因奥运会应运而生。本文选取了六部创作于不同时期，具有不同的创作意图的北京市的城市宣传片来探讨北京形象的建构，分别是注重城市综合实力宣传的城市形象宣传片《北京 2008》，关注饮食文化的香港导演刘伟强的《品味北京》，集中表现人的生存状态，表现老外看北京的法国导演帕特利斯·勒孔特拍摄的《北京印象》，更关注现代都市色彩的《北京风光》电视欣赏片，以及以外国人来北京的故事讲述的城市旅游宣传片

---

① 此分类参考了李伊娜《中国城市形象片的变迁与发展研究》，硕士学位论文，兰州大学，2010 年。

《北京》，聚焦北京近十年来变化的 2013 年北京旅游宣传片《一起来到北京》等，这几部片子各自以不同的视角构建出北京形象的个性与共性。

1. 景

本文的景指的是可供观赏的旅游景观，如名胜古迹、现代建筑、博物馆等，这些是一个城市特色的最直接展现，也是城市宣传片中必不可缺的重要元素。一方面探讨城市以语言及地标性景观的建构为核心的城市"自我呈现"，即标志北京传统文化特色的城市景观；另一方面考量作为"想象的共同体"的城市，分析城市超越个性体现出的共融性和可沟通性，即体现北京国际色彩和现代性的城市景观，把北京构建成威仪沧桑的皇城帝都、凡俗平和的平民城市、谨严优越的城中之城与繁华虚妄的欲望都市并列交融的多元复杂的形象。

作为旅游宣传片，长达 12 分钟的《北京 2008》以各种北京景象的镜头叠加构成，纳入其中的景依次有：故宫、长城、圆明园、颐和园、天坛、雍和宫、天安门、北京人遗址、孔庙、十三陵、地坛、北海、卢沟桥、国家大剧院、后海冰场、欢乐谷、十渡、高尔夫球场、动物园、世界公园、四合院、北京图书大厦、精品店、世纪坛、商务印书馆、首都博物馆、北京天文馆、自然博物馆、中国美术馆、北京现代艺术区、城市规划馆、清华大学、北京大学、和平艺苑、莲花池公园、中山公园、钓鱼台国宾馆、北大未名湖、北京贵宾楼、后海酒吧街、钟楼、仿膳、华表、王府井、军事博物馆、世贸天阶、CBD、东来顺、梁祝茶馆、六号公馆、梅兰芳大剧院、卡拉 OK、餐厅、舞厅、北京电视台、中央电视台、首都机场、鸟巢、水立方、国贸、国际影院，包揽了名胜古迹、自然景观、大学、出版社、博物馆、现代购物中心、娱乐场所，还展示了北京郊区的农村风光，几乎是对北京景观的完整记录，塑造出由城市景观支撑的作为政治、文化、经济及科技中心的北京形象。最具北京标志的古迹故宫、长城、颐和园更是多次闪现，成为宣传片展现的重心，在四季变换及天气变化中，北京展现出不同角度的美，颇具油画的效果。

CCTV 中"请您欣赏"的《北京风光》以日与夜为主题，展现地是体现现代国家形象的北京，虽然闪现了天安门、人民大会堂、故宫、景山公园等古韵北京，但不是表现的重点，鸟巢、水立方、五棵松体育场等现代体育场馆，金融大街上的中国人民银行、中国银行、中国建设银行、上海浦东发展银行、交通银行、中央电视台、高耸的现代建筑、盘桓的高架桥、中国大剧院、夜晚流光溢彩的世贸天阶、北京天文馆，百盛百货商场、双子座购物中心、金源时代购物中心、燕莎友谊商场、新世界百货、百安居等商业代表的购物场所，中国科技馆、三里屯酒吧街、忙碌的首都机场、北京西站、宽广的汽车络绎不绝的道路，由于片中光与色的良好使用，显出更具现代节奏感的北京。

　　2008 年的由法国导演帕特利斯·勒孔特拍摄的城市形象片《北京印象》显然不是把景观作为表现的重点，但它代表了外国人眼中的北京景观形象。片子开篇即是蜿蜒盘旋于崇山峻岭间的长城，在这个只有 6 分钟的宣传片中，导演用了近 1 分钟从多个角度表现长城；神秘肃穆的天坛；导演再次用了近 1 分钟的慢镜头表现拥山抱水、气象万千的皇家苑囿颐和园；鳞次栉比的现代建筑模型；喧闹的北京古玩城；新颖独特的鸟巢、庄严肃穆的天安门、人民英雄纪念碑，狭窄的北京胡同。这些都是最具标签性的北京景象，可以看出，以外国导演为代表的外来目光，对北京关注地更多是传统文化特色的北京，以及长城代表的历史特色与精神气质。

　　2. 物

　　物是指可供消费及体验的文化符号，如北京小吃、艺术消费品等，物并不仅仅是客观存在的实体，而是承载着厚重文化底蕴的重要符号。

　　《北京 2008》既用物鸟笼、棋盘表现闲适的北京生活状态，又伴随着采摘、集体舞蹈、杂耍、庙会、武术锻炼、打乒乓球、踢毽子、溜冰、胡同游、卡拉 OK、跳舞等生活状态展示了一系列的物件，北京烤鸭、大碗茶等北京传统饮食，在皮影、北京之夜、电影之歌、金面王朝、千手观音、功夫传奇、京剧等艺术表演中出现的物件。这些物件虽然很多并不完全是北京独有，或者是纯粹京味的，但借此却强调了北京作为文化中心的权威性，表现了人们传统特色的生活状态，赋予这些物以浓厚的京韵京味。

　　《品味北京》在故宫等古典背景的衬托下，以天人合一、天地融合的观念集中讲述了中国的饮食文化，开篇就用中国文言道出饮食文化在中国文化中的重要性："王者以民为天，而民以食为天。"让梁朝伟、舒淇、周杰伦、陈慧珊等众多著名港台明星出来讲述在北京的饮食感受，快节奏地展现了中国饮食的烹制过程，餐饮环境，各类菜肴一闪而过，但色彩与材料的搭配，让"味道"扑鼻而来。虽然属于北京的饮食只有北京烤鸭、北京的大碗茶等，但导演强调的是北京的综合性、包容性的文化气质，就像宣传片中周杰伦所讲"告诉你一个秘密,这里什么食物都有"。在北京"好吃"的绝不是食物,这些丰盛的食物是中国源远流长的传统文化的最好体现,正如片中陈慧珊讲述的"筷子已经有3000多年的历史,是中国文明的象征";片中最后通过土生土长的北京演员徐静蕾表达出"好客是我们中华民族的美德",饮食成为中国人好客热情精神的体现。

在外国人心目中"北京＝中国",所以《北京印象》中的风筝、古玩、工艺品、小吃、毛泽东的瓷像,这些是老外眼中特别中国标签的物件,这些物并不是北京所特有,但却用来表现北京。《北京风光》中的物则更多是艺术消费品,如芭蕾舞、京剧、杂技、交响乐、民间舞蹈,既有现代又有传统艺术样式,民间舞蹈和京剧成为表现重点,都强调了北京作为文化中心的丰富多样性。《一起来到北京》中,胡同、火车、高速奔驰的汽车、京剧、一杯绿茶、一只蝈蝈、书法都被赋予了京味文化气质。

3. 人

如果只有景、物,没有人,那么城市只是一个空壳,最能表现城市精神和文化的应该是生存在城市中的人。城市宣传片中人往往不是表现的主体,但却是点睛之笔。

《感受中文》的导演以几个中文关键词为线索,用一个外国人来北京生活片段来叙述北京,人与人的交流成为主题,展示出北京的城市文化与精神气质,北京被塑造成和谐、文明的国际化都市,在这里老外可以轻松快乐的学习与享受生活。故事的场景从机场到寄住家庭,从国家大剧院到地铁,从学校的学习生活到从天安门的游玩,从长城的攀登到早上的晨练,从安静的小饭店到后海酒吧街的喧闹,用20多个中文常用词:抵达、欢迎、寄住家庭、礼物、音乐、地铁、学校、老师、书法、包子、厨师、溜冰、谢谢、打盹儿、踢毽子、菜单、筷子、面条、卡拉OK、老人家、晚饭、酸奶、晚上、早晨、天坛、太极、攀登等,展现了中国的家庭文化、公园文化、饮食文化、娱乐文化,北京人的生活状态被描绘得丰富多彩,显示出北京的热闹与包容,北京人的热情和乐观。

《北京印象》用慢镜头展现各种各样的生活状态中的人们,奋力登长城的人,街道上忙碌奔波的人,颐和园悠闲观赏的人,古玩市场拥挤的人,放风筝的老人,骑自行车的大人孩子,骑车的杂技表演,公园里锻炼舞蹈、拉二胡、打太极、下棋的老人,树林中撑伞漫步的情侣,蹒跚学步的孩子,天安门感受北京的游人,塑造出或者生活在北京或者来北京游览的人们的凝重、悠闲、静谧而知足的形象。人与景观完美地融合，但人在鳞次栉比的现代建筑、宽广的马路上奔波，显得那么渺小而忙碌，最后快节奏地闪现了人们各种各样的笑脸，为北京印象画上了乐观快乐的基调。

2013 年的北京旅游宣传片《一起来到北京》同样是以叙事的视角来表现北京，虽然人不是表现重点，但由于其叙述人是从小生活在北京的音乐制作人小柯，所以整篇都以一种更感性地视角来构建北京形象，着重点是来到北京的人的感受性："每一位来到北京的你，其实，正和我们一起在发现。"在作为艺术家的叙述人眼中，北京拥有"源远流长的文化底蕴"，但北京又"那么陌生又那么熟悉"，北京近十年有了巨大的变化，"不只是高楼大厦，车水马龙"的耸立，而是"节奏的变化"，那种旗袍美女的怀旧感很足的北京同样被描述成具有新鲜感与吸引力的城市，"世界上最好玩的地方"，而"72 小时过境免签"的展示则体现了北京的国际性。

在其他几部北京形象片中，人都不是表现的重点，但却都是必不可少的元素，人物和景、物很好地融合，塑造出北京喧闹而多彩的生活状态。《北京2008》较少有人物特写，闪过的多是人们脸上满足的笑脸，表现比较单一，但对北京庙会、胡同游、大学毕业典礼等场景的人物抓拍却很有特色。《品味北京》中的人的生活是充沛而快乐的，在"民以食为天"的观念中，人们被塑造成热爱生活的生存状态，香港明星的串场介绍，则显示了香港人与北京人的共融与相互理解。

4. 声

作为一种视听综合艺术，声音向来在叙事完成和形象塑造中起着不容忽视的重要作用。声音产生的独特的想象空间，增强了画面的真实感，也拓展了影视作品的时空。声音本身，不依赖画面也可以独立完成"造型"的叙事功能，达到象征、隐喻、对比等艺术效果。城市宣传片中的声音也对塑造北京形象至关重要。

长达12分钟的宣传片《北京2008年》把各种声音元素使用到极点，不断转化的现代音乐贯穿始终，但时不时穿插慷慨激昂的鼓声，圆润优美的京韵大鼓的声音，时而低回婉转、时而激扬奔放的二胡声，夜景时分蛐蛐的鸣声，字正腔圆的京剧之声，都加强了北京味。其他城市宣传片中叙述人京腔京韵的语言，自行车的车铃之声，信鸽盘旋在灰瓦红墙上空的自然音效营造出一股浓烈的京韵都市生活气息，街头的吆喝声等等。声音与影像相互配合又互为补益，将北京意蕴的各个层面都加以完美诠释。既体现了影像艺术的独特魅力，又将北京形象直观而生动地展现在观众面前。

　　总之，在景、物、人与声的展现中，城市宣传片中的北京并置着多种文化空间，摩天高楼与城市废墟、流行消费场所与胡同四合院等等共同拼贴着这个城市的文化景观。北京城被勾勒为传统与现代并存、民族化与国际化交融的大都市，这里是中国文化的集合地，它生气勃勃、蒸蒸日上，既承载着历史的厚重感，又充满着不断进取的青春感。

四　北京形象传达出的京味文化

　　城市文化是城市发展的根本诉求，城市文化是城市形象的灵魂。"城市文化在横向上反映地域特征，在纵向上反映历史特征，并且自始至终反映着城市人们的观念和意志，它凸显着城市的生命力与活力。"① 北京的城市形象根植于北京这一具体地域而形成的城市风味和城市特色，是北京所以成为北京之所在，包括城市景观、饮食、器物到民俗、文化形态、人们的精神状态等等，既有"北京特有的这种地方风物韵味，更是指北京作为都城的那种帝王气象和官绅云集、宏儒骄闻的大家风范"。② 我们可以称之为"京味文化"。那么到底什么是京味文化？城市形象是凸显城市文化的载体，城市宣传片塑造的城市形象表达出了什么样的京味文化？

　　京味文化形成于北京的地域发展历史之中，地域文化是长时段的文化沉淀，是群体的、缓慢的。其京味首先是其蕴含着深厚历史和文化内涵的城市建设和城市功能。北京从元朝至今作为中国的首都已有近千年，但元大都定于北京之前，北京城已经经历了漫长的发展历程。秦国灭掉燕国后，秦朝建立郡县制时期，北京地区城市体系处于无中心发展阶段。东汉末期，才确定北京地区的中心城市。自秦汉至北朝这一时期，北京地区城市体系处于发展初期的整合阶段。隋唐辽金时期，是北京地区城市体系的继续发展期。元明清时期是北京地区城市体系的完善发展阶段，这一时期北京作为中心城市一直是全国的政治、经济和文化中心，城市规模庞大，

----

　　① 王铁城：《塑造世界城市的文化名片——北京城市形象研究》，《艺术设计研究》（增刊）2012 年第 S1 期。

　　② 李淑兰：《京味文化的特征》，《首都师范大学学报》（社会科学版）1999 年第 3 期。

人口众多。元大都以金代大宁宫（今北海）为中心建城，城市规模宏伟，宫殿建筑华丽，马可·波罗赞之为"世界莫能与比"。明代在改建时，城墙由土筑改为砖砌，嘉靖年间又加筑外城。明清两代，全城建筑布局以紫禁城为中心，从南到北贯穿一条全长8公里的中轴线：前朝后市，左祖右社；殿宇辉煌，坛庙神奇；街道纵横，胡同交叉；河湖穿绕，风景如画。全城既有平面布局，又有立体造型，完美地体现了东方格调与中华民族的传统风格。近代以来，随着封闭状态的打破，京味文化又吸收西方的近代文明与现代因素，各种现代建筑、现代文化元素融合古韵北京之中，形成了如今古典与现代并存，本土与国际相互交叉的北京城。正是在这样的历史发展基础上，形成了如今的"京味"。京味文化也孕育在各种艺术载体之中，曹雪芹的北京、老舍的北京、王朔的北京、冯小刚的北京、张艺谋的北京，共同丰满着京味文化的内涵。京味文化是北京特有的传统文化对北京人心理意识的潜移默化的影响和塑造，是北京人的"集体无意识"，我们以城市宣传片中的北京形象作为参照系，来进一步探寻其中蕴含的京味文化。

在宣传片中展示的北京城中，首先传达出的京味文化起主导作用的因素仍然是宫廷文化，这是北京城最具北京味的基础之所在。"宫廷文化以国家统一、政权稳固、经济繁荣和制度完备为发展前提，清代前期上述诸条件已完全具备，北京的宫廷文化发展到前所未有的高度。"① 故宫、天坛、颐和园、长城等景观，旗袍、满汉全席等物在城市宣传片中竞相出境，皇家文化孕育出浑厚大气的"皇城根儿"气象。

第二，民间文化也可以称之为民间生态，同样是京味文化鲜活而又重要的组成部分。热闹的庙会、闲适的公园生活在镜头中显示出北京城浓厚的民间日常生活魅力，杂技、曲艺、老字号、胡同、四合院、茶馆、酒吧、北京小吃都是民间京味文化的重要载体。"民国建立后不久，发生了'五四'新文化运动，平民文学、俗文化受到进步文人的重视。俗文化是京味文化中最富活力的部分，雅、俗文化进一步结合，使京味文化内容更加丰满。"② 作为当今的文化中心，这里聚集了最多的民办科技企业、民

---

① 李淑兰：《京味文化的形成和演变》，《首都师范大学学报》（社会科学版）2000年第1期。

② 同上。

间教育、学术和文化机构，以及文化个体户和流浪艺术家。北京的民间文化既有一种宽容性和亲和力，它随意自然，纯朴实在，大大咧咧，对谁都一团和气，但又带着稍许的"皇城根儿"下的自尊、刚毅和高傲的宫廷范儿。

第三，在宫廷文化和民间文化之外，京味文化同样包含闲适优雅文人趣味的知识分子文化。体现生活品位的品茶、精雕细琢的京剧、雅致的书画古玩都是知识分子文化的代表。这种知识分子文化有其深厚的历史背景，一是"明清两代绍绅文化很有发展。它造就了北京特有的儒雅氛围，使京味文化更具有特色"。① 二是五四新文化运动之后，"从帝京、旧京到北平，城市的文化动力结构的相应变化是：曾经凌驾控制知识分子文化的庞大的官员阶层、官场和官方文化不复存在，从士大夫营垒中分离出来、以及接受西方教育的学院派知识分子逐渐形成独立于政治权力结构和市民阶层的生存状态，具有独立意识和主体意识的现代知识分子阶层由此逐渐凸显，成为五四新文化运动的中坚"。② 三是新中国成立后从全国各地源源不断吸纳优秀人才的"文化特权"，使北京成为当代中国移民化程度最高和知识分子最为集中的城市。

第四，伴随着西方文化的影响和近代以来中国现代化的进程，北京城的现代文化得到了飞速发展。现如今，国贸、银行、金融街、高铁、鸟巢、国家大剧院及后海的酒吧一条街造就的现代生活模式等等现代文化元素，已经成为北京的新地标。这些现代文化元素代表着北京的未来，是构成新北京文化的重要一极。

第五，京味文化也是一种兼容并包的大中华文化。"正像城墙和牌楼、茶馆和庙会退出了我们的视野和日常生活，曾经谦逊而多礼、温良恭俭让的老北京人也退隐到历史的背景之中。今天，我们所遇到的北京人，四分之三是新中国成立以后才进入北京的新北京人及其后代。"③ 他们给北京带来新的文化，北京的固有文化又延续在他们身上。而且作为中国政治、文化中心，北京的城市文化与城市形象往往成为国家文化和形象的象征，京味文化必然也会成为一种大中华文化的承载体，在宣传片中可以看

---

① 李淑兰：《京味文化的形成和演变》，《首都师范大学学报》（社会科学版）2000年第1期。

② 杨东平：《"京""海"两派的文化冲撞》，《价格与市场》1994年第9期。

③ 同上。

图1 《一起来到北京》：奔驰的火车、汽车

出，各种中华文化都被放在北京的背景中绽放（图1）。不论是风筝，还是本不属于北京的饮食，都与北京整体形象的建构良好地融合在一起。

五 小结

通过对一系列北京形象宣传片的观察，我们发现，由于城市形象宣传片的传播对象是包含面非常广泛的大众，如《北京2008》在中国及其他国家的电视台、网络、流媒体同时开播、在奥运会开幕式演出前滚动播放，并制作成DVD全球发售，奥组委并赠送给了3万名来自全球的新闻记者。而"国际导演拍北京"的城市宣传片将分别通过中央电视台、北京电视台等境内电视台，意大利RAI国家电视台、法国国家电视台、伊朗国家电视台等境外电视台，法国航空公司、中国国际航空公司等航空公司班机，北京各大影院、城市电视、移动电视、地铁电视、城市大屏幕，北京境外各种文化交流活动播出，所以传播对象因为国籍或者知识面存在固有信息掌握量的差别、信息接受程度不同、理解能力不同、地域文化不同等因素，大多数城市宣传片选取的信息符号大都较浅显易懂，重复性很大："我们会发现以下场景会在很多个城市的宣传片中出现：场景：'清晨，广场或公园里，或打太极或舞剑，或跳交谊舞的老人锻炼场景'，场景二：'繁华的商业区帅哥美女开心购物，满载而归'，场景二：'戏剧演员们或涂抹红妆，或登台献唱'……在我国的城市宣传片中，现代化的都市都如此地相似：不断增高的天际线、繁华喧嚣的街道、熙来攘往的人群……这些固然是个城市现代化的体现；京剧、越剧也好，变脸吐火等绝活也罢，无须置疑它们是这个城市悠久的历史文化象征；诚然，孩子纯真的笑脸、人们舒适的生活场景也是市民生活幸福的表现，然而城市真正吸引受众的却不仅仅是这些。"①

　　当然，由于城市宣传片本身作为传播媒介的局限性，比如时间的局限性，对符号编码的困难性，北京城市宣传片中对人的展示显然不够，文化内涵深度也不足。就历史及文化名人来说，在宣传片中几乎没有触及。对北京人及其生活的展示相对比较单一，人们基本上被塑造成快乐的面孔。城市中的种种问题显然被规避，高楼大厦背后的低矮建筑，拥堵的北京交通，北京人的辛酸苦辣在这些光鲜亮丽的宣传片中没有触及分毫，这是城市宣传片这种艺术形式的局限性，也是我们进一步反思城市宣传片对当下城市形象传播的出发点。

参考文献

　　1. 孙湘明：《城市品牌形象系统研究》，人民出版社 2012 年版。

　　2. 许德金、冯捷蕴：《后奥运时代北京文化资本与北京形象》，中国商务出版社 2012 年版。

　　3. ［加］贝淡宁、艾维纳·德夏里特：《城市的精神》，重庆出版社 2012 年版。

　　4. ［美］刘易斯·芒福德：《城市文化》，中国建筑工业出版社 2009 年版。

　　5. ［澳］德波拉·史蒂文森：《城市与城市文化》（英文影印版），北京大学出版社 2007 年版。

　　6. ［美］凯文·林奇：《城市意象》，华夏出版社 2001 年版。

　　7. ［美］刘易斯·芒福德：《城市发展史（起源演变和前景）》，中国建筑工业出版社 2005 年版。

　　8. 王豪：《城市形象概论》，湖南美术出版社 2008 年版。

　　9. 陈平原、王德威：《北京：都市想象与文化记忆》，北京大学出版社 2005 年版。

　　10. 姜进、李德英：《近代中国城市与大众文化》，新星出版社 2008 年版。

　　11. 李兴国等：《北京形象：北京市城市形象识别系统（CIS）及舆论导向》，中国国际广播 2008 年版。

　　12. 王玉玮：《传媒与城市形象传播》，暨南大学出版社 2013 年版。

　　13. 苏永华：《城市形象传播理论与实践》，浙江大学出版社 2013 年版。

　　14. 许雄辉：《传播城市（城市形象对外宣传策略）》，宁波出版社 2013 年版。

　　15. 张英进：《光影论丛：民国时期的上海电影与城市文化》，北京大学出版社

① 郭铮：《城市宣传片传播城市品牌中存在的问题分析》，《群文天地》2012 年第 8 期。

2011 年版。

　　16. 曹随:《城市形象细分: 通向 2008 年的北京形象工程》, 中国建筑工业出版社 2003 年版。

　　17. 李怀亮、任锦鸾、刘志强:《城市传媒形象与营销策略》, 中国传媒大学出版社 2012 年版。

　　18. 单霁翔:《从"功能城市"走向"文化城市"》, 天津大学出版社 2007 年版。

　　19. 刘合林、顾朝林:《城市文化空间解读与利用? 构建文化城市的新路径》, 东南大学出版社 2010 年版。

　　20. [加] 杰布·布鲁格曼:《城变: 城市如何改变世界 (一本书读懂世界城市和全球化大变局)》, 中国人民大学出版社 2011 年版。

　　21. 范周、齐骥等:《中国城市文化消费报告 (总卷)》, 社会科学文献出版社 2010 年版。

　　22. 单霁翔:《城市化发展与文化遗产保护》, 天津大学出版社 2006 年版。

　　23. 杨东平:《城市季风: 北京和上海的文化精神 (修订本)》, 新星出版社 2006 年版。

　　24. 陈宇飞:《城市文化概论》, 文化艺术出版社 2008 年版。

　　25. [美] 理查德·利罕:《文学中的城市: 知识与文化的历史》, 上海人民出版社 2009 年版。

　　26. 花建:《文化城市: 基本理念与评估指标体系研究》, 商务印书馆 2012 年版。

　　27. 马晓:《城市印迹: 地域文化与城市景观》, 同济大学出版社 2011 年版。

　　28. 王国华、张京成:《北京文化创意产业发展报告 (2012)》, 社会科学文献出版社 2012 年版。

　　29. 路春艳:《中国电影中的城市想象与文化表达》, 北京师范大学出版社 2010 年版。

(刘俐莉　北京第二外国语学院国际传播学院　北京　100024)

故宫导游话语与北京古都意象的构建

王红斌

摘　要：故宫是位于北京中轴线区域皇家宫殿的标志性建筑，它是北京古都意象构建成分的数个物质意象之一。故宫导游话语是非物质意象之一，导游话语指的是与导游相关的图文表述。导游话语作为城市意象的非物质元素对于城市意象的构建有直接影响。文章分析了 22 位导游在讲解故宫时的实况话语录音的转写文本，发现这些导游话语所负载信息的特点是：信息点分布不均匀、信息缺失和颗粒度大。由此提供给游客的北京故宫意象是一些间断的意象点，而非连续的整体的意象链。这一现状直接影响游客的北京古都意象的构建。改变这一现状的具体措施是导游话语应采用大信息量，尽量降低信息熵。信息节点应具连贯性、小颗粒化和分布的均匀性等特征。

关键词：导游话语　信息节点　意象　构建

一　城市和城市意象

一般认为城市是在公元前 3000 年形成的，而最近发现杰利科这座世界上最古老的居住城市，历史可以追溯到 11000 年之前。这样说来，城市的历史就往前推了 8000 年。北京这座城市只有 3000 年的历史，历史虽短，但却凝聚着中华民族对于城市和都城的理解，从而实现为北京目前所具有的建筑格局和风貌，这种建筑格局和风貌是北京历史文化——古都文化之一角。

自从有了城市，城市便以自己的特色具有了城市的区别性特征。如，当有人提到北京时，你首先可能想到的是"故宫、天坛和颐和园"，还有那些残垣断壁、皇家园林和城墙，这使北京区别于巴黎的埃菲尔铁塔、凯旋门以及纽约的"自由女神铜像",这就是城市的典型意象。"意象"指的是"认知主体在接触过的客观事物后,根据感觉来源传递的表象信息,在思维空间中形成的有关认知客体的加工形象,在头脑里留下的物理记忆痕迹和整体的结构关系。这个记忆痕迹就是感觉来源信息和新生代理信息的暂时连接关系"。凯文·林奇(1960)认为,"对城市意象的构建起关键作用的要素有五个,分别为通道、边界、区域、节点和地标"。这五个要素是城市意象构建的物质要素,每个人在自己的环境中形成了对城市的局部印象,叠加后则对城市的整体印象达成共识。"林奇的研究被视为结构性意象"(杨秀娟,2006)。在林奇的研究中"暂且排除地区的社会意义、作用、历史、名称等其他影响性的因素。因为他的目的是揭示形式本身的作用,以便在实际设计中加强形式的意义而不是否定它"(凯文·林奇,1960)。城市意象的构建源于城市规划者,是城市文化的表征。城市意象的构建是城市建设者理想的结晶。北京古代的典范之作是北京的皇家建筑群,这就是北京的古都意象,这种城市意象经常地被我们直观地感知到。感知指的是"客观事物通过感觉器官在人脑中的直接反映"。不仅生活在这个城市的人们无时无刻地在感知这个城市,而且游客来到北京也同样在感知北京。当他们在感知北京时,大脑中形成了北京的意象,但这个意象可能是因人而异的,而且大多数情况下是表象的,就像汉语中所说的"成竹在胸",像受众对于北京的建筑物的表象感知。这种感知阶段可称为"自我感知"。在感知客观世界或客观世界中的事物时,外界(包括语言)的介入,就会产生与自我感觉所不同的意象。王红斌(2007)在讨论导游话语中的比喻应遵循的原则时就曾提到这种情况。游客感知北京的过程,就是游客在构建北京意象的过程,如果这时有导游的介入,那一定会有不同的意象构建,导游讲解需要语言。语言在人的意象构建中所起的作用的著名例子就是"萨皮尔—沃尔夫"假说中的那个著名的"空汽油桶"因一句"空桶"而使维修工人产生误解,结果是电焊该汽油桶时致使其发生爆炸的故事。本文拟以北京故宫的导游话语为例,说说导游话语与北京古都意象的构建之间的关系。导游话语从狭义上理解指的是导游的职业语言,本文采用的是导游语言狭义上的理解。导游话语是林奇的城市意象五要素之外的非物质要素之一,林奇的五要素可以使感知者产生自我感知意象。嵌入五要素中的导游话语信息可以影响到自我感知到的意象,产生调整后的意象或图式。在讨论导游话语对游客的北京古都意象构建的影响之前，有必要先了解一下北京的旅游资源。

二　北京的旅游资源

北京获得 2012 年中国特色休闲城市——文化休闲之都称号，北京有七处景观被列入世界文化遗产名录。虽然北京拥有众多历史名胜古迹和人文景观，但有些景观已经不复存在，主要是由人为的破坏、自然的损坏和历史的损坏所造成的。如：金台夕照，"金陵在金元之际已遭破坏，到明代因年久失修，仅有残迹。现为北京的一处遗址景观"；又如圆明园等遗迹，还有消失的北京城墙。而且随着时代的发展，一些著名的街道和建筑物也有了很大的变化，如下面是 1865 年的前门外大街（见图 1）。

图 1　1865 年的前门外大街
图片来源于 http://blog.sina.com.cn/s/blog_405f35f10100hfh0.html。

概括地说，现在北京的旅游景观构成基本可分为两类，一是保存下来的人文景观，包括古建筑群和遗址公园；二是无址遗迹。

目前，北京市提供给游客的主要旅游景点如下。

（1）三环以内（主要老城区的历史文化景观）：永定门城楼，天坛，前门大街，正阳门城楼，天安门广场（周边纪念堂和国家博物馆），故宫，景山，北海公园，后海，南锣鼓巷，这是中轴线加附近古建筑。

　　(2) 三环到五环（新建城的现代与古代的交错区）：奥林匹克公园（鸟巢等），海淀大学区，圆明园，颐和园，香山，卢沟桥，首钢厂区、798 厂区，使馆区。主要观赏现代与古代的交错。

　　(3) 五环以外（主要是郊区）：八达岭长城，十三陵，慕田峪长城，箭扣长城，潭柘寺，戒台寺，斋堂，百花山，妙峰山，灵山，十渡，张坊等。

　　五环以内的北京之旅可以让游客感知到整个北京的历史和现在。这些景点对于游客来说就是我们上面提到的林奇所谓的城市意象的物质元素。

　　目前游客游览比较多的是"中轴线附近的古建筑"，因故宫是中国古代的皇家宫殿的典范之作并且有其特殊的地位，所以故宫的游客最多，见附表一（张辉、杜长辉，2006）。按照林奇的观点，一个城市以一个个"区域"通过"通道"连接起来，每个区域又有数个建筑物，这些建筑物都是一个个城市意象单元。位于北京中轴线区域的标志性建筑的故宫，是北京古都意象的一个意象单元，一个个意象单元连接起来，构成了北京的古都意象。引言中已经提到了导游话语作为非物质因素的重要性，下面就着重以故宫的"整体介绍"和"午门介绍"的导游话语来作为北京古都意象单元之一的故宫对北京古都意象构建的贡献，从而说明前言提出的主旨。

三　北京故宫导游话语中的午门和故宫意象的构建

（一）午门和故宫意象构建理想话语模型

　　中华人民共和国国家标准导游服务质量（GB/T 15971—1995）对导游的讲解有一个基本的要求："讲解内容应繁简适度，应包括该景点的历史背景、特色、地位、价值等方面的内容。讲解的语言应生动，富有表达力。"这是一个对导游讲解各个景点的基本要求，但这个规定比较笼统，比如什么叫"繁简适度"就没有明确的界定，事实上也很难界定。因此可以找一个理想的模型作为导游讲解好坏的参照系。就故宫来说，导游资格考试中对"故宫"讲解的要求可作为一个理想模型，"北京主要景点考试大纲"中对故宫总体介绍和午门讲解的要求，共有四个部分，(1) 历史沿革；(2) 紫禁城名称的由来；(3) 紫禁城的布局；(4) 午门及午门广场。这四个部分可做四个信息点，总括来说在这四个信息点的讲解中，需要讲解的对象可以具体分为以下四类：建筑物、时间、事件、人物。根据"北京主要景点介绍"一书对故宫的描述，以故宫午门为例，说明人们对故宫午门的意象构建需要多少个信息点，信息点是意象构成元素的直接信息来源。信息点的多少及其设立影响到意象的构成。每个信息点可以是一个信息节点，信息节点的联结构成了信息节点链，如午门的建筑结构表象特征可分为以下信息节点。

一级信息节点：

平面：呈"凹"字形

下部：高为 12 米的墩台。

二级信息节点：

墩台：正中开三门，两侧各有一座掖门。

观：东西两翼突出部分是"观"。

燕翅楼：东西两观上部各有廊庑 13 间，燕翅楼。

门楼：正中墩台上部是门楼。

三级信息节点：

钟鼓亭：门楼两侧设钟鼓亭。

方亭：廊庑两侧建有重檐攒尖方亭。

一级信息节点是午门的平面和下部的介绍。二级信息节点是：墩台、观、燕翅楼、门楼等的介绍。三级信息节点是：钟鼓亭和方亭的介绍。在讲解中，遗漏掉的信息越多，信息熵就会增大，信息节点连接也就越困难，形成午门建筑特点意象的难度也越大。由这个例子可知，当导游在讲解"建筑物"、"时间"、"事件"、"人物"时，有如下规则：

a. 建筑物：建筑物的结构特点、建筑物的功能、建筑物所使用的建筑技术和建筑物的艺术形象。这几个方面越具体，信息熵越小。

b. 时间：时间点越具有连续性，信息熵越小。

c. 事件：当事人，动作，过程，时间，工具，越具有基本的事件构成要素，其信息熵越小。

d. 人物：人物的容貌、历史作用、背景知识。

（二）北京故宫导游话语中的午门和故宫意象的构建

根据理想模型的语言描述，以及以上 a—d 建筑物、时间、事件和人物图式构建的规则，能够构建一个紫禁城和午门的意象。意象的构建需要语言提供的信息，信息是由一个个信息节点联结而成的信息片，如果信息节点缺失太多，意象的构成就无从谈起。根据这一原理，把附录一中的导游话语中的信息点用小括号的标注，共有25个信息节点，用这25个信息节点来考察现实的导游在讲解故宫总括介绍和午门介绍时的导游话语与理想模型的差距。导游的实况讲解来自在故宫实地录制的为游客作导游讲解的22位导游员的导游话语，录音使用京华891和三星YV—120录音笔，采样频率11025Hz，8bit，单声道。录音后转写这些录音材料。本文研究的材料就是这22篇材料。根据这22位导游的导游在讲解故宫时的实地录音，导游讲解的25个信息节点的统计结果如下，下面的统计数据中，前一个数是在22位导游中提到该信息点的人数，后一个百分比表示的是提到这个信息点导游数在总导游数中所占的比例。

（1）紫禁城的整体介绍

a. 历史沿革

明朝营造紫禁城的时间（12/54.54%）＞过程（9/40.9%）/明清在紫禁城生活执政过的皇帝（9/40.9%）＞故宫博物院成立的时间（2/9.09%）/民国初期清廷使用及其离开紫禁城的情况（2/9.09%）＞袁世凯使用紫禁城的情况（1/4.54%）＞故宫文物流失的情况（1/4.54%）＞清朝对紫禁城的改造、保护措施和在紫禁城生活执政过的皇帝/今日故宫的三大特点。

b. 紫禁城名称的由来（9/40.9%）

c. 紫禁城的布局

紫禁城的布局特点（10/45.45%）＞宫殿的特点（6/27.27%）＞范围、规模（4/18.18%）＞紫禁城城墙、护城河（3/13.63%）＞前朝后廷的范围和特点（0）。

（2）午门及午门广场

廷杖（11/55%）＞百官、王公、贡士、进士及皇帝、皇后出入午门的规矩（10/45.45%）＞五凤楼（7/31.81%）＞明三暗五的特点（5/22.72%）＞午门的建筑规制（2/9.09%）/廷杖的过程（2/9.09%）/献俘礼和颁朔礼的性质（2/9.09%）＞午门广场五门（1/4.54%）/午门的用途（1/4.54%）城楼＞明廊/陈设/朝房的位置/禁卫制度

由故宫的对外宣传可知，今日故宫的三大特点是：（1）一座完整的

皇宫遗址博物馆；（2）一座包罗万象的综合艺术博物馆；（3）集中国古代建筑之大成的古代建筑博物馆。作为皇宫，午门这一建筑的功用可能是大家比较关心的问题，不然这一建筑和故宫里别的建筑无任何差别，游客自我感知的午门和午门广场的意象不过是一座红色的皇宫的入口之一，这一入口和神武门的入口没什么差别。但提到午门和午门广场功能的只有两名导游，占导游总人数的9.09%，而且只提到午门广场的功能之一是"献俘礼和颁朔礼"，没有提及另一重要的功能："逢年过节时，在此举行与官民同乐的活动"。在22位导游的讲解词中，"午门城楼"的建筑特色无导游提及。"紫禁城城墙"、"护城河"只有3名导游提到，占导游总人数的13.63%。

由以上的统计数据可知，只有54.54%的导游提到了"明朝营造紫禁城的时间"，而像"今日故宫的特点"等信息均未提及。这只是一个整体情况，下面再结合22位导游中的两个导游，来说明信息的缺失问题，一个是给游客信息节点是最多的4号导游和一个给游客信息节点最少的1号导游，来说明信息缺失的问题。

4号导游：明朝营造紫禁城的时间—过程—紫禁城生活执政过的皇帝的数量—故宫规模—五凤楼—建筑规制—廷杖—出入午门的规矩。

1号导游：廷杖—五凤楼—明三暗五。

"4号导游"的导游话语能使游客大致建立起故宫的意象，但是故宫的建筑风格特点、午门的建筑风格、午门的功能等精华信息缺失。

"1号导游"与"4号导游"的差别是，"1号导游"在故宫门前直到进入午门只给了游客三个信息节点。"1号导游"只能使游客建立起这样一个对故宫的整体意象，午门前广场的功能是"廷杖"，午门上有一个"五凤楼"，午门从前面看有三个门，从里面看有五个门，这个意象是非常粗糙的。意象粗糙是由信息的颗粒度偏大导致的，颗粒度越大信息越粗糙，上面22位的导游话语在每个信息点次节点的介绍上也显粗糙，拿上面故宫的22位导游介绍最多的"廷杖"的信息节点，再来分析一下导游在讲解景点的次节点上的特征。在"廷杖"这一个信息节点上有六个次信息节点，（1）什么是廷杖，（2）午门广场是明朝实施"廷杖"的地方，（3）处罚地点在午门外御路西墀下，（4）轰动朝野的两次廷杖，（5）廷杖过程，（6）打死打伤的人数。图2显示22位导游在讲解"廷杖"这一信息次节点时的情况。

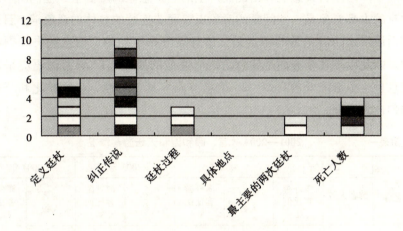

图2 "廷杖"信息次节点直方表

从上面的直方表可以很直观地观察到，在"廷杖"这次节点中的六个信息次节点中，按讲到该信息点的导游人数有如下降级序列：

纠正传说 > 定义廷杖 > 死亡人数 > 廷杖过程 > 最主要的两次廷杖 > 具体地点。

"纠正传说"是导游告诉游客，午门不是"杀人"的地方，如导游比较喜欢说："午门，看过电视的朋友知道，电视上面老有一句话，叫推出午门斩首，是否？但是不是在这里。"（1号导游）

而"廷杖"施行的确切地点"午门外御路西墀下"却未提及。只是简单地提到在"午门"这个地方。另外一个重要的信息，"廷杖的过程"能让游客了解到"廷杖"是如何实施的，但是在22名导游中，仅有两名导游提到这一信息。因此"廷杖"六个信息节点之间的断裂难以使游客形成一个连续的信息链，从而难以构成一个清晰的廷杖的意象，最后很有可能仅留下一个"午门斩首不在午门"这么一个信息。这样就完全没有达到导游话语设计所期望达到的要求。就以上的统计数据和分析来看，至少有以下两个方面的缺陷，一是信息分布的不均匀和信息的缺失，二是信息的颗粒度偏大。

四 结语

通过对北京故宫午门导游话语的讨论，我们认为目前来北京的游客多半还是停留在自我感觉和由此而产生的北京意象的层面上，他们所形成的北京的古都意象是一些间断的意象点，而非连续的整体的意象链。目前导游话语带来的信息量的特点是，信息点分布不均匀、信息缺失和颗粒度大。因此以下几个方面是导游话语应遵循的原则：1. 导游话语应采用大信息量、尽量降低信息熵。2. 信息节点应具连贯性、小颗粒化和分布的均匀性等特征。

附表一　　　　　　2001—2004 故宫、颐和园和天坛游客情况

景点名称	2001 年		2002 年		2003 年		2004 年	
	游客人数（万）	海外游客比例（%）	游客人数	海外游客比例（%）	游客人数	海外游客比例（%）	游客人数	海外游客比例（%）
故宫	600.0	17.3	713.7	20.0	700.0	16.0	783.0	16.0
颐和园	625.0	10.0	648.04	9.2	423.4	—	644.0	10.1
天坛	467.0	16.2	449.5	15	301.2	13.0	481.6	9.2

（转引自张辉、杜长辉《2004—2006 年北京市旅游经济运行特点和发展趋势》，《北京旅游发展研究报告》，同心出版社 2006 年版。）

参考文献

1. 闵学勤：《感知与意象：城市理念与形象研究》，东南大学出版社 2007 年版。

2. 杨秀娟：《北京市以皇城墙遗迹保护为目的的公园绿地建设研究》，《中国园林》2006 年第 11 期。

3. 王红斌：《导游词中明喻的使用原则》，《现代语文》2007 年第 3 期。

4. 张辉、杜长辉：《2004—2006 年北京市旅游经济运行特点和发展趋势》，《北京旅游发展研究报告》，同心出版社 2006 年版

5. 北京市旅游局：《北京导游基础》，北京燕山出版社 2007 年版。

6. 北京市旅游局：《北京主要景点介绍》，中国旅游出版社 2002 年版。

（王红斌　北京第二外国语学院国际传播学院　北京　100024）

北京的人文形象传播

朱　麟

　　摘　要：通州的发展对北京的繁荣，乃至于整个京津冀都市圈的繁荣都起重要的示范和带动作用。北京市政府在 2011 年提出的《加快推进通州现代化国际新城行动计划》，解决通州新城转型课题，人文形象塑造与现代化国际新城建设成为通州新城建设的关键点。本文主要从通州的整体形象设计，人文形象传播，国际化的主体、方式，以及传播效果进行论述。
　　关键词：北京　人文形象　传播

　　一个城市形象体现该城市的历史、文化、人文等，它是城市给人的总体感觉。城市形象是一个城市的重要名片，体现了一个城市的内在历史底蕴和外在特征，它不仅仅可以给该城市带来积极的社会效应，而且还可以带来长久的经济效益。通州在北京的东南部，它是北京联系环渤海经济区的重要通道，也是北京城市空间结构"两轴—两带—多中心"的重要组成部分。

一　城市人文形象的重要性

　　为了落实《北京城市总体规划（2004—2010 年）》以及北京市政府在 2011 年提出的《加快推进通州现代化国际新城行动计划》，解决通州新城转型课题，人文形象塑造与现代化国际新城建设成为通州新城建设的关键点。在城市形象建设中，产生了很多的成功案例。例如在国外的休斯敦、鲁尔区等转型，得到了"制定城市与区域统筹发展政策，促进城市转型的产业调整政策，扶植城市转型的财税政策，完善城市转型的投、融资政策，规范城市转型的环境保护政策，完善城市转型的人才利用政策，提炼城市转型的特色文化，以促进城市平稳转型"。余晖、欧建峰在《西方国家资源型城市产业转型模式及对我国的启示》中总结了"对新产业替代模式等三种转型模式"，并分析了各自适用性，对我国的城市转型实践具有借鉴意义。陈毓川、张以诚在《转型有规律 模式各不同——发达国家矿业城市的转型之路》中研究了英国伯明翰：一座典型的煤炭城市，实现向非工业化城市转型，以服务业为中心的成功经验。陈学章通过对美国、加拿大、澳大利亚、日本、欧盟等国家和地区城市产业转型的比较研究，提出了"建立法规体系和组织机构、改善投资环境以吸引投资、发展中小企业形成企业网络"等措施来促进我国城市产业的转型工作。国内的城市建设的研究，在理论研究方面，以各大学硕士、博士学位论文比较多，多集中在对资源城市的转型的理论研究。我国的城市建设实践中存在的不足之处主要体现为讲形式、表面工作，一哄而上，以至于缺乏个性化；盲目建设造成配套设施不完善，形成城市土地资源的浪费，等等。现在我国城市形象建设较为成功的案例也有，如青岛等，而且现在也有很多的城市都开始重视形象建设。总体来说，城市人文形象塑造与城市建设方面缺乏相关研究，因此至今有关通州人文形象塑造与现代化国际新城建设的研究还是空白。

二　北京人文形象传播与通州国际化新城建设

党的"十八大"报告指出，在今后一段时间，我国的对外传播应该努力提高传播能力，积极向世界传播我国的优秀文化，提升我国的软实力水平。这一纲领的提出具有多重含义。它意味着我国不但要积极地开展对外政治传播，努力争夺国际斗争的话语权，改进自己的传播策略，而且还需要我们努力挖掘我国的文化精髓，积极传播我国的优秀文化，全面提升自己的软实力。在不同文化交流交融交锋不断加剧的当今世界，中国以世界文化大国及文化强国为目标。特别是随着新形势的发展，文化成为一个国家、一个民族的重要的特征。现在国与国之间的竞争，文化成为一个重要的舞台。同时，随着西方文化，特别是美国文化在中国的侵入，如何创新、传承中国文化，在其中挖掘具有中国特色的、具有正能量的文化符号，将这些中华文化符号的海外传播，从而提高中国的软实力，增强中国的国际影响力，就具有重要的意义。本文主要从中国的重点城市形象设计，人文形象传播，国际化的主体、方式，以及传播效果进行论述。

通州坐落在北京东南部，作为北京市重点发展的东部新城区之一，它是北京联系环渤海经济区的重要通道，也是北京城市空间结构"两轴—两带—多中心"的重要组成部分。通州的发展对北京的繁荣，乃至于整个京津冀都市圈的繁荣都起重要的示范和带动作用。所以北京市政府在2011 年提出的《加快推进通州现代化国际新城行动计划》，解决通州新城转型课题，人文形象塑造与现代化国际新城建设成为通州新城建设的关键点。本文主要从通州的整体形象设计等方面进行论述。

（一）通州的 CI——城区形象设计

CI 是 Corporate Identity 的缩写符号，也称为形象识别系统 CIS （Corporate Identity System）。城市 CI 是指城市形象识别系统，是指运用一套规划理论与方法对一座城市进行综合形象设计的识别系统，而对该城市的形象设计则需要运用该城市的人文形象以及空间形象等。所以，我们可以这样说城市 CI 的设计对一个城市而言具有重要的作用，而一个国家 CI 的设计对一个国家的对外传播则具有了实际的战略意义。

一个国家、一个城市的 CI 设计需要多方位地对该国家、该城市进行研究，需要从一个国家、城市的历史、文化、地理、人文等方面对一个国家、城市作出准确、合适的国家、城市形象定位。结合特定的自然条件（地理优势、结合地域文化特点、经济、宗教、历史发展等）、特定的发展阶段（例如，北京正在大力打造成为国际化、文化大发展的世界城市）、独特的地域文化（包括传统的技能，这包括社会风俗、民俗等物质的、非物质的文化形态。可以这样说，这些文化记忆能够体现某个具体城市的文化价值的重要体现），提炼自身、独特的文化精神；在明确的体现文化定位后，需要有展现有关城市的文化特色的标志物与标志图案，主要图形应选择重要特征，它应选用视觉冲击力强、亲和力强、具有心理凝聚力的标志图案、标志物，确定标志色，等等。例如，2012 年课题组在北京通州整个人文图形设计方面提出，北京通州的文化旅游应注意在原有的基础上"古"和"文"上做文章，强调张家湾旅游区建设，打造北京内"水"的特色，提出将"上善若水"的"水"字扩展，突出通州的漕运特色，将其作为通州新城精神形象的一个思考维度。在一次北京专家进基层中，来自北京第二外国语学院的李嘉珊教授提出通州构建"京孕—京韵—京运（JING LUCKY）"形象识别系统。一个城市或国家的形象设计应当挖掘该民族或该地域的文化特点，突出表现该城市或该国家的精神、内在历史底蕴，以及外在特征的综合体现，它应该可以反映一个城市或一个国家的总体特征和风格。例如，当我们想到伦敦、纽约的时候，我们会联想到伦敦西区（特指位于伦敦的一个剧院区，在这里聚集了49家剧院，它是伦敦的著名的文化产业园区）、百老汇（有三层意思，主要是指以百老汇剧目为主的剧院区，是美国著名的文化产业区）。所以，我们在打造北京的时候，我们应该将北京的历史、文化等考虑进来。例如，北京的标志色就被定为以灰色为主，这与北京作为首都的庄严、具有悠久的历史等相符合。

（二）国际借鉴

为了解决通州新城转型的课题，人文形象塑造与现代化国际新城建设成为通州新城建设的关键点。在国际上，城市的人文形象建设中有很多的成功案例以及失败的案例，因此借鉴国际先进文化建设的经验就显得极为重要。例如，我们走进日本的东京，给我们一个强烈的感觉，我们进入了历史的长河中，没有历史断裂感。在这方面，日本的城市大都做得很好，如京都，高层建筑是受严格限制的，许多寺庙，走进之后就像走进了历史之中，四下望去，完全看不到高层建筑。通州的张家湾旅游区，可以借鉴。不仅应有古的建筑，还应有古的氛围。旅游区之内的建筑应有统一的规划，旅游者进入区域内，有一种走入历史的感觉。这种感觉不应因周边的现代化景观而受到影响和破坏。

（三）传播主体的分析

我们知道，文化的传播活动离不开传播主体。传播主体是指信息的承载者和表达者，同时传播主体还需要承担与大众、媒体等进行沟通的责任。在当今，我们的社会进入了一个大数据时代，传播主体也由原有的单一化向多元化转变，目前，对中国文化的传播而言值得注意的传播主体有这么几类：

首先，政府为主导的传播主体，政府要承担起对外传播信息的责任，还要对其他的传播主体的对外传播做到控制者与管理者的职责，也就是做好一个把关人的职责。在大的方面需要进行决策，例如，在国际传播过程中是否需要投入等问题。在细节方面，政府还需要提供是否与国际网络端口进行连接，如果需要，采取何种方式，等等。政府作为传播主体可以收集到可靠和全面的数据，可以为决策提出相对正确的信息。现在，我国的文化形象传播主体一般会由政府机构、政府官员以及新闻发言人等承担，并以一定的方式（例如公报、通告、门户网站、向媒体提供新闻稿等方式）对外进行信息的传播。除了政府职责外，政府官员、每个工作成员对外的工作都会成为一个传播的方式。因此，在我国的文化对外传播过程中，政府乃至整个公务人员，都需要对自己的言行负责。

其次，是以企业为主的传播主体，这包括我国的国有企业，也包括我国的民营企业。我们知道，企业作为一个营利性的社会组织，其主要特点就是他们受到利益的驱动。在这个驱力下，企业会自动和不自动地对外进行扩张，发展国内、国外的市场。所以，当一个企业对外扩张的过程中，就需要主动地开辟市场，这个过程中，企业也就成为一个传播主体。例如，重庆杂技艺术团的《木兰传奇》在征服海外市场的同时，也完成了一个中国文化的对外传播，而且这种传播方式可能比政府的传播效力更好。该企业结合中国民族文化的特点，将变脸、中国功夫、舞蹈、皮影等有机融合在一起，展示了中国传统文化的魅力，让《木兰传奇》不仅在艺术上取得了成功，而且在票房上取得了很好的收益，真正地实现了中国文化"走出去"、"卖出去"。从目前的情况看，我国应培养本地的公司向外传播，以及吸引可以经营跨国业务的公司，或帮助本地公司进行国际贸易活动，提高跨国公司的数量。因为从企业的海外传播的效力来看，跨国企业的海外传播效力较大，首先跨国企业性质就是跨国，所以它的传播就带有了国际的特点。随着我国的文化产业大发展、大繁荣和中国文化"走出去"、"卖出去"的进程，对我国的文化品牌，特别是民族题材的文艺作品进行特定的表现形式的海外本土化改造，是赢得海外观众认可的必经之路。与此相应，企业作为我国的国际传播主体的传播需求也会越来越大，提高企业国际竞争力。

最后，是第三方作为传播主体，主要是指上面谈到的政府和企业之外的主体，非营利性组织，包括各种政治性、文化性、学术性、宗教性、福利性的组织机构与社会团体。例如，课题组在通州人文形象传播中提出：利用教育资源，开发通州文化、艺术教育资源。兴办学校、研究机构，为新兴产业的发展提供强有力的后备资源及智力支持。例如，潞河中学，国际性文化教育资源；北京音乐专修学院，数字音频及多媒体器材产品交易平台、数字版权、音乐剧国际交流等。

在数据时代，网络时代，中国文化符号的对外传播可以借助于互联网高速信息通道，文化符号的传播也可以跨越国家的界限，进行全球传播。

总之，随着通州的国际化发展，以及国际交往的不断扩大和地位的日益提高，传播主体，特别是政府在传播中的主导作用与影响将越来越突出，相应的，这方面的活动也将更多地纳入研究者的视野。

（四）传播路径分析

传播途径是指在传播过程中，传播者为了提高传播效果（加强正效果或加强负效果），选择适当的传播媒介，所采用的方法和形式就是传播方式。本研究主要分为以下几个方面来谈。

传统的传播方式：在很长的一段时间内，政府占据传播的主导地位。在计划经济时代，纸质媒体作为信息传播的主流形式，由政府规范着社会的主流舆论与价值观，通过文化交流对外传播。民间和市场是被动的，所以他们的积极性没有被激发出来，这种传播方式显然是错位的。必须让市场和民间在对外经济、文化、教育传播中扮演积极角色，只有这样才能拓展对外传播渠道，才能提升对外传播效能。

新兴的传播方式：政府引导下的市场经济为主导的文化贸易模式。面对今天经济全球化形势，要想把文化资源对外传播的意识落实在实践上，还必须实施传播的形式多元化。网络、现代技术的发展，对通州人文形象与国际化传播来说，既是机遇，又是挑战。通州文化贸易已经具备了一定的规模，通州有一大批文学家（明代的大思想家、文学家李贽，清代的大文豪曹雪芹，现代的浩然、刘白羽、刘绍棠、高占祥、王梓夫等）。传统的"印刷之乡"、宋庄艺术、音乐区域等。政府可以引导通过文化贸易提高通州的人文形象和国际化的传播。例如，每年在通州举办的艺术展演、文化交流活动超过 500 场次，参观游客 50 万人次，使"中国·宋庄"正成为享誉世界的文化品牌，打造大运河文化产业。

（五）传播效果分析

作为中国文化符号的传播来说，传播效果是一个非常重要的因素，良好的文化符号离不开有效的传播。可以这样说，一切传播活动是否成功要看传播的效果如何，所以说传播效果是传播活动的核心。一个国家的文化符号的对外传播能否取得效果，这是国家形象传播的重要标识之一。国家文化形象借助媒体传播能够达到的效果，是衡量整个国家形象传播的重要标准，因而也成为政府形象传播的核心要素。对于传播效果而言，首先需要选择正确的传播内容，以及通过媒介实现的效果。例如，我们来看看我国的国家形象宣传片《中国制造》《国家形象宣传片》的传播内容和传播效果。《中国制造》从对方的视角来展现中国，提出"中国制造"，拉近距离。该片的传播效果也较好。《国家形象宣传片》在人物中出场的有章子怡、周迅、林浩、马云、白岩松、鲁豫等，这些中国人物在该宣传片中展现自信。就传播内容而言，这些人物的选取在国内很有代表性，也向外传达了我国文化的自信、从容、淡定。但就海外的传播效果来看，国外很多人都不认识这其中的大部分人。我们知道传播效果是要从覆盖范围、传播时效、信息的到达率、受众的接收度等方面来考虑。所以，从这些角度来说，《国家形象宣传片》的人物选取是海外很多人不知道，但展现的气度，所体现的内容有同质性，所以其传播效果也就大打折扣。

所以，我们应当看到，一个国家的文化传播是需要关注传播者与受众、受众与受众之间，以及不同的传播者之间的双向、多向关系。所以我国的文化符号的海外传播必须注重传播中的互动环节，通过开放、持续的信息供给，努力提高传播互动质量，实现传播效果的优化。

随着通州进入全面的建设转型阶段，从以单纯经济增长为中心的产业发展模式，转向以人为中心和保持生态环境、人文环境和谐发展模式。在这个模式下，依托通州文化历史、特色资源进行创新，建设现代化、国际化新城。良好的人文形象离不开有效的传播，通州有关部分应注重通过整合多种传播渠道，包括大众渠道、社区、网络以及个人际渠道共同塑造通州国际化新面貌。

三　文化创意产业在通州的构建　打造中国文化创意产业服务基地

（一）重要性

随着中国改革的深入，文化软实力的发展已经成为中国现阶段的一个战略要点。中国文化的国际化、产业化成为必然趋势。以创造力为核心的文化创意产业迅速兴起，其中动漫产业发展迅猛，运作模式成熟。加拿大不列颠哥伦比亚省动漫产业园作为其中的佼佼者，具有较强的代表性，本节以加拿大不列颠哥伦比亚省动漫产业园作为动漫产业的优秀案例，对此进行整理、分析，希望可以总结出一些规律，以期对通州的动漫产业的发展提供借鉴。

在当今世界越来越一体化的今天，动漫产业以极快的速度发展，目前世界上各个国家都正在建设或者已经有了动漫产业园。在如此多的成功案例中，有一颗引人注目的明星，那就是加拿大不列颠哥伦比亚省（以下简称 BC 省）的动漫产业园。我们分析当今形势，文化创意产业发展势在必行，其中的动漫产业又是很好的领军产业，必将成为世界各国的支柱型产业。在这种大的趋势下，如何又好又快地发展才是重中之重。加拿大不列颠哥伦比亚省动漫产业园，根据自身特点，结合实际，勇于学习、创新，已经迅速成为动漫产业的优秀案例。本文从他的地理位置、历史发展路径、遇到的问题等方面进行分析，总结他的成功之道。本文通过北京通州区建设文化产业园区进行分析，从而为中国文化更好地走出去提供借鉴。

（二）分析

1. 国外案例分析

加拿大不列颠哥伦比亚省（British Columbia 简称"BC"省）位于加拿大西岸，濒临太平洋海岸，拥有人口 410 万，面积约 95 万平方公里，拥有 8850 公里海岸线，风景优美，海产丰富。山脉、河流纵横，自然资源极其丰富，主要产业为林木业、旅游业、制造业、渔业及农业。位于该省南部的温哥华是加拿大最大的港口城市，气候温和，被誉为太平洋上的一颗明珠，是世界上最适宜人们居住的城市之一，拥有无与伦比的生活环境，完善的市政社区机制，医疗体系、教育体系十分先进，从而长久以来都作为经济中心。不列颠哥伦比亚省首府维多利亚市是个极富英国风情的小岛，位于温哥华岛南岸，生活闲适。维多利亚的气候极佳，全年平均每日有 6 小时日照，最冷的日子也很少低于零摄氏度，由于地理位置优越，生活条件理想，再加上有着悠久的历史沉淀，不列颠哥伦比亚省成为新型产业孕育和发展的沃土。

　　由于先天优势，不列颠哥伦比亚省的水产业、林木业、海产品加工业是其支柱性产业。加之矿产资源丰富，其中高品质的冶金用煤和铅锌矿在世界享有盛誉。在资金和原材料的支撑下，该省的高科技产业也对本省经济发展方面发挥着重要促进作用，它主要集中在生物技术、有机农业、燃料电池、保健药品、电子商务、环境保护、基因工程等方面。高科技产业包括高科技制造业和高科技服务业两部分。在不列颠哥伦比亚省属于英国时期，此地地广人稀，最大的城市也只有三千多人，1858—1865 年的淘金热时期，难以计数的人们涌入该省，他们放弃自己的工作投入其中，在淘金热结束之后，他们多数并没有离开，而是选择定居，有的改挖煤矿，有的选择伐木，有的选择捕鱼，为后来的不列颠哥伦比亚省的崛起提供了很好的人力资源。加之该省环境等先天优势，为旅游业的兴起打下坚实的基础，在旅游业的带动下，在旅游业收入的支撑下，加工业等迅速兴起。该省另一大特点就是其政治因素，当初加拿大联邦为了使该省加入，修建了很多的铁路。为该省完善了交通设施，使原本偏远的不列颠哥伦比亚省交通便利，为后来的诸多产业发展提供了很重要的交通设施。

　　根据对加拿大 BC 省动漫产业园的分析得出的成功之道，我们不禁要对位于中国首都的长安街延长线——通州的动漫产业作出我们的展望。首先，我们国家的动漫产业的发展正在如火如荼地进行着，国内也出现了很多的成功案例，比如说华创动漫产业园。华创动漫产业园是目前全国最大的动漫游戏产业基地之一，位于广州市番禺区石碁镇金山村，项目总投资近 30 亿元人民币，总占地 1118 亩，总规划建筑面积达 120 万平方米，是番禺区重点扶持的产业项目。华创动漫产业园做到了有力地依托地域资源，坐落于广州大学城、火车站、广州新城的交汇处等等，政府也加大了扶持力度，投入了大量的资金。但是为什么我们还没有达到像 BC 省动漫产业园那样的成就呢？我认为有如下几点：第一，我们的基础很薄弱，起步较晚，这点是我们的先天不足，我们要做的就是按照正确的方针一步一步地走下去，切勿盲目。第二，我们的创意不足，创意是动漫产业的核心，我们创意比不上别人，我们就失去了核心竞争力，这一点，我们应该引进高端人才，同时还应该抓紧自己人才培养，我们的"紧缺型人才"在哪里呢？只有把创意掌握自己手里，才有资本跻身世界前列。第三，我们的科技手段相对落后，我们没有足够的技术手段，很多技术都是从别人那里学习来的，面对别人的技术，我们很难比人家做得更好，我们需要做的就是创新，有自己独特的技术特点，只有属于自己的一技之长，我们才有资本去和别人竞争。第四，我们缺少足够的耐心，一件事物的兴起是要经历孕育、萌发、成长、结果的。一切催熟的产物都是畸形的，一味加大投入，盲目扩大都是无用的，我们应该耐心的去学习，去摸索，找到自己的一条路。

我们有我们自己的优势，我们拥有着别人无法比拟的巨大的资源优势，论人才，中国的大学数量是国外的几倍乃至几十倍，特别是北京作为中国的政治、文化中心，高校林立，为通州提供了充足的劳动力和人才储备。自然资源更不用说，通州位于北京CBD的延长线上。我们要做的就是依托有利的地域优势，培养地区人才优势，构建局部的动漫产业，然后以点带线，以线带面，规模逐渐扩大，如今中国的动漫产业已经粗具规模，但是各方面还不是十分的成熟，在未来的几十年中，我们一定能够建成，由自己培养的人才，使用自己研发出来的高科技技术，更加专业化，更加多元化的中国动漫产业。

2. 文化产业园区的国内借鉴

一个国家和一个国家的竞争不仅体现在国家传统的硬实力上（政治、经济、军事等称为硬实力），同时也体现在一个国家的软实力上。文化产业的发展可以提高中国的综合实力。现在国内有不少地区开展了文化产业园的建设。本文就国内成功的文化产业园区进行简单的介绍。在北京和上海有些具有特色的、成功的、在国内外都有声誉的文化产业园区，他们基本都是由以前老旧厂房改建的一些有特色的文化产业园区，这既保持了原有的工业气息，同时又具备了现代建筑的特点。例如，由上海汽车制动器厂改造而来的上海8桥创意中心，是一个具有艺术创意、推广、传播为一体的文化创意产业中心。这个文化产业区的建设在具备了20世纪工业时期的时代感、沧桑感的同时，还很好地融合了现代的创意，具有时尚感及国际化（见图1）。

上海还有个著名的文化区，"田子坊"文化园区。它建立在原有的法租界上，该园区成功地利用了原来的法式洋楼以及上海特色的石库门建筑，以及新中国成立前名人居住地留下的浓郁的文化气息，构建了一个多元文化下的文化创意中心。它成功地融合了以前的国外建筑的特点和中国上海建筑的特点，将现代元素很好地介入，使之成为中国文化产业园区中中西合璧的典型案例。"田子坊"文化园区现在不仅仅是一个文化创意中

图1   上海8桥文化创意中心

心，同时它也成为上海的一个时尚的旅游点，带动了当地人流量和拉动了当地的经济（见图2）。

图2   上海"田子坊"文化园区

说到北京的文化产业区，就不得不提到798艺术园区。798艺术园区得名于原电子工业部下属的706、707、718、751、797、798这6个电子工业老厂区所在地。这个文化艺术园区在原有的德国包豪斯的厂房建筑风格的基础上形成了国内外知名的艺术展示和创作园区，聚集了画廊、展示中心、影视传媒、动漫、设计等，成为北京成功的、具有一定国际影响力的文化创意园区（见图3）。

图3   北京"798"文化艺术园区

总结这些成功的文化产业园区，主要有以下几点：第一，它们大多数都是由老厂房、老库房改建，在改建后保留了原来工业时代的气息，或者原有的建筑特点，结合现代时尚的元素。且这些旧房子往往都空间较高、较大，一般都有4—5米，有的可以达到层高10米，而且这些旧房子大得可以足够进行自由分割，这都为文化创意人员提供了艺术改造空间；这些园区的容积率较低，拥有的室外面积较大，所以也符合文化、艺术创意人员的发展条件。

　　3. 对比借鉴

　　加拿大不列颠哥伦比亚省现今之所以取得诸多成就，自然有它自己的成功的原因和方法，虽然成功的方法不尽相同，但是其中必然蕴含着相似的道理。下面我将从该省自身发展历史入手，找出使其动漫产业园成功的诸多因素，找出成功案例背后成功之道。

　　众所周知，早在20世纪80年代，不列颠哥伦比亚省并不具备大规模的动漫产业，当地企业绝大部分充当的是后期加工的角色，不是动漫产业的核心内容，既不具备动漫产业核心内容，也没有形成动漫产业从生产、加工、销售等产业链条。动漫企业大部分的经营项目是提供代加工业务，因此合同必然不是来自本国，而是来自于动漫产业的先驱者——美国，经营项目和利润是挂钩的，使该省动漫企业的收入仅仅占微不足道的一部分。这种现象在20世纪90年代中期发生了转变，该省动漫产业发生了结构发生了巨大变化。首先体现在与国外企业合作内容上，它从以前的简单的后期加工变为合作制片。与此同时，当地的动漫企业结构也发生了变化，其中动漫控股企业数量急剧增长。到后来，该省出现了大量的原创动漫作品，渐渐地在世界动漫产业中跻身前列。这一系列的变化来自于什么呢？我想那就是该省动漫产业的兴起，该省的动漫产业拥有了强大的竞争力，并逐渐形成了动漫产业园。

　　这要从动漫产业自身特点入手。我们十分清楚，动漫产业属于文化创意产业，我们一直在强调的就是"创意＋科技"。不列颠哥伦比亚省动漫产业的创意来自哪里呢？我们知道创意的灵感来自于人，也就是说哥伦比亚省有了自己的创新团队，有了自己的尖端人才。如果说良好的生活环境使人们身心愉悦从而灵感爆发，这似乎有些牵强，如果说那里人杰地灵未免又有些没有说服力。让我们来看这样一些资料：加拿大不列颠哥伦比亚省高等教育结构，分为公立高等院校、私立高等院校，其中公立高等院校25所。政府每年投入大量教育经费，自2001年起教育经费多达178亿美元，其中高等教育经费每年增加比达 53%（参见唐信焱《不列颠哥伦比亚省高等教育发展状况》）。其中，英属哥伦比亚大学（UBC 大学）最具规模，学术水平最高，是国际上的知名学府。西蒙菲莎大学（SFU）是后起之秀，成绩突飞猛进，其电脑和商科等多个学科，表现异常突出。我们不难发现，在该省内有着大量的高等学府，而且是在国际上赫赫有名的大学，这些大学每年都在不断地向该省输送着大量的人才，更重要的是该省对于"紧缺型人才培养"的重视。这就是很好地将学习和地域发展联系在了一起，而那些人才资源匮乏的地区，兴办动漫产业园岂不是纸上谈兵。我们可以看到，不列颠哥伦比亚省是在从自身角度解决内在的核心难题，这种改变是自身审视、提高的过程，我们不难发现，这里面同样有政策的扶持。上文提到的"紧缺型人才培养"是一种办学方向，同时也是一种迅速解决人才匮乏的捷径。在做到这些的同时，在政策和氛围的促成下，许多学生开始了对动漫喜爱，并且参与到各式各样的关于动漫的比赛当中去，例如：在 2012 年，Toronto International Student Animation Festival 上我们就能看到了加拿大的名字。这给我们一个很好的提示，解决动漫产业发展问题，要在核心内容上做文章，将有限的力量集中地投入到解决核心问题上面去，同时不能缺少相应的政策扶持，但是政策扶持，不是一味地投钱、投钱、再投钱，而是全面的从人力、物力、财力等角度妥善地制定方案。

现在我们转向市场资源。紧密依托本地区有利的自然资源、人力资源、基础设施和市场资源，因为本区域提供着企业发展所需的人力、物力以及资源的保障以及科技和资金的支持。从该省自然资源储备我们可以发现，该省矿产资源丰富，旅游业、渔业、林木业发达，为科技研发提供了很好的资金和原材料。众所周知动漫是个"烧钱"行业，BC 省园区内企业一度很"缺钱"。正是由于加拿大联邦政府和 BC 省政府从不同渠道提供资金支持，并设立独立核算的民间机构对资金流向进行控制。BC 省政府则采取对文化艺术和商业市场严格区分的鼓励政策：一方面，对于商业动画制作，规定除享有 BC 省电影业的各项优惠政策外，还可在创意启动、资金筹措、制作加工、税率优惠等方面，获得资金支持；BC 省政府还开辟多种资金筹措和资助渠道（参见牛维麟对于动漫产业烧钱现象的评论）。这其中大量的资金投入，与当地产业发达、自然资源丰富是分不开的，当动漫产业的创意和科技同样强大的时候，就像一个人两条腿一样健壮，这样才能平稳地前进。当地的自然资源的应用给我们的提示就是要因地制宜，合理地利用当地的资源优势，为发展动漫产业铺路搭桥。对于人才的培养是从软实力上作出的努力，因地制宜、合理利用地域优势，这是强有力的硬实力的保障。软实力与硬实力带来的就是创意、科技和发展。这两方面不是孤立的两个个体，而是相互联系、相互促进的，必不可少的。

当我们都在关注不列颠哥伦比亚省动漫产业园如今的辉煌时，我们有没有想过当初承担代加工业务的当地动漫企业所经历的过程对于现在的意义。我认为那段时期对于如今辉煌是必不可少的时间段。首先任何事物的兴起都是需要孕育和发展的，不可能平白无故地平地拔楼，一夜之间就形成了动漫产业园。我们爬山，到达山顶之前的攀爬过程是十分重要的，那是摸索的过程。对于一个陌生的行业，当我们以敏锐的眼光发现他的前景时，我们在大规模发展之前必须经历摸索。想当初 BC 省的动漫企业处于链条的末端，经营代加工业务，从中发现了哪里是利益的所在，掌握了如何发展一条产业链，换句话说，这是一种沉淀，是一种底蕴。总而言之，成功之道需具备如下几点：由敏锐长远的眼光作指导，依托本地区有利资源，坚持不懈，稳扎稳打，做到有本可依。从问题根源出发，解决产业发展的核心问题，做到有的放矢。

（四）动漫产业园区的建设

动漫作为文化产业的一个重要的组成部分，它对中国文化的传播、对实现产业结构的优化、中国的文化安全等都有重要的作用。一个成功的动漫产业不仅能够对消费者形成消费欲望，而且可以推动动漫产业的完整的产业链的后续阶段——动漫衍生品的销售，从而带动区域经济。"动漫衍生品"是指各种以动漫为主体的音响、游戏、服装、玩具、主体公园等产业。而在动漫产业中，动漫衍生品是一个非常重要的环节。相对于其他环节来说，衍生品存在的市场需求大、消费群体广、销售周期长，从而具有极高的附加值。

动漫产业作为文化产业中的核心，在许多发达国家，如美国、日本等，它已经成为一个的重要标杆。在我国，它正成为一个潜力巨大的新兴产业。我国动漫产业的历史可以追溯到 1926 年的《大闹画室》，这是由万氏兄弟制作的中国第一部动画片。我国的动漫产业在 1949 年到 20 世纪

80 年代经历过一个辉煌期。这个时期的中国动漫产业基于中国传统文化，在艺术形式上极具中国的特色。例如，有取材于京剧的《骄傲的将军》；取材于中国传统的剪纸艺术的《渔童》；取材于中国古典小说的《大闹天宫》等。但自那个时期后，中国的动漫产业出现了一个停滞期。而美国、日本的动漫产业却一直处于发展期。例如，美国的华特迪士尼公司（The Walt Disney Company）公司，它已经成为世界著名的全球传媒综合娱乐企业，其营业除了传统的动画电影外，还包括了玩具、图书、电子游戏、主题公园等，本文以其经典的动画为例。

纵观迪斯尼的整个动漫发展历程，我们可以看到迪斯尼动画大约经历了两个发展阶段。在第一个发展阶段，当时的迪斯尼的动漫产品主要针对欧美市场，所以在题材的选取范围上主要是以欧洲的传统文化为中心。例如，在 1928 年，迪斯尼上映了世界上第一部动画电影，第一部电影原声带的《白雪公主与七个小矮人》（Snow White and the Seven Dwarfs），该故事取材于著名的德国《格林童话》中的白雪公主与七个小矮人的故事。这种选取题材的情况一直持续到 20 世纪的 80 年代，以"罗宾汉"、"睡美人"等为代表。但在这个阶段的后期，迪斯尼开始从欧美市场开始转向全球市场。"罗宾汉"是英国传统文化中的一个侠盗式的英雄。1973 年迪斯尼上映的"罗宾汉"则将传统的人物转变成了动物来主演该故事，而不同角色的特点由不同的动物来表述。例如，在西方传统文化中，蛇代表了爱说话、爱出坏主意（这点在圣经中体现了），用蛇来演与其性格特点相似的 Hiss 爵士；大灰狼来演性格残酷的警长等。第二个发展阶段开始于 20 世纪的 90 年代。随着全球一体化的进程，迪士尼公司很快地适应了这个新的环境，迪士尼主题开始不再是原来的单一的文化，开始具有全球化、多元化的特点。从迪士尼这一时期的选题往往从全球化的视野下，将世界各地的、多元文化作为题材选取的源泉。这不仅满足了西方观众的猎奇心理，同时也满足了其他地域观众的审美要求，从而开拓了新的市场。从迪斯尼这一时期的选题来看，我们发现这类动漫的主题主要是围绕着人性的特点，在利用多元文化、别的文化中的故事讲述和传播美国的价值观。这类的选题在爱、成长、生命、自我救赎等方面都体现了美国主流的意识形态，从而也增强了美国软实力的渗透力。例如，选材于中国文化中的《花木兰》《功夫熊猫》，选材于印第安文化的《风中奇缘》，选材具有浓郁的印度、波斯、中东文化特色的《阿拉丁》，将《哈姆雷特》的传统欧洲题材设置到了非洲大草原中的《狮子王》。从华特迪士尼公司的发展中，我们看到美国文化的对外传播是把娱乐和多元文化很好地融为一体。它以轻松的、娱乐的方式，选取了多元文化的内容，借用了其他文化、故事，成功地讲述了自己的思想，输出了美国的生活方式、价值观等文化，从而极大地提升了美国的文化软实力的传播力。在迪士尼的扩张中，我们看到美国在整个英语、文化、价值观的推广、传播过程中，充分体现了尊重多民族、多文化的特性。这种重视多元文化的观念使美国成为文化软实力的强国，同时也进一步推广了美国的价值观和世界观。

综上所述，我们可以看到动漫产业作为一个朝阳行业，具有高附加值、传播面广等特点，通州所长为地理环境（首都北京长安街的延长线，CBD 的东延，有运河等）、人文环境（位于中国的文化中心、教育中心）。

（五）动漫产业园的重点

就利润来说，现在中国的动漫产业缺乏完善的动漫产业链，特别是后期的品牌的传播，衍生品的市场营销体系都有待完善。通州在打造动漫城的同时还需要注意建设衍生品市场的推广，不能光停留在产品阶段，还应当建设中国的动漫产业对外传播、销售的平台。

动漫产业的市场运作不成熟。由于我国动漫行业作为一个产业，特别是一个盈利的产业而言时间较短，所以整个市场的运作不成熟。这种不成熟不仅仅体现在动漫企业，还体现在国家的某些体制、政策、法规上等等。

市场、法律、法规的不完善：制定更为完善的法律、法规，为原创产品提供利益保障，以期提高创作人员的动力。

作品质量：在动漫产品的创造上，以出精品、以中国文化为基础创造出中国特色的动漫。

国际化的传播能力：利用北京的国际性，拓展中国动漫市场的国际化。

龙头、标杆动漫公司：中国还缺少真正意义上的龙头、标杆动漫企业（对中国动漫企业的分析将在后续文章中论述）。通州应该创造良好的条件，扶持、帮助龙头动漫企业。

在动漫产业的开始，就要打造良好的动漫作品。具有较强文化内涵的动漫形象，对消费者有着较强吸引力。在这点上，通州可以利用中国传媒大学、北京第二外国语学院的地理优势，同时借助中国传媒大学的传播力、北京第二外国语学院的国际化及旅游专业的特色等打造中国的动漫城。关于通州动漫园的建议还将在后续研究中进行分析。

四 结语

在通州文化产业园区的建设过程中，首先要有长远的发展目标和规划，依托本地区的资源，例如北京高校的人才、科研资源，中国传媒大学的传媒优势，北京第二外国语学院的文化产业、文化贸易、文化旅游、国家化的优势。同时，将多元文化作为一个切入点，这有助于将通州实现文化走出去的战略目标。单一文化与全球化、多元文化的发展趋势相违背，不利于提高其他国家、其他地区、其他民族的汉文化学习者的主动认知愿望，降低了中国的文化传播的效率。爱德华·W. 赛义德在他的《文化与帝国主义》一书中，提到某种文化往往与某个民族或某个国家联系起来，因此文化就具有了区别不同身份来源的作用。文化软实力成为一个重要的舞台，文化产业的大发展、大繁荣契合了当前的全球化、电子化、多元化的时代。

参考文献

1. ［美］爱德华·W. 赛义德：《文化与帝国主义》，李琨译，生活·读书·新知三联书店 2007 年版。

2. Wang Xi. The Origin："Practice, and Limitation of Multiculturalism". *American Studies*, 2000.

3. 余志森：《浅论美国多元文化主义》，《华东师范大学学报》1995 年第 6 期。

4. 曹德本：《中国传统文化学的学术创新》，《清华大学学报》（哲学社会科学版）2002 年第 4 期。

5. Raymond Williams. *Keywords：A Vocabulary of Culture and Society*. Rev. Ed. NewYork：Oxford UP, 1983.

6. http：//www. hudong. com/wiki/%E6%96%87%E5%8C%96JHJhdtop_ 1.

7. http：//baike. baidu. com/view/17085. htmJHJ1.

8. http：//baike. baidu. com/view/24079. htm.

9. http：//www. zgdmyx. com/.

10. 牛维麟对于 BC 省动漫产业"烧钱"现象的评论，http：//www. zgdmyx. com.

12. 贺培育：《美国文化创意产业园区模式探析》，《文化月刊》2010 年第 4 期。

13. 朱麟：《中国文化符号"走出去"》，《民生周刊》2013 年第 8 期。

14. 朱麟：《我国文化传播的动漫路径探讨》，《商业时代》2013 年第 6 期。

15. 朱麟：《多元文化在文化软实力中的构建》，刘泽彭主编：《国家软实力及其华侨华人的作用》，暨南大学出版社 2013 年版。

（朱麟　北京第二外国语学院国际传播学院　北京　100024）

从文化艺术节角度看北京"世界城市"区域品牌建设

李　琛

摘　要： 本文从文化艺术节的视角阐释了通过提升国际文化影响力构建北京这一"世界城市"的可能性。基于对"国内及国际媒体对于北京艺术节关注度"的质性分析，以及"区域品牌建设"、"艺术节传播模式"等相关文献的回顾，本文提出北京应结合自身特点，以文化艺术节或者文化庆典等活动作为突破口，协同旅游观光等产业共同发力，从文化方面为成为真正意义上的"世界城市"奠定基础。

关键词： 北京　世界城市　文化艺术节

随着中国经济实力的提高，北京、上海等经济发展迅速、人口众多的城市被视为"潜在的"（potential）或"次要的"（minor）世界城市。而北京早在 2005 年就已确定"世界城市"（world city）的战略发展定位，将如何提升国际影响力作为自己的首要任务："要以建设世界城市为努力目标，不断提高北京在世界城市体系中地位和作用。"[1] 那么它们究竟和公认的主流世界城市（如伦敦、纽约、巴黎和东京）存在着什么的差距?[2] 马秀莲等学者曾指出，一座城市能否被视为"世界城市"往往取决于其融入"世界体系"的程度，尤其是与其他城市或区域经济、文化等方面的"互动"情况（Ma & Timberlake，2008）。回望过去的 15 年，两座城市的经济发展可谓突飞猛进，越来越多的全球五百强企业入驻这两座城

---

① 详见国务院发布的《北京城市总体规划：2004—2020》。

② 比如联合国曾就此问题于 2006 年发布过《世界城市发展报告 2006/2007》。

市；文化方面，北京奥运会、上海世博会也给人留下了深刻的印象。然而在我们追求经济可持续、高效发展的今天，是否也可以找到适合城市特性的文化传播模式，使其成为文化创意中心，以利于其更好地发展与互动呢？

一 有关中国"世界城市"的文献论述：差距究竟在哪里

李江涛等人（2011）在《广州与世界文化名城的差距及发展对策建议》一文中强调了"国际文化影响力指标"及"浓郁的城市文化氛围"在世界文化名城发展过程中的重要性。拿"国际文化影响力指标"来说，他们列出了以下与城市本身建设相关且颇具权重的指标："举办国际性文艺、体育活动"、"入选世界文化遗产"、"获得国际性奖励"等[①]。例如中山大学的马凌等人就认为2010年的上海世博会给上海提供了一次向世界展示自己并确立自己"世界城市"地位的绝佳机会（Ma & Lew, 2012）。不难看出，这几项多与政府所牵头的城市"软实力"建设有关，在政策制定或实际操作层面也更容易开展实施。其中文化艺术节或文化庆典活动（如电影节、艺术节、狂欢节等）更是被视为城市的"名片"，与文化品牌息息相关，也成为迅速提升城市国际地位的有效途径（李江涛，2001）。Prentice等人（2003）也将这两者的结合称为一种"世界趋势"，可以最大化观光者的各种体验。同时，形成有规模的区域型文化聚集区、壮大充实诸如博物馆的公共文化设施、实现文化遗产的保护和再利用，也都成为"以文化为导向"进行城市更新的原动力。正如Grodach等人（2007）所敏锐观察到的，这种"向城市重新注入活力"（revitalise）的策略不仅仅是一些新兴文化城市所采用的[②]，诸如纽约和巴黎这样传统的文化之都也在推广文化活动和兴建文化设施等方面不遗余力，从而进一步巩固自己"世界城市"的地位。尤其值得注意的是，他们所采用的文化创意策略往往会有自己的侧重，

①　除此之外，剩余的指标主要集中在人口流动与交流上，比如"出入境旅游人数"、"外国知名人士到访"、"外国留学生数量"、"文体团队出国参演"等。

②　就艺术设施来讲，这些城市中有极力打造着"芳草地艺术中心"的旧金山（Yerba Buena Center for the Arts）、打造达拉斯艺术区（Dallas Arts District）的达拉斯；而艺术节中比较有名的有巴尔的摩的Artscape以及新奥尔良爵士节等。

不再是盲目地兴建地标，而是用心培育打造艺术场馆群，使其形成规模。

二　有关"区域品牌（Place Branding）建设"的文献回顾

广州社科院的李江涛等学者（2011）指出，"开展城市营销是现代城市政府的一项重要职能，是提升城市国际知名度、［文化］影响力的重要途径和手段"。他们提倡，城市政府应根据自身特点和优势采用营销模式（或营销方式组合），可通过"文体活动"、"定向直接推广"、"［文化］贸易展会"等方式提升自身的文化影响力。的确，在区域品牌建设过程中，须避免相关机构一方独大，违背发展规律，片面强加其意愿（Hudson & Hawkins，2006）。换句话说，应尊重本地的文化特性（如历史、人文精神等），结合其自身优势，有序开展相关基础建设和形象推广活动，避免简单重复而形成的节日同质化。同时，要充分利用好城市形象传播中的素材库，选用最优的方式选择、提炼及整合"城市形象元素"，进而塑造出独特的文化符号（何国平，2012）。除了那些历史文化积淀下来的"集体文化记忆"外，如何利用好当代国际社会所认可的"共识性话语"及自身的"识别性符号"，也成为城市形象建构乃至区域品牌建设中的关键环节（同上）。正如《北京城市总体规划：2004—2020》中所提到的："要弘扬历史文化、保护历史文化名城风貌，形成传统文化与现代文化交相辉映、具有高度包容性、多元化的世界文化名城。"①尤其值得注意的是，当把一个地方/区域作为品牌进行管理的时候，其复杂程度远高于商业品牌的运营，因为有更多不可控的因素（如当地人友善程度、游客自身的食宿经历等）参与了区域品牌的形成，尤其是观光者对该地的口碑（Hudson & Hawkins，2006）。

比如说，二战后随着英国制造业的衰落，格拉斯哥和利物浦等老牌重工业基地在招商引资、城市发展等方面不禁捉襟见肘。对此，格拉斯哥开展了名为"格拉斯哥更好了"（Glasgow's Miles Better，如图1所示）的系列推介活动，以扭转其在人们心中"衰败"、"破落"的成见，全力打造城市充满活力的新形象。

---

① 详见国务院发布的《北京城市总体规划：2004—2020》。

GLASG😊W'S MILES BETTER

图1　"格拉斯哥更好了"展示

　　该口号朗朗上口，与"Glasgow Smiles Better"（格拉斯哥笑得更灿烂了）谐音；且在印发、流传的口号牌或徽章中，出现了 Mr. Happy（快乐先生）的图案来代替字母"O"，让人会心一笑，印象更加深刻。值得注意的是，这些口号、标示经常出现在诸如伦敦地铁、双层巴士等游客众多的公共场所，有效地扩大了群体波及范围。与此相比，苏格兰首府爱丁堡则竭力在全球范围内将自己打造成"艺术节日之都"（Festival City）及创意艺术的大本营，将文化遗产与当代艺术很好地融为一体。

　　与此相比，北京曾在 2008 年奥运会期间提出"绿色奥运"等口号；而在近些年，愈发令人担忧的雾霾天气及饮水质量，引发了有关环境污染与治理等多方面的再思考。如何摆脱负面现象（如"北京咳"、"不适合人类居住"）对区域品牌建设所造成的不良影响，迫在眉睫。有的时候可能会出现一幅"好坏并存"的形象图；比如利物浦这座城市有着诸如披头士音乐、利物浦足球队等文化元素所带来的无限荣耀，但却夹杂着人们对于该地治安的担忧及产业衰败的无奈（Hudson & Hawkins，2006）。Hudson 等人（2006）曾就"如何消除地方/区域消极形象"提出，了解当前客户及潜在客户对于该地方/区域、与自己相关的真实想法，对于如何进行策略性形象管理（image management）尤为关键。而澳洲学者 Regan 等人（2012）则发现，一个地方/区域在观光者心目中的形象及所产生的情感因素，往往对于他/她决定是否参观此地起着至关重要的作用。也就是说，举办方需要通过一定的营销策略，针对性地推广该地及所举办活动的"积极"形象，以抵消观光者心中可能存在的疑虑乃至负面印象。而在推广"积极"形象的过程中，尤为重要的是强调自身的特色及优势。根据 Grodach 等学者（2007）对美国市政厅文化发展署负责人所作出的问卷调查，79% 的受访者同意这个观点。正如其中一位负责人接受访谈时所指出的，"在大家都开始打造文化品牌的时候，一个城市要想出众，就必须具备一些特别卓越出众的特长。这些东西恰恰能成为你一个城市的灵魂"。Alvarez 等人（2010）则回顾了伊斯坦布尔如何通过振兴旅游业重塑积极向上的城市形象，不仅仅是之前被遗弃的历史古迹或者老城区得到翻修、重建，最重要的是这些地方被再利用，部分被改造成食宿及娱乐场所，成为了旅游的最佳景点。也就是说，伊斯坦布尔这座古城通过强调、重塑文化这一领域向世人展示了一个崭新的形象。同样使用类似策略的还有纽约的林肯中心以及洛杉矶的音乐中心，都是致力于通过文化将区域重新振兴（Grodach & Anastasia, 2007）。

三　有关文化艺术节的质性分析：如何提升文化节的国际影响力

正如前文所提到的，举办"国际性文艺、体育活动"对于增强一座城市的国际文化影响力有着至关重要的作用，更是打造城市文化品牌、迅速提高国际地位的有效途径。除此之外，这些城市还可以依托这些文化艺术节或文化庆典活动，吸引世界游客观光，从人口流动及人文交流方面带动国际文化影响力的提升。正基于此，本研究故侧重"文化艺术节"这一研究角度，重新审视如何增强北京国际影响力、构建"世界城市"这一区域品牌。

当然，检验一个城市所承办的文化艺术节是否具有国际影响力，最好的办法就是审视国际媒体是否对其拥有充分的关注度。正基于此，笔者在LexisNexis 新闻数据库（Newspapers & Wires 栏）里搜索关键词"Beijing"和"festival"，在 2012 年一年里得到以下报道（见表1）。

表1　　　　　　　2012 年有关北京文化节的国际报道

节日类型	国际媒体关注度	关注内容	报道口吻
泛义的艺术节（art festival in general）: dance, visual arts and classical music performance	《南华早报》, South China Morning Post (2012.4.29)	" Beijing Art Festival "; Chaoyang Pop Music Week; electronic music festival at 751 Power Square	描述性推介
	法新社 AFP (2012.4.6; 2012.4.20)	"Art Beijing", Asia's largest art fair in terms of exhibition area; "Photo Beijing"	
音乐节（music festivals）	《卫报》, The Guardian (2012.12.26)	"China Music Valley"; "Strawberry music festival at Tongzhou Canal Park"	

续表

节日类型	国际媒体关注度	关注内容	报道口吻
电影节（film festivals）	法新社 AFP（2012.4.12）	"Beijing International Film Festival"; Hollywood director and actor's appearance	略带负面：提及政府方面过度监管
	《国际先驱导报》, The International Herald Tribune（2012.9.11） 《纽约时报》, The New York Times（2012.9.11）	"Beijing Independent Film Festival"; power failure; official interference; controversial opening film	与官方管制联系在一起；较为负面

同时，笔者在"读秀报纸数据库"里搜"北京"、"国际"、"艺术节"这三个关键词，归纳总结出了目前北京所存在的国际文化艺术节（如表 2 所示）。

表2　　　　　　　　　　2012 年有关北京文化节的国内报道

节日类型	主办方	时间跨度	场所类型	主题	活动形式
第七届中国北京国际文化创意产业博览会（"文博会"）	文化部、广播电影电视总局、新闻出版总署和北京市政府	五天（12月19日至12月23日）	会展场馆（如"中国国际展览中心"）	"文化融合科技，创新引领转型"	展览会（展示民族文化工艺品、文化企业）、论坛峰会、推介交易、创意体验
第三届"创意点亮北京"文化艺术节	中关村科技园区雍和园管委会、东城区园林绿化局	十天（8月10日至8月19日）	地坛公园（主会场）	科技和文化融合发展（"绿色、生长、原创"）：发展高新技术产业和创意产业，着力打造数字内容、版权交易和艺术品交易	国际灯光艺术节、无限星空、音乐节、盛世骄阳云中剧场、创意市集、视频创意互动秀、文化创意产业综合展（分会场："创意之旅"活动、建设城市灯光软实力高峰论坛、雍和放映）
首届北京城市艺术节	城市可持续发展北京论坛	为期一周（自6月27日起）	中山公园音乐堂	展现外国城市艺术；通过展演中外城市丰富多彩的演出项目，促进友好城市间的文化交流	外国民族歌舞、外国艺术家与北京市民开展零距离的艺术互动、以"文化：城市可持续发展的动力"为主题的国际城市展览（图片、多媒体、现场表演互动等方式展示不同城市独特的艺术、旅游风光、城市设计、传统工艺）

节日类型	主办方	时间跨度	场所类型	主题	活动形式
北京 798 艺术节	北京文化发展基金会、朝阳区文化创意产业发展中心、798 艺术区管理委员会	历时近一个月（自 9 月底起）	798 创意广场	展示艺术区魅力，促进国际艺术交流（当代艺术的文化创意产业园区）	各类主题艺术展览（主要由画廊推出明星艺术家作品）、音乐演出、学术研讨等活动
北京通州运河艺术节	通州区政府	为期 8 天（自 11 月 23 日起）	运河畔	打造通州区品牌性文化活动；展示传统历史文化	复原古代传统的"开漕"仪式、运河沿线特色节目展演（如沿岸各地曲艺）、经典电影放映、群众大会演（如农民艺术团）
北京市顺义区首届群众文化艺术节	顺义区政府	历时 60 天	全区各文化广场及剧场	弘扬北京精神、歌颂美丽顺义	国标舞大赛、曲艺大赛、器乐大赛、笔墨展示、读书活动等

　　从表 2 的统计可以看出，在北京举办的、定位于国际视野的文化艺术节涵盖了多种领域，且通过多种充满创意的艺术表现形式实现了全方位、多元化的互动。但是，在这些文化艺术节中可以被称为"旗舰型"（flagship cultural projects）的国际性文化庆典活动，除了 798 艺术节外，并没有几个①。虽然有一些文化节也冠以"国际"之名，但实际上并没有形成真正的国际文化影响力。

　　而依托具有国际知名度的"798"艺术区（the 798 Art Zone）举办艺术节②，恰恰可以体现"以文化为导向"的城市更新。我们知道，"798"艺术区是一群艺术家在废弃工厂里所兴建的。他们将旧厂房变成了艺术创作和展示的空间，逐渐成为北京对外文化交流的重要窗口（吸引了来自日本、德国、美国、意大利等国的艺术家前来驻扎，成为外国游客到北京

---

　　① Grodach 等人（2007）也曾指出，开发旗舰型文化项目（flagship cultural projects）及文化盛事是城市重新塑造形象以及实施"国际化"（internationalisation）战略最有效的途径之一。

　　② 《中国日报》欧洲版（英文版）值 798 艺术节创立五周年之际，于 2012 年 10 月 15 日刊文 "10 Years at 798 art zone" 回顾了 "798" 艺术区十年来的风风雨雨。

旅游必去的观光场所之一）以及北京都市文化的新地标（赵继敏，2011）。正如 2012 年的《中国文化报》中所提到的，"据不完全统计，2012 北京 798 艺术节期间，共迎来国内外游客 70 余万人次，创造了 798 艺术节游客史上的新高"。① 这种城市更新的发展战略可以归纳为："旧地址再利用→兴建新兴文化中心→举办文化庆典活动"（Hudson & Hawkins，2006）。而这一策略也广为西方老工业城区所采用。除了本文前面提到的格拉斯哥和利物浦，英国伦敦的泰特现代美术馆（Tate）是利用发电厂改建而成；西班牙毕尔巴鄂的古根汉姆美术馆（Guggenheim）则是由造船厂改造而来，等等。它们最显著的共同点就是，通过文化创意产业及旅游业的快速发展带动城市的再振兴，从文化"软实力"的层面提升其国际影响力。

正如下一节本文会详细介绍到的爱丁堡艺术节，它很好地将"观看节目表演"与"参观欣赏本地历史人文风景"有机地结合起来，从而为游客提供多维度、多层面（multi-sensual）的"审美"感观（Prentice & Anderson，2003）。Alvarez 等人（2010）也从文化的角度探讨了如何可以让伊斯坦布尔"转变"（transform）为"世界城市"。他们强调文化、旅游应"共同发力"（synergy），既要通过前者为目的地创造出与众不同的形象，还要让后者为文化产品的生产以及文化遗产的维护提供财力支持。以伊斯坦布尔为例，该市在当选"2010 年欧洲文化之都"后成立了专门的事务署，从政府层面协调与文化、旅游相关的资源，使其相互促进、共同发展。在此基础上，与之配套的餐饮、酒店、交通（如兴建第二座国际机场）等软硬件设施都得到了显著的提高，尤其是旅游观光业的附属经济产业（比如纪念品、手工艺品市场）也得到振兴。与此相比，我们可以从表 2 中看到，北京 798 艺术节是由多方共同主办的，即北京文化发展基金会、朝阳区文化创意产业发展中心、798 艺术区管理委员会。尽管各方可以各尽其职，但缺乏一个统一的协调机构。798 艺术节能否像本文下节中重点描述的"爱丁堡艺术节"一样，设立专门的艺术节筹委会，尽可能地拥有主动权及协调不同资源的权力，也值得我们探索思考。

广州社科院的李江涛等学者（2011）曾指出，整合区域性文化资源所形成的规模效应、集聚效应，有利于城市推进"以文化为导向的城市

---

① 详见《中国文化报》2012 年 10 月 26 日的报道《2012 北京 798 艺术节落幕》。

更新"，从而增强自身的文化影响力。上海社科院的王兴全（2012）也强调，伦敦之所以在文化创意产业方面具有世界级的优势，主要是因为其"文化生产协调机制成熟，投入产出规模化"。这也被他认为是国际文化大都市区别于一般城市的重要特征之一。比如 2007 年举办的第一届 798 艺术节曾是"一团糟"（"画作被扔、装置被盗、部分作品因尺度问题被禁止展出"）①，但随着规模效应的不断深化（越来越多的画廊、艺术中心、书店的迁入，尤其是 2008 年奥运会的举办所带来的游客流量）以及中国当代艺术作品知名度的提升，越来越多的人开始聚焦 798 艺术区（甚至视其为"艺术圣地"）以及关注在这里所举办的文艺庆典活动。在798 艺术节发展壮大的基础上，如何整合好其他文化节日资源从而共同发力，也成为"以文化为导向"的城市更新所应关注的焦点。据 2012 年 9月 27 日《城市金融报》报道，首届北京画廊周已经开始受益于"共同发力"这一战略，比如依托已成规模的艺术庆典活动（如 798 艺术节）迅速进入公众视野、打造提升自我定位，同时充分利用知名的艺术空间（如 798 艺术区、草场地艺术区、雍和宫艺术区等）进行展示推广。② 这也很像美国某市政厅文化发展署负责人向 Grodach 等学者总结到的，"办好一个旗舰型文化活动，可以盘活整个城市的艺术圈，让其他文化组织或节日也能受益，真可谓水涨船高"（Grodach & Loukaitou-Sideris，2007）。

四 可借鉴的艺术传播模式（形式、内容等）

爱丁堡艺术节最大的特色在于"大艺术"（Arts）的理念，将不同形式的艺术表达方式融为一体。在这里不仅可以体会苏格兰特有的历史文化（如欣赏苏格兰风笛、方格裙等特色），还可以参与当代艺术有关的艺术形式，如参观画廊、欣赏试验艺术剧目（experimental arts performances）的表演等。也就是说，它强调的不单单是苏格兰"国粹"这一概念（尽管这一特质可以使其更具备国际竞争力），而是国际水准的艺术和苏格兰本地风情的融合体（Prentice & Anderson，2003）。比如旗下的爱丁堡国际

① 首届 798 艺术节策展人之一的 Zhu Qi 于 2012 年 10 月 15 日接受《中国日报》欧洲版采访时如是评说。

② 详见《城市金融报》2012 年 9 月 27 日的报道《2012 北京 798 艺术节开幕》。

艺术节（Edinburgh International Festival）通常包括了歌剧、音乐、舞蹈、戏剧、视觉艺术以及小型座谈会等形式。而我们可以看到798艺术节目前主要集中在与当代艺术（contemporary art）有关的领域，虽然各类展览、活动历时近一个月、多达100多个，但依旧给人意犹未尽的感觉。

纵观爱丁堡的节日安排，可以说一年下来几乎每个月都有不同形式的艺术节，从而保证对于游客有可持续的吸引力。但是，最为重头戏的一些艺术节还是主要集中在每年的8月前后（如图2所示），时间跨度为一个多月，这样有利于艺术内容更为集中地传播。从观赏者角度来看，也有利于他们更系统地安排出游时间，宛如观看一场囊括了不同项目的奥运会"盛宴"（也有人称其为"艺术界的奥运会"——the Olympics of the arts[①]）。或者说，观赏者们可以用最小的开支获得最大的体验（夏一梅，2008）。当然该艺术节在票房操作上也有可圈可点之处。譬如他们有"买一赠一"（two-for-one）的促销；或者提前数月开始兜售门票，以避免其他大型活动时间冲突所造成的客流减少。

正如爱丁堡当地旅游局调查结果所显示的，八成以上的游客将"爱丁堡艺术节的多样性"归为他们前来旅游的最大动机（夏一梅，2008）。这在区域品牌建设上亦被称为"活动集中型"（event-focused）模式（Hudson & Hawkins，2006）。澳洲学者里根（Regan）等（2012）曾指出，诸如文化艺术节或国际体育赛事等大型活动业已成为当今旅游观光活动最大的原动力（travel motivation），在区域品牌推广中扮演着举足轻重的作用。他们通过动机调查对"组团参观大型活动"这一形式进行了研究，发现提升活动自身的观赏价值要素（excitement elements）、合理安排相关节目以及开展以满足观光者好奇心的文化体验，均有利于通过"活动"推动区域品牌建设。的确，Prentice等学者（2003）也就此问题对400余名游客进行了问卷调查及访谈，发现"了解、发现苏格兰的文化传统"以及"观赏、参与艺术活动"是他们前来爱丁堡艺术节动机上的最大共性。而爱丁堡艺术节也和其他在苏格兰举办的节日一样，成为当地重新定位（civic re-positioning）以及向海外推广、打造国际文化影响力的重要手段。

而曾任英国《卫报》编辑的吕品（2012）在分析爱丁堡艺术节成功

---

① 比如英国知名评论人 Iain Macwhirter 曾在其专栏文章使用过这样的称呼（详见2006年8月27日出版的"Why Edinburgh risks running the world's best festival"一文）。

图 2 爱丁堡节日安排

经验的过程中，着重强调了当地政府的非主导性，即保证"创作演出上的高度自由"。比如艺术总监在策划和选题上具有自主性，无须官方拟定表演节目的参选主题和标准。正如品牌专家柯蒂斯（Curtis）等人所强调的，"自上而下（top-down）的推广模式往往具有制约性、过于官僚；［相关部门］应多提供资源便利予以辅助指导，而非一味增强监管"（Hudson & Hawkins，2006）。而 798 艺术节（包括 798 艺术区的兴起）恰恰就是一种源自艺术家本身对艺术追求的行为及活动，体现了很大的自主性，同时也为中外艺术家与他们观众的"互动"提供了很大的空间。与此相比，本文之前所提到的伊斯坦布尔，虽然该市在投资兴建文化设施及市容方面有了很大改观，但 Alvarez 等人（2010）依旧批评了他们在开展文艺活动过程中过于关注精英阶层而忽视了广大草根阶层的参与度。

以知名的历史文化景点为据点举办系列文化庆典活动，也是爱丁堡艺术节的一大特色。比如众所周知的爱丁堡城堡每年都要承办军乐节（如上图所示，8 月 2—24 日 爱丁堡军乐节）。对于初来乍到的国际游客来讲，爱丁堡城堡是代表苏格兰、代表爱丁堡的重要文化符号，同时也是必去景点（must-see attraction）之一；而坐在具有近千年历史的古建筑群里感受来自世界各地军乐团体的精彩演出，则成为每年爱丁堡系列艺术节中的重中之重。同时通往城堡的皇家大道（Royal Mile）部分路段也随之停止对车辆开放，使这里变成了非正式艺术表演的绝佳场所，可供游人随时驻足欣赏、感受节日"狂欢"的氛围；而沿街的很多建筑则在节日期间成为了诸如话剧、舞蹈、歌剧等室内艺术的表演场地。这也是本文前面所提到的"整合区域性文化资源"、"形成规模效应、集聚效应"的有力体现。的确，形成有规模的区域型文化聚集区、壮大充实诸如博物馆的公共文化设施、实现文化遗产的保护和再利用，也都成为"以文化为导向"进行城市更新的原动力。与此相比，北京曾于 1997 年和 2001 年史无前例地在故宫分别举办了"雅尼紫禁城音乐会"、"世界三大男高音紫禁城广场音乐会"。① 他们的表演在当时得到了前所未有的关注，不仅有各界名流到场观赏捧场，而且各大媒体争相直播。正如雅尼 1997 年世界巡演时所强调的，"这些古迹是人类崇高精神和追求完美的象征，代表着人类文明的历史…… 将音乐融进这些［古迹里］，不仅可以给观众带来视听上的震撼，而且象征着人类文明的传承"。② 的确如此，这些活动成为当时全球乐迷共同欢乐的盛宴，其随后发行的相关音像资料也得到市场一致好评，所产生的文化影响力尤为深远。

爱丁堡艺术节还很重视"参与性"与"互动性"，尤其体现在"草根"气息比较浓重的边缘艺术节（The Fringe）上。"高手在民间"这句谚语就像艺术评论家 Tim Cornwell 在其专栏中所写到的，"边缘艺术节重在启迪创造力，而非强调演出质量"。③ 的确如此，正如 Grodach 等（2007）所指出的，西欧国家的市政厅越来越讲究将文化政策的侧重点放在支持社区艺术建设上，在设计规划方案时更多是"自下而上"式思考、强调包容性，让艺术教育更加普及，从而振兴凝聚社群；而不是仅限于向高端群体推广高雅文化。与此相比，在我们 798 艺术区的发展过程中曾出现过部分画廊因无法支付暴涨的租金而被迫关门迁走的案例。④ 无疑这会挫伤这些"草根"、"平民"艺术家参与社区艺术的积极性，同时影响到社区文化的多样性以及集聚效应。因此，相关政府机构或者 798 艺术区管理委员会能否为这些"草根"艺术家或画廊提供相应的公共空间支持，或者通过一定渠道调解不合理的租金"涨价"现象，是保证该艺术区及

---

① 参见新华网网页，http：//news. xinhuanet. com/world/2011 – 09/16/c＿ 122044203. htm；以及中新网网页的相关报道，http：//www. chinanews. com/2001 –06 –23/26/100137. html。

② 参见南方网网页的相关报道，http：//ent. southcn. com/8/2011 – 09/23/content ＿30343231. htm。

③ 参见 Tim Cornwell 2012 年 8 月 6 日在 The Scotsman 报上所撰写的文章 "Stop finding fault, our festivals are fabulous"。

④ 参见《中国日报》欧洲版（英文版）2012 年 10 月 15 日的报道 "10 Years at 798 Art Zone"。

相关活动能否可持续发展下去的关键之一。

中山大学的马凌等人（2012）认为中国的一线城市有能力去举办可以与爱丁堡艺术节媲美的国际大型文化活动，从而提升自己的国际文化影响力。比如说，上海国际艺术节作为上海本地"旗舰型"的国际性文化庆典活动，在节目安排和组织形式上更趋于国际化。拿 2013 年第十五届艺术节来说，时间跨度上为一个月（10 月 18 日至 11 月 18 日）；而演出、展览等活动也以多元化的形式得以呈现（有中外舞蹈剧、话剧、美术展览等形式），尤其强调了开幕式、闭幕式演出剧目的重磅"压轴"角色。在此基础上，上海国际艺术节也着力打造自身特点，比如倡导以"力推原创新作"为使命以及邀请国外知名剧团前来参演。①

五　结语及建议

上海社科院于 2014 年 2 月发布的《国际城市蓝皮书：国际城市发展报告》一书中曾指出，"文化升级是北京的相对薄弱环节，其创新环境指标远低于平均水平、美术馆、博物馆以及国际旅客的数目也仅仅接近于平均值，表明城市的文化吸引力相对有限"。② 由此可见，就真正成为文化意义上的"世界城市"来讲，北京还是存在一定程度差距的。也就是说，我们在相关文化建设领域，尤其是如何提高国际文化影响力方面，仍需继续努力。本文主要讨论了如何以文化艺术节或者文化庆典等活动作为突破口，协同旅游观光等产业，加强城市文化品牌建设，进而提升城市真正的国际文化影响力。在借鉴国外艺术节（尤其是爱丁堡艺术节）先进经验的基础上，本文结合北京自身情况，特给出以下几条政策层面具体的建议。

（1）选取北京国际化程度高的区域（如朝阳区），联合其友好城区（如纽约的布鲁克林区）共同举办国际大型文化艺术节，进行文化、艺术等多方面交流。

（2）旧地址再利用，充分利用奥运会遗留下来的体育场馆（lasting legacies of the host cities）开展相关主题文化艺术展览或活动。

---

① 参见《北京日报》的报道《上海国际艺术节公布参演剧目》。

② 参见人民网网页，http://env.people.com.cn/n/2014/0213/c1010 - 24348939.html。

（3）依托具有国际知名度的"798"艺术区，进一步打造"旗舰型"（flagship cultural projects）的国际性文化庆典活动，同时推动社区艺术的发展壮大。

（4）使文化、旅游"共同发力"（synergy）的同时，把握好艺术与商业的平衡点，避免过度开发、过度商业化所导致的庸俗化[①]（文化产品、经营形式等）。

（5）为这些"草根"艺术家或画廊提供相应的公共空间支持（用作工作室或展览厅），避免场地局限所导致的"平民"艺术"边缘化"。

参考文献

1. 何国平：《城市形象传播：框架与策略》，《现代传播》2012 年第 8 期。

2. 李江涛等：《广州与世界文化名城的差距及发展对策建议》，《中国广州文化创意产业发展报告》，社会科学文献出版社 2011 年版。

3. 吕品：《爱丁堡艺术节的经验》，《东方早报》2012 年 7 月 24 日。

4. 王兴全：《解读"国际文化大都市"》，《上海文化发展报告》，社会科学文献出版社 2012 年版。

5. 夏一梅：《商业与艺术的完美结合——爱丁堡国际艺术节对发展文化创意产业的启示》，《上海商业》2008 年第 9 期。

6. 赵继敏：《2007—2010 年"798"艺术区发展调查》，《北京文化发展报告：2010—2011》，社会科学文献出版社 2011 年版。

7. Alvarez, M. D. & Yarcan S. (2010), Istanbul as a world city: a cultural perspective, *International Journal of Culture*, Tourism and Hospitality Research 4, 266—276.

8. Grodach, C. & Loukaitou-Sideris A. (2007), Cultural development strategies and urban revitalization: A survey of US cities. *International Journal of Cultural Policy* 13, 349—370.

9. Hudson, M. & Hawkins, N. (2006), A tale of two cities-A commentary on historic and current marketing strategies used by the Liverpool and Glasgow regions, Place Branding 2, 155—176.

10. Ma, L. & Lew, A. A. (2012), Historical and geographical context in festival tourism development. Journal of Heritage Tourism 7, 13—31.

---

① 画家刘小东曾指出，应处理好商业与艺术的平衡，避免让 798 艺术区沦为"二流"的王府井。详见 http://www.takungpao.com/news/content/2012 - 10/05/content_ 1191463. htm。

11. Ma, X. & Timberlake, M. F. (2008), Identifying China's leading world city: a network approach, GeoJournal 71, 19—35.

12. Prentice, R. & Anderson (2003), V. "Festival as Creative Destination", Annals of Tourism Research, 30, 7—30.

13. Regan, N., Carlson, J., & Rosenberger, P. J. (2012), Factors Affecting Group-Oriented Travel Intention to Major Events, *Journal of Travel & Tourism Marketing*, 29, 185—204.

（李琛　北京第二外国语学院国际传播学院　北京　100024）

北京城市意象的影视传播

李星儒

摘　要：借助大众传媒的力量，一个城市的意象可以向全球进行传播。影视作品成为塑造与传达城市意象的重要手段。本文从对影视作品的文本分析入手，提出了影视传播中的三个能量层次，即告知、传达和赋予三个层次，并针对不同的传播层次提出相应的传播策略，以为北京城市意象的塑造与传播提供适宜且有可行性的方法与路径。

关键词：北京　城市意象　影视　大众传播

一　城市意象的演变与大众影视之作用

55 年前，美国学者凯文·林奇发表了他里程碑式的论著《城市意象》（*The Image of the City*，或译为《城市的形象》），并在书中提出了"城市意象"或曰"城市形象"这一概念（本研究中统一称为城市意象）。凯文·林奇在研究中发现，城市呈现的形象虽然千差万别，但人们对于城市意象的认知有着非常类似的构成要素，凯文·林奇将之概括为道路（paths）、边界（edges）、区域（districts）、节点（nodes）和地标（landmarks）五个要素，这五个要素构成了共同的城市意象。

但凯文·林奇在论著中所说的"城市意象"概念虽然引入了城市居民的心理因素，开创了现代城市空间研究的先河，但在当时这一概念更多指向的还是城市的物质形态载体，如道路与建筑、风貌与景观。这与凯文·林奇本身的专业背景有关——他在麻省理工学院建筑学院任教有 30 年之久；与当时的学科背景有关——随着美国的城市化进程高速发展，城市学（urbanstudies）作为一个新兴的学科领域风头正劲。而城市意象也只是一个由城市设计（urban panning）派生延展而来的新生概念。但在之后的研究论述中，城市意象被越来越多地赋予了心理学和主观感受的内涵。城市意象作为环境意象的一种，不仅是"个体头脑对外部环境归纳出的图像，使直接感觉与过去经验记忆的共同产物，可以用来掌握信息进而指导行为"①，更是"城市内在素质和文化内涵在城市外部形态上的直观反映，是该城市有别于其他城市的深刻印象"。② 因而今天我们所说的城市意象，不仅是城市的空间结构，不仅是城市的景观风貌，甚至也不仅是人们头脑中对于城市外在形象的认知；更是人们——不论是生活在城市中的居民还是身处其他地方的旁观者所普遍认同的、具有辨识度的审美意象。

对城市意象这一概念的认识转变指明了一件事：研究者们终于意识到城市意象并非那个由建筑与道路构建的客观实体，而是基于反映论的角度给出的一种"评价"、"印象"、"认识"，两者之间的关系如同镜与像，如同岸边的房屋与水中的倒影，不可等同。城市的意象并不能完全由其自身建设完成，而是在人对它的接触和由接触而生的感受与情绪中得到塑造。

城市意象与人的感受密不可分，而所谓人的感受，究竟从何而来？人的感受须借助感官，但人的感官所能起作用的范围却极其有限。生活在现代城市，尤其是像北京这样的大型城市，仅靠一己肉身所能感受的部分虽不能用沧海一粟来形容，倒也相去不远。更不用说与这个城市相隔千里甚至横跨半球、散落在世界各个角落的人们能有多少亲身接触与感受的机会。但在当下，人类的感官借助媒介实现了延伸，世界在媒介的勾连中变得越来越小。虽然一个人能亲身而至加以体验的空间仍然不可避免地受到物理法则、地理环境乃至经济条件限制，但这并不妨碍他借助媒介提供的信息形成对这个世界上各种事物的认知。

在这种情况下，作为城市意象基础的"人的感受"，所感受到的并不是城市本身，而是城市在媒介上的再现。城市的真实本体在形成城市意象中的作用下降了，取而代之的是媒介上呈现的"虚拟形象"重要性逐渐增强。

真实与虚拟的关系是古老的哲学命题，也是思维认知的基础。它们的

① ［美］凯文·林奇：《城市意象》，方益萍、何晓军译，华夏出版社2001年版，第3页。
② 李兴国等：《北京形象》，中国国际广播出版社2008年版，第2—3页。

关系在数千年的历史发展中经历了三个阶段。首先是"仿造"（counter-feit），这是从文艺复兴到工业革命的"古典"时期的主要模式，这一时期的拟像依赖的是价值的自然规律①。拟像"和真实之间永远都有可以感觉到的争吵"②，这种"争吵"描述的正是传统哲学所认为的真实与虚拟的二元对立。此时的仿象与真实之间有着严格的区分，因为此时的"真实"还是一个神圣性与对象性兼备的真实存在，仿造只是对"真实"的模拟，是其存在背后的投影和再现性的认知。

第二阶段是在工业时期，拟像建立了一种"没有形象、没有镜子、没有表象的现实"。③ 科学与技术在历次工业革命中获得了飞跃式的发展，增强了人的支配力与控制力。"真实"被剥离了神圣性，拟像也开始不再依附于它而存在。这一时期的拟像遵循市场价值规律，生产是其主要模式，它可以依靠能量和力量实现无尽止的物质化的进程。因此拟像不再是对某种特定"真实"的模拟，而是可以在没有原物的情况下进行无差别复制，一如流水线印刷出的报纸、多份拷贝的电影胶片与不断转录的节目带。多个物体之间的关系"不再是原型和仿造的关系，既不再是类比，也不再是反映，而是等价关系，是无差异的关系。在系列中，物体成为无限拟像"。④ 但"真实"与"拟像"的区别尽管被遮掩了起来，却依然是存在的，这一时期的拟像是对真实的非现实的、符号化的表现，因此被称为"假象"。但无论如何，拟像和真实的关系已出现了异化。

拟像和真实的关系在进入后工业时代或称信息时代后步入了第三个阶段。在这个受代码支配的阶段中拟真成为主要模式，此时拟像依赖的是价值的结构规律。⑤ 随着大众传媒技术、生物技术和计算机技术的发展，拟像无需原物，甚至无需实体，它可以按照符号自我指涉的方式生产自我。因此不但"真实"消失了，甚而连这种消失也被掩蔽了起来，使人无从辨识，剩下的只是以符号为中介的思维。在此之前，无论拟像是对真实仿造还是假造，都还从属于表象的层面，但现在它成为"拟真"。"拟真"所生产出的拟像不但超乎寻常地逼真，还可以再自动生产拟像，并且这种

---

① ［法］鲍德里亚:《象征交换与死亡》，车槿山译，译林出版社 2006 年版，第 67 页。

② 同上，第 74 页。

③ 同上。

④ 同上，第 76 页。

⑤ 同上，第 67 页。

生产过程可以与现实毫无关系。在这个过程，真与假、实与虚之间的界限都被打破了。"超真实"（hyper reality）从符码的自我指涉中生成，比真实更加真实，它是"真实与自身的奇妙的相似性的非现实"。① 拟真并非是对真实的伪造，而是根本就没有、也无所谓真假。真实与虚拟的二元对立在这里消解，符号获得了解放，严格对等的指涉规则被打破。符号可以依照自己的逻辑运作，可以运用高科技技术手段制造无穷多的具有潜在统一性的存在。符号既然已经没有了固定的对应所指，拟真自然也无所谓真假。在消费社会的文化中，拟真是符号结构再生的结果，也是后现代符码社会的再生产。

在最后这个时期，大众传媒甚至成为掌控人们感受渠道的时代，身处拟像环境中的人的感受对象也由真实世界变为传媒对它的呈现。这种呈现绝不是对现实的忠实反映，而是一种再现（representation）。它是真实世界里一些事物的一种映像、类似物或复制品。② 再现（representation）是一个与反映（reflection）截然不同的概念，它意味着选择与呈现、建构与成形的主动性的工作之意：它不仅是对现存意义的传达，更是一种使事物具有意义的更积极的劳动。③ 虽然在"再次呈现"的过程中必然会产生对原版的扭曲与不忠实，但它经常会宣称自己就是"真实"，而大部分观者也这样认同它。可是，拟态环境中的媒介真实与客观真实间那不可逾越的鸿沟依然存在。从坏的一面来看，这条鸿沟的存在割裂了现实与虚拟，客观实体与媒介再现，让人们的认知与客观真实的距离愈发拉大；但就城市意象的传递而言它却具有相当积极的意义——这意味着可以通过影视形象构建和传递一个城市的意象，一个与城市客体形象既有关联又不重合的城市意象。本文无意就拟像环境与真实世界的关系进行批判研究，而是关注应当如何通过媒介和影像来构建北京的城市意象。

影视作品中构建的城市意象不是亲身接触所得的直接形象，在现代传媒社会，影视作品中呈现的城市往往会在未曾真正接触过一座城市的人心中打下关于它的第一印象，这种印象附加了影像对城市本体的再创作，往往蒙上了一层瑰丽华美的光环，令人印象深刻且难以忘怀。实际上，不只

---

① ［法］鲍德里亚：《象征交换与死亡》，车槿山译，译林出版社2006年版，第105页。

② ［英］大卫·麦克奎恩：《理解电视：电视节目类型的概念与变迁》，华夏出版社2003年版，2010年。

③ 叶晓滨：《大众传媒与城市形象传播研究》，博士学位论文，武汉大学，2008年。

是影视作品有此功能，一切文化产品如杂志、书籍乃至人际交流间的沟通均有此作用。相传柳永作《望海潮》，极言杭州之地理形胜、人物繁华。词作广为流播，随之传播的还有杭州妩媚灵秀、富庶承平的城市意象。金主完颜亮听得这首词，被"三秋桂子，十里荷花"引得心动不已，遂起投鞭渡江之志，结兵南下，乃至身死乱兵之中。这虽是传说，却也从一个侧面印证了《望海潮》一词对杭州城市意象的塑造与传达何等成功。现代人类社会早已经由文本时代跨入图像时代，因而当下的城市意象塑造与传播更应重视利用现今最为广泛的传播渠道——大众传媒，借力最易被接受的传播内容——影视作品。

　　通过大众媒介和影视作品进行传播虽然对城市意象的塑造与传达具有极为重要的意义，但城市意象这一概念长久以来均被视为城市规划与设计领域所应探讨的问题，近年来对这一问题的研究虽然呈现出学科交叉的趋势，如借鉴市场学及营销学相关理论进行城市品牌塑造、城市视觉形象设计等研究，但因其起步较晚。相关研究较为琐碎，尚未成体系。基于影视传播的研究也多囿于个案，或实用性不足。本研究试图在城市意象的传播问题中加入影视传播的规律与理论，以期获得更有实践和指导意义的结果。

二　影视作品传播城市意象的三个层次

　　品牌形象是一家企业最重要的无形资产。可口可乐总裁曾说过，即使全世界的可口可乐工厂在一夜间被烧毁，但只要有配方和可口可乐的品牌在，他也可以在第二天让所有的工厂得以重建，而所有报纸的头条则将是各家银行争相为可口可乐公司提供贷款。同样的，城市意象是一座城市重要的无形资产，对城市的发展有着至关重要的影响力。前文曾论述过，媒介社会中的城市意象很大程度上来自传媒，传媒也通过其强大的传播功能极大地影响着城市形象。虽然大众媒介不能决定人们对某一事物的具体看法，但是大众媒介所提供的经过加工而渗透了特定价值观的"媒介环境"，可以通过提供信息和安排相关的议题来有效地引导人们关注某些事物、形成一定的意见，对人们的态度和行为也会产生重要影响。因而荧屏中和银幕上所呈现的城市意象为不生活在这座城市的人们提供了一个重要的认知渠道；更重要的是，大众媒介通过创造一致的心理归属和内化一定的价值观等作用机制，能够实现意识控制和建构集体记忆的效果，从而具有强化城市居民对自己居住城市的归属感，提高对城市意象认同感的重要作用。一如赵本山小品和乡村爱情系列电视剧等东北方言影视作品的热播强化了区域内外人们对地域文化形象的认知与接受。这些影视作品融合了具有明显地域文化特征的独特伦理道德、思想情感和精神意愿，显示出世俗化、真实化、平民化的特征，其塑造东北特别是辽宁文化形象的功效已经超越了政治和经济的作用。① 甚至让一个原先并不出名的一个城市——铁岭变得人尽皆知。

但东北方言影视作品对区域文化和形象的塑造与传播并非出于设计，既非有意为之也难以加以简单复制，城市意象的传播尚有着更为深层也更具有普遍性的的规律。

目前经常用以承载城市意象的影视作品大致可分为两种，一是从广告和一般宣传片演变而来的城市形象宣传片；二是加入了城市意象元素的电影和电视剧。前一种往往是有目的的制作，后一种则大多是出于影视作品取景的需要，以城市景观作为影视剧中情节发展的场景背景，但并不特别加以突出。从整体上看，缺乏对于影视作品中城市意象呈现与传播的规划与设计。譬如寄希望于篇幅短小、难以深入展示的宣传片完成对城市精神的塑造，或白白浪费掉大篇幅电视剧对城市内涵的阐释能力。

从传播的角度看，影视作品对城市意象的传播具有不同的能量层级，而这些不同能量层级的传播行为则会对接受者产生不同的作用。由能量层级从低到高可以划分为告知、传达和赋予三个层次。告知层次对应着"认识"这一认知层次，即让传播对象知道有某一事物的存在并对这一事物有一个粗略的印象，如通常所说中国地形西高东低，北方人粗犷南方人细腻等。具体到城市意象的传播上则是让受众形成对于某一城市的大体观感。传达层次对应着"了解"或称"理解"这一认知层次，其作用是让传播对象对某一事物有较为清晰和理性的认识，如理解中国地形西高东低是因为板块运动，南北方性格差异可能是受到地理和气候的影响等。具体到城市意象的传播中，即是让受众了解一座城市的历史源流、特色文化、风土人情等内容。赋予层次是最高的层次，因为它并不指向既有的内容，而是增添新的内涵。它对应着"接受"这一认知层次，即让传播对象认同

① 邓丽、马琳：《论东北影视剧与地域文化形象的传播与构建》，《文化学刊》2010 年第7 期。

并接受所赋予的新含义，譬如为因地形西高东低而横贯中国版图的长江与黄河赋予"母亲河"、"两条巨龙"的意象，通过对这一意象的接受，长江黄河流域居民乃至所有中国人产生对于"中国"这一区域和同为中华民族"龙的传人"的认同感。具体到城市意象的传播中，则是通过影视作品为一座城市注入新的精神内涵并让受众对此认可。

三种不同的传播能量层级对应着不同的认知层次。其作用既有差别，也并非任何一种影视作品都能够承担起各个能量层次的传播功能，寻找到每个层级最适合传播方式与传播内容，方能够收获最佳的传播效果。

三　告知层次——城市宣传片

相对而言，告知层次的传播能级较低，传播目标不需要较大的篇幅投入就能达到，最为适合承担这一传播效能的影视类型当属城市宣传片。

城市宣传片应当属于影视广告的特殊一类。其产生源于由"国家营销"延伸而来的"城市营销"，即以经营企业的理念来经营一座城市乃至一个国家，城市宣传片即属于由企业形象识别（Corporate Identity）演变而来的城市形象识别（City Identity）的一部分。通过城市宣传片来塑造城市意象，不仅能增强城市的内部认同感，也能够通过大众媒介让更广阔区域内的人群在较短的时间内对这座城市产生认识、加深印象。

我国的第一部城市宣传片是威海城市形象宣传片，拍摄于1999年。此后的十余年中，各地政府逐渐认识到城市形象塑造对发展城市外部建设和强化城市内在结构的重要性，越来越重视运用多种传播手段以塑造、提升城市形象。城市宣传片兼具影视作品和广告的双重属性，它呈现给受众悦目和有冲击力的画面、配以营造氛围渲染情绪的音响，同时借助创意独特的表现手法，极具观赏性。视听语言虽拙于说理却长于传情，受众在享受丰富视听效果的同时会很容易接受片子所要传达的意蕴和情绪，而不大会思考其中的逻辑关系，是一种颇为简洁有效的传播手段。因而成为塑造、提升城市形象的首选方式。迅速地从一个新生事物变得丰富多彩，数量大幅增长的同时拍摄手法和制作精良程度也大幅提高。

但目前的城市宣传片的制作中依然存在一些问题和误区，对宣传片的传播效果影响较大。

北京城市宣传片的制作高峰期出现在2008年前后，时值北京奥运会开幕在即，北京市政府借力奥运会推出了宣传片《北京 2008》，由北京市旅游局出品，以宣传、提升北京作为国际城市的地位。作为一个系列，《北京 2008》一共推出了三个版本，分别为一分钟版、两分钟版和十二分钟版。其中一分钟版分镜头见表1。

表1 北京 2008 形象宣传片一分钟版分镜头

镜头号	时间码	画面内容	音乐音响
1	00：00—00：06	片头字幕：北京形象宣传片一分钟版	无
2	00：06—00：07	故宫：正面全景	鼓声
3	00：07—00：08	故宫：以守门石狮为前景的宫殿前侧方全景	
4	00：08—00：09	故宫：宫门打开露出宫殿正面全景	
5	00：09—00：12	快速下移的镜头：故宫大全景	钟鼓
6	00：12—00：14	以殿前铜狮为前进的故宫太和殿前侧方全景	
7	00：14—00：15	故宫：汉白玉栏杆全景	
8	00：15—00：16	摇镜头：故宫太和殿内全景	
9	00：16—00：17	延时摄影：太和殿广场光影变迁	
10	00：17—00：18	故宫角楼及护城河	
11	00：18—00：20	航拍大全景：长城	
12	00：20—00：21	航拍大全景：长城雪景	
13	00：21—00：24	移镜头：门洞与垛口	气势磅礴且具民族风格的交响乐
14	00：24—00：25	上摇镜头：长城地砖到全景	
15	00：25—00：27	快速推镜头：十三陵甬道	
16	00：27—00：27	十三陵全景	
17	00：27—00：29	天坛全景	
18	00：29—00：31	低角度拍摄雍和宫	
19	00：31—00：32	颐和园昆明湖镇水铜牛	
20	00：32—00：33	天安门广场升旗	
21	00：33—00：34	国旗护卫班走过白玉桥	
22	00：34—00：35	推镜头：天安门城门洞	
23	00：35—00：36	快速拉镜头：北京猿人塑像	加入人声合唱伴唱
24	00：36—00：37	摇镜头：孔庙孔子塑像	
25	00：37—00：38	推镜头：十三陵殿内塑像	
26	00：38—00：38	快推镜头：地坛内通道	

镜头号	时间码	画面内容	音乐音响
27	00：38—00：40	快推镜头：地坛琉璃瓦至内景	
28	00：40—00：42	朝阳中雾气蒸腾的山头	
29	00：42—00：44	屹立山顶的松树	
30	00：44—00：45	圆明园大水法遗址	
31	00：45—00：47	颐和园昆明湖及十七孔桥	
32	00：47—00：48	仰拍颐和园万佛阁	加入人声
33	00：48—00：50	故宫御花园内香炉雪景	合唱伴唱
34	00：50—00：52	颐和园内亭桥雪景	
35	00：52—00：54	颐和园内雪景	
36	00：54—00：55	航拍大全景：北海公园	
37	00：55—00：57	航拍大全景：景山公园	
38	00：57—01：00	航拍大全景：中轴线全貌	

一分钟版宣传片采用的是最中规中矩，也最为常见的宣传片拍摄手法：拍摄对象选择最有代表性的城市中心地标和最为著名的北京文化古迹如天安门、中轴线、故宫、颐和园、北海公园等，主要以大景别拍摄景观风貌，配以大气磅礴、具有歌颂意味的背景音乐。在一分钟之内使用了38个镜头，其中最长的镜头不到三秒钟，最短的镜头则不到一秒。这样的拍摄手法能够在短时间内对一个城市的主要风貌进行轮廓式的扫描呈现，但以大景别为主的画面语言和较高的剪辑率决定了它只能进行浮光掠影式的呈现，连对景观较为细致的呈现都无法做到，更不用说对城市文化和城市意象的深层挖掘与表达，这也是由于它受到了时长篇幅的限制。一分钟版本虽然创意的新颖性不足，但每个镜头的拍摄都颇用心思，使用日常少见的画面构图和运动拍摄手法、结合电脑制作特效，提高了画面观赏性，视觉效果较好，因此能够达到"告知"这一层次的传播效果。

两分钟版本的前一分钟几乎重复了一分钟版本，只是画面顺序有前后调换；紧接着的十五秒内共罗列了爨底下村、胡同场景、北京电视台、国贸商业区、首都机场、水立方、鸟巢、国家大剧院、北京烤鸭、仿膳、梁祝茶馆、今风古韵、胡同游、龙庆峡、欢乐谷、十渡、皇城根遗址公园、后海冰场十八个大景别画面；随后则用十二秒内表现了逗鸟、踢毽子、地写毛笔字、舞剑、熊猫吃竹子、剪纸、耍幡、逛庙会、京剧刀马旦亮相、北京古玩城、皮影十一个场景；精品店、高档商场、北京科技馆、北京天文馆、育才小学、清华大学、北京大学、钢花舞龙表演、千手观音舞蹈表演、电影之歌演出、北京之夜大型演出十一个场景的顺序展示花去了十五秒时间，最后则是一组经过快放且使用快切剪辑的北京夜景如车水马龙的街道、熙熙攘攘的人群、起降的航班等，最后在水立方与鸟巢的大全景画面上打出字幕"体验北京，感受奥运"。这一版本虽然时长是一分钟版的一倍，但表现手法几乎没有区别，传播内容仅是在一分钟版本的基础上加入了更为现代化的画面，因而传播效果与一分钟比较没有产生差异化。全片内容较多，画面剪切率较高，节奏变化不大，基本是对场景的罗列展示，同样未能有深层次的意蕴表达。但因时长较短，观众尚能较为集中地看完全片，虽感繁杂但尚不至于疲惫。

这两版宣传片虽然有着形式大于内容的弊病，但其可应用性较高，短时长方便插播在电视节目间隔、公交地铁视频系统乃至电梯、楼宇内的屏幕终端上。

但当十二分钟版本依然沿袭了前两版本场景罗列、画面堆砌、背景音乐满铺的表现手法时，就出现了较为严重的问题。在观看影视作品时，人的注意力一次最多只能持续五分钟，因此无论是什么样的影视作品至少需要五分钟就出现一个兴奋点或情节高潮以维持观众收视注意。即使观众能够坚持从头到尾看完，里面重复罗列的众多内容又能有几分印象？作为一部十二分钟时长的长宣传片子，完全有能力和余地通过设置情节、调整节奏、改变叙述方式等方法来对北京文化和城市意象进行更有深度的阐释和传达，甚至能超越"告知"层次，承担起"传达"这一传播能量层级的功能。但现有版本却未能做到这一点，不能不说是一种遗憾。现有的十二分钟版本既未能从深度和角度上有所发掘，在播出时也缺乏一分钟版和两分钟版的灵活性，更像是用于填补空档的"请您欣赏"，颇有鸡肋之感。

出现这种问题自然有制作者投入精力不足、贪图简便的原因，更多的则是受到制作方式固化、制作理念未能更新的影响。跟风是目前我国各类影视作品的通病，一如"超女"风靡全国后选秀类节目纷纷涌现、中国好声音热播之后唱歌类真人秀一拥而上，城市形象片一旦出现某一风格的优秀之作，就会引发大量雷同类型、重复制作固化的模式。《北京2008》系列即沿袭了北京申奥宣传片的风格（见图1）。但申奥宣传片的目标受众是那些未曾到过北京、未曾对北京有先期了解的外国人，采用全景扫描式的表现手法有助于他们迅速认识这个城市，而《北京 2008》的主要目标诉求并非吸引外国友人——北京奥运会半数以上比赛门票提供给国人，在奥运期间来北京旅游的也以其他地区的中国人为主。对于这一部分人群来说，作为首都的北京并不是完全陌生的存在，以两个短版本表现概况就已经足够，长版本应当做的是寻找北京城市意象的个性之美，凸显北京与其他城市差别化。

图 1　　《北京 2008》城市宣传片

在画面加音乐为主的形象片中，大量对城市建筑、景观风貌的展示，难以凸显一座城市的地域性特色。采用同一模式拍摄形象片的不同城市，其独特性与个性被同样的形式感削弱，观众在迅速切换的画面冲击下很难区分出其中差异。而同一模式的简单重复也会让观众对这一类形象片产生厌烦心理。

形象宣传片既然属于影视广告中的特殊一类，就必须符合其创作规律。

广告大师罗瑟·里夫斯提出的 USP 理论指出，有效的广告必须向消费者明确陈述一个明确的消费主张，这一主张必须是独特的或是其他同类产品中宣传中不曾出现或表现过的，这一主张必须对消费者具有强大的吸引力和打动力。此外一则广告中只能有一个诉求目标，这样才能强烈地打动广告受众并在受众心中留下深刻印象。如果城市形象宣传片一味地求大求全，总是试图将城市的历史、现实、建设、发展等各种内容都塞入很短的篇幅中，势必不能以鲜明的记忆点在受众心中形成强烈有力的印象。

广告是一种商业宣传，因此它的传播目标就是"劝服"，劝服观看者对广告中的商品产生好感，劝服观看者购买其商品。早期的广告使用的也是单纯进行商品展示与陈列的路线，但在今天，广告从业者已经明确知道了一件事：最具传播效果的广告展示的绝不是商品本身，而是附加其上的情感价值。正如露华浓创始人所说，他们出售的不是口红，而是希望。女性在购买口红之后的快乐并不来自那个实物，而是让自己容貌变得更具吸引力的希望。同样的，可口可乐出售的不只是那瓶深棕色的碳酸饮料，而是"欢乐"；麦当劳提供的不仅是汉堡，还是"我就喜欢"的个性张扬。寻找到一个契合商品本身的附加价值，是一则成功广告的应有之义。对于城市宣传片来说，就是要寻找到一座城市的独特意蕴。

在寻找到这一独特意蕴之后，还需要使用新颖而有创意的表现手法对其加以呈现。广告大师伯恩巴克曾言："广告最重要的东西就是独创性与新奇性。"如果缺乏有效的表现手段，即使寻找到了独特的城市意象也难以获得有效传播。

北京西城区在 2012 年制作了以"皇城山水、北京人家"为主题的宣传片，这一主题结合了北京的历史和现代的生活，勾连了厚重的历史与琐碎的日常，其中意蕴与北京城市意象契合度较高。但这部时长三分钟的宣传片与五年前的《北京 2008》表现手法如出一辙——大景别的城市场景罗列和从头一贯到底的背景音乐，甚至连画面上介绍字幕出现方式都一样（见图 2）。

时隔四年，宣传片的拍摄手法却毫无变化。主题所确立的意象在拼接罗列的画面组合中也没有能够得到有效的呈现。以此模式制作的形象片纵然画面精美却缺乏可读性和有效的传播性，无不沦为摄影界俗称的"糖水片"——徒有甜度，毫无营养。

此外，一个品牌的系列广告既应传播统一的品牌形象，又应针对不同目标受众确立细分的传播目标、设计不同的传播方式。尤其在当下这一数字传播时代，实现针对目标受众的精准性和定向性传播有助于确立广告设计的方向、明晰广告制作的思路、增强传播内容与受众之间的契合度，从而获得较好的传播效果。具体到城市宣传片这一特殊的一种广告形式上，统一的品牌形象即是制作的各宣传片应当传递比较统一的意象，在一定时期的宣传片制作中需要使用相对稳定的指导理念、视觉形象和宣传口号。

图2　北京西城区宣传片

让这一系列宣传片产生集团效应，强化传播效果。针对不同目标受众确立细分的传播目标、设计不同的传播方式则是指将城市宣传片应当按照不同的诉求目标划分为不同的类别。即使是同一系列中的多个形象片也应当有自己差异化的定位。城市形象片的诉求目标是多元化的，如旅游宣传、招商宣传、节庆宣传、特色文化宣传等。如果未能明确传播目标、进行差异化定位就会陷入大而无当的境地，在短小的篇幅中塞入过多的内容则会使作品冗繁复杂，最后得到的也只会是浮光掠影式的表达和开杂货铺式的陈列。

在这一点上北京丰台区的宣传片有着比较好的表现。在确立了"丰收的沃土，成功的舞台"这一主题后，丰台区制作了两版宣传片，时长均为一分钟。一版名为"历史篇"，它将视角放置在一位多年漂泊在外，直至满头白发才回到故乡的游子身上。片子展现的是老人下火车后回家的过程，他一路走过曾经熟悉的卢沟桥，凝视桥上的狮子和桥下的流水；走进宛平城，穿越狭长的门洞；走过小巷，看到街头玩着"跳房子"的孩童、竹签穿起的糖葫芦和吹糖人，这无不展示着丰台历史与传统。同时又巧妙地将火车南站、体育中心、总部基地等丰台区的标志性建设项目作为"归途见闻"穿插其中。与老人擦肩而过的人们向他问好时脸上洋溢着的笑容则展现着丰台人的风貌。宣传片以老人回到家门口，孙子欢笑着扑入他的怀中，全家人围坐在一起作为结束，蕴含着传统的"落叶归根"和"团圆幸福"的意蕴。另一版名为"现代片"，其视点人物为工作在丰台总部基地里的一位年轻的女服装设计师。在她设计新服装找不到灵感深感苦闷之时出门散心。一路走来的她丰台世界花卉大观园中邂逅插花艺术、在陶然亭偶遇戏曲表演。这成为她的灵感源泉，设计出结合了传统戏曲元素的独特服装，在时装展示表演中大获成功。以这一情节为线索，展示出丰台区花卉、戏曲、服装等重要产业和文化品牌在今天的新发展。这两版宣传片通过加入视点人物和设置故事情节的方法加强了片子的观赏性，视点人物的选择各自切题，表现手法颇有新意。两个宣传片虽然都统一在"丰收的沃土，成功的舞台"这一主题之下，但其视点不同、定位明确。历史篇重在展现丰台的历史与传统，现代篇重在表现丰台的现代发展。难能可贵的是，历史篇中呈现的历史是有传承的历史、现代篇中表现的发展是有源头的发展，古与今、历史与现在、传承与发展有机地融合在一起，展现出丰台的独特魅力。

最后还有一个较为重要的问题：广告的投放需要具有一定的持续性，以在受众心中形成稳定的品牌形象。在实际工作中，城市宣传片的制作与播出经常出现一段时间内扎堆一段时间内空白的状况。如北京的城市宣传片制作在 2008 年的宣传高峰过去后就出现了断档，这非常不利于城市意象的长期传播。城市宣传片应被纳入城市形象乃至城市品牌建设的长期规划中，有计划地安排制作和播出档期，科学使用经济资源和媒体资源，才能有利于构建并维系持续稳定的城市意象。

四 传达层次——长宣传片、纪录片和影视剧

传达层次对影视作品提出了更高一层的传播要求。视听语言具有表意的不确定性和线性传播特点，与文字语言相比逻辑性较低、严谨性不足，本身就比较难以说理性的阐释。如果篇幅较短更难以进行深入展示。因此从篇幅上讲，时长三分钟以内的短宣传片一般缺乏足够的空间进行对深层内容的解释与阐述。比较适合承担这一层级传播功能的影视作品主要有时长五分钟以上的长宣传片、纪录片和固定的电视节目。

一般来说，宣传片很少会承担"传达"层级的传播功能，这是由其创作目标、创作手法决定的。近年来宣传片的拍摄逐渐摒弃了画外音念稿，更注重以画面本身打动受众。这虽然是使用视听语言理念上的进步，但视听语言本拙于说理，缺失人声旁白之后说理、阐释的能力更是大打折

扣。但这并不意味着宣传片没有能力承担"传达"层级的传播功能。在这一点上,《2008 奥运会徽北京印——舞动的北京》宣传片则堪称优秀典范。时长五分钟的《2008 奥运会徽北京印——舞动的北京》宣传片划分为五个段落,分别从不同的侧面展示、阐释了北京奥运会徽的设计意图和精神内涵。全片从一位老工匠寻找雕刻灵感切入,以"琢磨"为线索。第一段通过展示从远古洞穴岩壁上的人形刻画印记到制陶的底印、书画的印章、直至日常生活中通过盖姓名戳来签收邮件,表现了"印章"这一极富特色的事物在中国源流之久长、存在之普遍。第二段则由一群小朋友因为拍手游戏互相沾染手心印记、少女轻吻画页留下唇印、母亲亲吻孩子脸颊并为初生儿留下足印、签订国际合约时盖章等一系列意象表达了"印"所蕴含的表达爱意、沟通和信任的意象。第三段落则以两位在空山竹林中挥毫泼墨的年轻人为主要表现对象,宣纸上不断变换着字体的"京"字最终与北京奥运会徽的形象重叠,清晰地表达了会徽形态的含义之一——本届奥运会主办地的象征和艺术变体。第四段由一身红衣、舞动红绸的舞蹈演员引入,继而将新娘的红盖头、过年时张贴的红窗花、故宫的红城墙、做游戏时的红手绢、抖动的红空竹、秧歌的红扇子、车上挂的红色平安结、旋转的红风车、敞开的红宫门、摇动的红拨浪鼓、孩子穿着的红肚兜、跳跃的红腰鼓、金红四溅的钢花舞龙、放飞的红气球和红色荷花灯和鲜红的国旗等一系列与"红"相关的意象与会徽的局部特写进行叠化,既表现出中国人对"红"的偏爱、"红"在中国文化中的渗透之广,也点明了会徽色彩的选择原因。第五段则将历届奥运会上运动员奋力拼搏的动感片段与舞动红绸的红衣少女进行交叉剪辑,突出会徽名称的"舞动的北京"中的"舞动"之意。最后,在一系列获得胜利的运动员高举双手庆祝的快速剪切之后,那个张开双臂呐喊的形象被凝固下来,定格为会徽形象,阐释出会徽形态的最后一重设计含义。每个段落配合以适当的音响,第一段简洁沉稳、第二段温馨抒情、第三段空灵曼妙、第四段热情洋溢、第五段激烈磅礴,且段与段之间过渡自然、毫无生拉硬接之感。整个宣传片不着一言,但段落划分明确、表意清晰,选择的具有传统特色表现内容几乎都来自中华民族的集体记忆,感染力极强。整个宣传片构思精妙,对视听语言使用相当纯熟。在清晰到位地阐释"北京印"的设计理念之余,还通过蒙太奇的组接隐喻了"中国红,吉祥红"、"天地生璞玉,雕琢成大器"、"书法精妙之境应和自然之道"等沉淀于传统文化之中而又较为深刻的意境,甚至通过灵动的画面实体化了艺术创作过程中灵感突至的微妙一瞬,极大地丰富了宣传片的表意内涵和层次。可见宣传片要承担"传达"层级的任务,除了需要具有相对宽松的时长以获得更多的表现余地外,更重要的是创作者需要掌握使用视听语言进行叙事这一技艺,并能巧妙地将本不具有实体的情绪、概念、精神转化为贴切的视觉形象,进而完成对深层内容的阐释。

与宣传片相比,纪录片似乎是为"阐释"和"传达"而生的。大多数纪录片时长在 40—90 分钟,最短也不会低于 20 分钟。时长的充裕让它能够有余地对要表达的内容抽丝剥茧、娓娓道来。宣传片的名称就为它打下了"宣传"的烙印,其制作带有鲜明的目的指向性。从好的一方面来说,宣传片主题鲜明定位清晰;但"宣传"一词中的强制与劝服意味也可能让原本就有戒心的受众产生更严重的抗拒心理。2011 年 1 月 17 日,中国国家形象宣传片之人物篇亮相纽约时报广场。虽然构思完备、内容丰富、制作精良,但传播效果并不好。英国广播公司全球扫描(BBC-GlobeScan)的调查显示,广告播出后,对中国持好感的美国人从 29% 上升至 36%,上升 7 个百分点;而对中国持负面看法者,则上升了 10 个百分点,达到 51%。中国国家形象宣传片中出现了五十余个中国面孔,众多而陌生的中国面孔在经历了近三十天、每天 20 小时、每小时 15 次的密集投放之后让观者产生了紧张情绪:"中国人来了,而且来了这么多。"[①]受众,尤其是国际传播中的受众对传播内容的侵犯性非常敏感,一旦传播内容流露出试图改变对方观点的企图便会招致极大的反感。

纪录片在却并没有这方面的困扰。自诞生以来,纪录片一直以展现真实作为自我定位,以真实事件、真实生活为创作素材。因而纪录片的"真实性"在长期培养的传播语境已经被受众接受,纪录片所呈现的内容也因为"真实客观"而较易被受众理解和认同。即使现今纪录片的制作越来越多地借鉴着剧情片的表现手法,艺术加工程度不断加深,受众对其的信任度依旧较高。此外,纪录片相对严谨的制作方式、比较客观的陈述方式和较高的立意让它成为一个品位较高的片种,其受众人群素质较高,带有精英文化的印记。纪录片所能影响的恰恰是一个群体中较有话语权和影响力的人。因此近年来,纪录片的制作和传播已经纳入国家文化传播战

---

① 孔璞:《学者调研显示国家形象片传播效果并不理想》,《新京报》2011 年 11 月 16 日。

略体系中。而在北京城市形象和城市文化的影像传播中，纪录片更应担起重任。

近年来国内的城市在注重发展自身经济的同时，也在注重打造自身文化形象，依托本地优势的自然资源与历史文化资源建构自身文化形象。在纪录片界，大题材、大制作的人文历史纪录片纷纷面世，其中具有代表性的是《故宫》《望长安》《大明宫》《西湖》《大秦岭》。这些历史文化纪录片的鸿篇巨制，或以城市的历史文化为出发点，或以城市的自然资源为依托，将本土优质的历史文化与自然资源以充满历史质感与人文深度的影像表现出来，从另一个侧面丰富了城市的文化构成，彰显了城市的文化底蕴。

借助纪录片传播北京城市形象并不是对北京城市建设外在形象的简单展示，它需要对北京的某一点独特风情和核心元素做出细致的梳理和深入的阐释。作为国家首都和建设中的国际城市，北京城市构成的复杂性为纪录片创作者提供了极为丰富的创作素材，不同的纪录片可选择的视角与主题也千差万别。针对不同题材纪录片的内容特点，对其传播策略做以下建议。

1. 借力重大题材纪录片

这一类纪录片往往与重大节事关系密切，如北京在 2008 年借力奥运会制作了一批奥运题材的纪录片，既有政府主导的大手笔大制作，也有民间纪录片创作者的独立作品。2004 年中央新闻电影制片厂以雅典奥运会火炬传递为题制作了《圣火传递在北京》，近地缘性和相同题材使它成为北京奥运会的预热之作。2008 年，中央新闻纪录电影制片厂制作了 2008 年北京奥运会官方纪录片《筑梦 2008》。以 2008 北京奥运会主会场——国家体育场从设计竞赛、评选再到建造完成的七年历程作为全片的结构线索，穿插叙述了一个普通家庭因奥运而搬迁、跨栏运动员刘翔为奥运做准备训练、三个体操运动员为参加奥运参赛资格选拔和一组特警战士进行反恐训练等故事，通过他们对奥运会的期盼之情和为之所做的准备、付出的努力，以点带面地折射出北京人民乃至全国人民迎接 2008 年奥运会热情景象，影像化地表达了"同一个世界，同一个梦想"这一北京奥运主题，并展示出北京从申奥成功到奥运临近这七年中的建设发展与变化。导演并未使用太多的结构与叙事技巧，但片中呈现的在筹备奥运会过程中无数人的辛勤付出本身就足以令人感动。作为国际奥林匹克运动史上，唯一一部跨越 7 年时间纪录奥运会筹备过程的影，这部颇受国际奥委会重视的纪录片在为北京奥运会预热、传播北京城市形象上做出了不小的贡献。

此外，中央电视台也推出了两档大型系列纪录片：《我们的奥林匹克》和《一个城市的奥运记忆》。前者以人入手，讲述与奥运有关的人物故事，并以奥林匹克运动在中国的百年历程为参照，将百年历史中的点滴总归至 2008 奥运会和其举办地北京。后者则以北京奥运 16 天来发生的新闻焦点与精彩的故事为依托，呈现这 16 天为北京和中国留下的珍贵记忆。两部片子都在讲述奥运故事的过程中不留痕迹地完成了对奥运会举办地北京的形象传播。《我们的奥林匹克》在 2008 年 11 月举办的第 26 届国际体育电影电视节上获得奥林匹克精神价值单元的最高奖——荣誉花环奖，说明这两部片子所呈现的内容与蕴含的精神已经得到了国际范围内的认可，北京城市形象也随之获得了国际范围内的传播。

2008 年底，北京电视台播出了一部为纪念改革开放 30 周年而制作的 16 集纪录片《北京记忆》。片子播出后社会反响极强。虽然肩负着纪念献礼的责任，但《北京记忆》没有将目光锁死在大事记上，而是寻觅、梳理着 30 年来埋藏在北京人心底的共同记忆。在 30 年的宏大跨度中提炼出北京独具的城市气质和变革历史。个体化、微观化的视角让这部纪录片亲切而平易近人，每一个北京人都能在其中寻觅到自己生活的痕迹，进而产生强烈的认同感与归属感；而不曾生活其中的人从中看到的则不仅是一座没有温度的城市，而是北京的人情、人性和人文。北京的城市形象因为一部片子在细节和情绪感染力上的成功得到了非常好的塑造与传播。

借力重大节事制作关联题材的纪录片是在短时间内提升城市形象的有效手段，而重大节事大多也是官方行为。因此政府在此过程中应当充当引导者、助力者的角色。北京作为中国政治地位最特殊的城市，在节事活动上有着天然的优势，以此为题制作纪录片，能够利用这些重大节事的本身具有的影响力，达到节事推广和城市形象传播的双赢。

2. 以厚重历史为基础，打造文化北京形象

北京建城至今已有三千余年历史，辽、金、元、明、清五个王朝都在此建都。坐拥六项世界遗产，是世界上拥有文化遗产项目数最多的城市。其积累的丰富历史传承成为北京天然的形象名片。通过纪录片对其进行展示，具有人文地理和文化传播的双重功能，是彰显、传播北京文化内涵的重要途径。

　　近年来以北京历史传承和文化古迹为题材的纪录片屡有优秀之作，典型代表有《故宫》《颐和园》和《圆明园》。其中《故宫》是中国历史题材纪录片的代表作，十二集的纪录片几乎使用了所有已知的影视创作手法，如跟踪记录、口述历史、情景再现、文献挖掘和整理、各类空镜和静物等以及借助数字技术制作的三维电脑动画，最终制作出电影级别的瑰丽画面。从故宫的修造历史、建筑艺术、使用功能、馆藏文物和从皇宫到博物院的历程等角度全方位地对这座皇家宫殿进行了展示。更重要的是，《故宫》所关注的不仅是建筑本身，更以建筑为核心、结合宫廷生活和人物命运讲述着明清以来的历史事件，使之成为北京乃至中华民族近现代史的缩影。《故宫》开创了主题事件化，事件故事化，故事人物化，人物细节化，细节画面化的制作理念与拍摄手法，随后的两部纪录片《圆明园》与《颐和园》均不同程度地受到了《故宫》的影响。这一风格题材的纪录片具有较高的观赏性和文化性，成为北京千年古都的图像化展示。

　　历史积淀不仅表现在文化古迹中，更存在于不具实体的文化传承中。这是目前尚未得到重视的纪录片题材。北京拥有国家级非物质文化遗产就有 50 个，如京西太平鼓、京韵大鼓、牙雕、漆雕、玉雕、景泰蓝、弓箭制作、风筝制作、抖中幡、抖空竹、庙会等，更不用说那些散落在城市各处的技艺传承。这些都是北京文化的一部分，是北京形象的组成要素。若能以此为题材进行纪录片创作，将会使北京文化形象变得更为丰富、立体。2005 年和 2013 年先后诞生了两部有关国粹京剧的纪录片，前者名为《粉墨春秋》，共 26 集，由张元执导；后者名为《京剧》，共八集，由蒋樾、康健宁执导。《粉墨春秋》工作组经过半年多的筹备、走访十余个城市，采访了近 130 个亲历者和见证人。考据严谨、制作精良，并有许多首次披露的观点和史实。不仅较好地还原了京剧的发展历史，更蕴含着与京剧相伴的北京生活史。片子播出后风评较好，并得到了戏曲界人士和爱好者的肯定。对京剧剧种和其诞生地北京均起到了传播效用。但《京剧》的播出反响却远不如预期，就画面而言《京剧》不可谓不用心，但在文本、史实和观念上都出现了差错。辞藻华丽的解说词让观众不能适应，拍摄思路比较琐碎，更有较多的知识性史料性硬伤，这让《京剧》成为近年来争议性最大的纪录片。如此广泛的争议出现说明我们目前对城市的非物质文化的了解和保护力度远远不够，连在处理有"国粹"之称的京剧题材时都会有如此之多的纰漏，更何况那些知名度远不如京剧的非物质文化。这警示着政府和纪录片创作者应当更加重视这一领域，不仅是出于丰富创作题材的考虑，更重要的是以此为契机加强对非物质文化以产的研究和保护，维系北京文化的丰富性与多样性。如果这些珍贵的艺术与技艺逐渐失传，所谓的北京文化与北京形象也将被渐渐掏空成为一个虚黄的架子。同时，出现大范围的争议意味着文化题材和纪录片的关注人群变得更大了。这对北京文化与城市意象的传播是一个利好消息。通过这一题材纪录片制作将能够让更多的人了解这些可能断了传承的文化，帮助保护这些北京文化的有机组成部分。

3. 以多元视角塑造立体化的北京形象

以政府和官方机构为依托、从大处入手的纪录片非常善于塑造北京作为文化古都和现代化大都市的形象，但这并不是北京形象的全部。众多纪录片栏目和独立的纪录片制作者们低角度差异化的视角则能够让北京的城市意象从单一走向丰富与多元。

央视新闻频道的《纪事》栏目制作过几期有关生活在北京的人们的纪录片。在《浮尘浮城》中，节目以漫游的态度采访着飘荡在北京的各色人等，他们对着镜头倾诉自己的生活和精神状态，也描绘着尚留存着或已被搁置的梦想。《后海浮生》则将镜头对准生活在后海边的几个人物：婚姻失败的酒吧女老板、生活在胡同里的大妈、怀揣音乐梦想的酒吧歌手。他们原始的生活状态展露在观众眼前，也让这座城市最真实和接地气的一面展露在观众面前。这是真正生活在北京的人，是人在北京真实的生活，是构成北京城市意象的基底。这样的纪录片用人和生活迅速拉近了观众和内容的距离，展示着北京这座城市的复杂与落差，以及它所具备的包容度和多元性。拍摄于 2005 年的《迷失 798》则是对北京自由艺术家生活状态的记录。这些艺术家们有从外地来京的，也有从国外回来的。他们在 798 里靠卖画和举办各种商业活动维持着画廊的生存。艺术和商业的冲突让艺术家们摇摆不定，在北京自由艺术已经逐渐被城市的主流接受并逐渐成为北京城市文化的新的组成部分。《前门外》则以大栅栏拆迁时老字号们从困扰到另寻新址的过程反映着北京城发展建设过程中的一个侧面。

更多的纪录片制作人也都在以自己的视角审视着北京的形象，《远在北京的家》《北京弹匠》《高楼下面》等纪录片将各个时代的底层民众拉到了大众的眼前，这些保姆、弹棉花的、保安，各有各的人生故事，却都汇聚到了北京，生活在了北京，并试图在这里实现自己的希望和梦想。由两名德国导演 George Lindt 与 Susanne Messmer 拍摄《北京浪花》描述着这北京地下摇滚乐的生存现状也纪录着 21 世纪初期的中国首都经济与文化的高速发展。《煤市街》将目光投向面临拆迁的煤市街居民，他们遭遇的真实北京在高速发展城市建设时引发的问题。法国纪录片导演 Bernard Louargant 拍摄了《北京的一天》，通过采访市民们对旧社区、胡同和四合院等地区进行拆迁采访的看法揭示出市民反对拆迁的深层原因：他们并不反对发展和建设，而是担心附着在老建筑上的北京传统生活方式文化随之消散，担心北京在高速发展的过程中丢失了自己的特质。日本 NHK 电视台制作的《北漂一族》则将北漂们面临的经济压力、住房压力、面子压力一一道来。

更多的纪录片不能一一赘述，它们每一个反映的虽然都只是北京形象的一个点滴、甚至只是一个注脚，但当综合起来的时候却构建起真正鲜活而有血有肉的北京形象。这些较少附着价值诉求的纪录片也恰恰是在国际传播中最不易遭受障碍的一类。对这一类纪录片的创作进行引导和鼓励，有助于推动北京城市意象的跨文化、跨国界传播。

明清两朝均为帝都的历史为北京的形象注入了高贵端庄、巍然恢弘的皇家气派，但北京的形象中还有着面貌决然不同的另一面——普通民众的市井生活。铺散在气势非凡的皇宫和王府四周的是大片的四合院与胡同；在皇家贵族文化之外，平民文化的根须蔓延至每一个院落和胡同的角落形成了北京文化中最为坚实稳固的部分。皇家文化、贵族文化、平民文化共同构成了具有多个侧面的北京文化的。

大部分宣传片和历史文化题材纪录片能以精美的视觉奇观与精致的结构来呈现端庄大气的北京形象，一部分将目光投向普通民众的纪录片则已经触及了北京文化中的市井一面。但对北京的平民文化——"京味文化"传播最为有力的则是"京派"电视剧作品。

地域特色鲜明是近年来现实题材电视剧的一大特点，以各种地域文化为基础或背景产生了若干地域流派，如"京派"、"海派"、"东北派"等。其中"京派"电视剧产生了不少代表之作，如《贫嘴张大民的幸福生活》《浪漫的事》《奋斗》《血色浪漫》《四世同堂》《空镜子》《我的青春谁做主》《北京爱情故事》等。但何以电视剧成为最适合展示京味文化的影视文本呢？

所谓的京味文化，指的并不是帝都的文物或帝王的遗迹，而是平民的文化和生活艺术，是老字号、四合院，门槛、门墩，遛鸟儿、走票，下棋喝茶、胡侃神聊，以及由这种生活养成或者说是养成这种生活的性情格调。这是一种平民化的知识趣味，看重的是城与人的精神气质，闲逸情调、悠游态度、知足常乐，享受最凡俗的生活。① 京味文化是一种世俗生活的审美化，其根基深植于世俗生活的每一个点滴，因而很难以空泛的形式对它进行概括展示。它必须在琐碎的生活环节里、在吃喝拉撒睡的生活过程中才能够得到真切体现。在世俗生活中寻找趣味，进而升华为一种精神，正是京味文化的特色。是以要展示京味文化就必须对生活本身进行足够呈现，这也是为什么小说和话剧成为京味文学的主要体裁。电视剧篇幅较长、以故事情节为重的特性为这种展示提供了足够多的情节化、细节化空间，能够对某一文化特点的生活源头、发展原因乃至其在百姓生活中的地位与意义进行深入触及和阐释；而电视剧自然化、生活化的表演方式则与京味文化的特点非常贴合。

以电视连续剧《贫嘴张大民的幸福生活》为例，这部剧让传统京味文化中"贫"的特点深入人心。画面中胡同、大杂院、筒子楼等代表性影像构成了极具京味特色的影像空间。生活在其中的主人公张大民有一张利索的嘴皮子，操着一嘴麻溜的京片子。作为一个处在社会最底层的人物，张大民的生活中充满着琐碎的煎熬和苦难，但他并不是一个传统的悲剧人物。他的身上有着对生活坚韧的热爱和乐观的精神。他凭借着自己不多的资源和小人物特有的生活智慧进行着挣扎努力，即使"一口粥也要咂摸出滋味"，最终在贫瘠的物质条件下寻找到幸福。在二十集的电视剧中，京味文化中"贫"的意义经由张大民这一角色得到了充分的阐释——这种"贫"，是嘴皮子上的调侃和油滑，是社会地位低下经济状况窘迫导致的圆滑与无赖，更是对贫困生活条件的精神反抗；是苦闷情绪的宣泄渠道，也是让人在残酷的现实中能够继续乐观勇敢面对苦难的生活方式。

除了以传统京味文化作底的电视剧，近年来还有一大批以当代青年人为表现对象的新京味电视剧广受好评，如《奋斗》《我的青春谁做主》《北京爱情故事》《北京青年》等。这些电视剧中老北京的传统影像被弱化甚至不见踪影，林立的高楼、炫目的霓虹、繁华的街景、时尚的酒吧咖

---

① 赵园：《北京：城与人》，北京大学出版社2002年版。

啡厅则构建出一个更为现代的北京影像空间。其中的人物也不再是清一色土生土长的老北京人，而是主要讲述新生代北京青年和"北漂"青年的生活状态，与父辈们相比，接受现状、顺应现实的特质在他们身上消失了，个人意识与经济观念凸显；但整体的形象塑造依旧延续着积极、自信、不服输的性格态度。这是长期生活在皇城根下自然而生的优越与自豪，也是老北京文化中乐天精神在新时代中的延续。其语言也不再使用纯粹的北京话，但保留了北京话的乐观、宽容和幽默，加上台词里带着的京韵京腔，让这些电视剧散发着辨识度极高的新京味。这些剧集的热播让一个更为接近现实、立体丰满的北京形象迅速被观众接受，进而建构起关于新北京人和现代北京形象的认同。

展示与塑造充满人情味儿的北京平民文化是北京城市意象中不可缺少的一部分。作为一种典型的大众文化读本，电视剧所塑造的紧贴现实的影像空间与剧情故事将有助于将世俗化、生活化、人情化的北京形象展示给观众，并且较易被观众所接受。

五　赋予层次——电影、电视剧

人类的认知具有一贯性，因此强化一个符合既有认知的观念要比注入一个全新的认知相对更为容易。是以赋予层次成为城市意象传播中最高也是难度最大的一个层级，因为它的传播目标乃是要劝服传播对象接受并认同一个不属于城市既有内涵的新意象。

要达成这一目标不能采用简单粗暴的概念灌输，人类在面对可辨识的观念传播时往往抱有较高的警惕性和抗拒心。从传播的角度来看，最适宜承担赋予层级传播功能的影视体裁当属电影和电视剧。

电影和电视剧的内容具有很强却又较为隐蔽的闯入性。受众在观看影视作品时往往只有单纯的观赏心理，观念的防备性较低。在观看影片和电视剧的过程中很容易无意识被动地接收渗透在影视作品内容中的观点和价值理念。此外电影和电视剧在城市意象的传播中具有很强的晕轮效应，喜爱一部影片或电视剧的观众会对其中涉及的道具、人物服装、饰品、场景等产生连带好感，乃至出现模仿其中人物特点、购买片中同款产品、向往故事发生地等积极接受行为。这种效应支撑着电影电视剧重要的衍生产业——周边产品。为城市意象赋予新的内涵并使它被观众接受也可看做是一种特殊形态的影视周边产品。通过影视作品赋予一座城市某种新的意象，如浪漫、时尚、养生、归隐等，能够有效提升城市的知名度、美誉度和吸引力。这种吸引力直接表现为旅游热度上涨——有调查显示，在观看影视作品的城市居民中，有 61.23% 的人产生了到影视拍摄地旅游的欲望。① 而引发欲望的动机则是"印证"，即人们看完影视作品后产生旅游欲望更多地是受电影或电视剧的影响，想去影视拍摄地亲自印证并亲身感受，同时跟随自己偶像的足迹去旅行。② 譬如杭州的西溪湿地，虽然早就成为国家批准的第一个湿地公园，水清草密冲淡静美，还有宋高宗留下的一段佳话，人文元素与自然风光兼备，但并一直也没有很高的知名度。直到影片《非诚勿扰》通过葛优扮演的秦奋在西溪湿地泛舟行船，看房买房的一段情节赋予了西溪湿地"成功人士的归隐地"这一意象，让西溪湿地一夜之间名声大振，甚至有不少影迷跟随秦奋的脚步去西溪湿地附近看房买房，直接拉升了西溪板块的房地产价值。借助电影电视剧赋予北京城市意象新内涵是一个总体的目标，就具体传播策略而言，植入可以体现在影视作品的各个层面上，从场景到台词均可进行植入。场景植入最为普遍也最为直观，即将影视作品中故事的发生地放置在进行植入的城市中，并选择当地最具有标志性的景物进行环境呈现。出于对视觉效果的考虑，影视作品的制作者往往会尽力在大屏幕和荧幕上呈现景物较为优美的画面，观众在观看影视作品内容的过程中很容易被美好的画面所吸引，进而对这个城市乃至一个地区产生好感。譬如拥有"100%纯净"风光的新西兰原本知名度并不高，但作为《指环王》三部曲的外景地，其瑰丽壮美的风景伴随着影片的上映进行了世界范围的传播。据新西兰旅游局统计，《指环王》第一部上映后的几年中，新西兰入境旅游人数以每年近 3.5%的速度增加，其中不乏出手大方的"指环王"迷。③ 台词植入则能将不适宜用画面展示的历史、人文、典故等传达给观众，如《非诚勿扰》中仅通过看房小姐的一小段台词就对西溪风光特色和"西溪且留下"典故进行了清楚的介绍。

① 孙雪梅：《基于影视旅游动机的城市居民出游意象研究》，硕士学位论文，天津商业大学，2012 年。
② 同上。
③ 《〈指环王〉带来新西兰小镇旅游热》，搜狐旅游频道，http://travel.sohu.com/2004/03/04/11/article219291122.shtml。

北京在城市形象的植入方面已有试水行为。2010年北京旅游局与华谊兄弟公司战略合作关系，慕田峪长城、欢乐谷、潭柘寺、紫竹院公园、798艺术区等地作为外景地出现在了《非诚勿扰2》中；继而开发了"北京旅游非线路"，将影片中出现过的景点进行打包销售。此次尝试直接推动了北京旅游热潮。甚至连北京本地观众也开始重游这些景点，且以情侣游为主①，这无疑得益于《非诚勿扰2》为这些景点和北京城市意象赋予的浪漫元素。

在热门电影电视剧中进行具体场景的植入较为简便易行，但往往热门的影视作品中都会涉及多个城市的形象。如《非诚勿扰1》中除了西溪还有北海道，《非诚勿扰2》中除了北京还有海南岛。这就分割了某一特定城市形象的呈现空间，解决之道则是进行独占式的情境植入。所谓独占式的情境植入即是将整个影视作品的情节全部放置在某一特定城市中进行，观众在观看的过程中完全沉浸于对城市多角度多方位的展示中，并将故事所具有的内涵、意义与城市的意象完全联系在一起。这种植入可借力与城市契合的影片主题进行，找到城市与影片主题的共通点，进而让影片找到现实的落脚点，也让城市意象得到具象的呈现。如电影《叶问》即将民族气节与民族精神与广东佛山这个武术之乡做了很好的主题结合。此外还可以在小成本电影中进行独占式的情境植入。一般小成本影片制作经费有限，多个城市的情境转换会增加制作成本，因而更愿意将故事局限在某一特定城市进行。而近年来很多小成本电影制作精巧、表现抢眼，往往能获得以小搏大的传播效果。譬如《失恋33天》中北京城市意象的独占式情境植入也属于此类。这部影片以从事高端婚庆策划的年轻女孩黄小仙儿失恋后33天内的生活为主要内容，一向刻薄强势的女主人公在面对情感失意的同时还不得不面对工作上的压力。但是失恋后的日子里她明白了很多以前不懂的事情。而在失恋后的第33天，她终于发现自己的"Mr. right"其实一直都在她的身后，而这整个故事的发生情境都在北京。《失恋33天》投资加上宣发总成本不过1000万，是标准的小成本影片，影片上映后票房则迅速破亿。片子里两位主人公说着轻松幽默京腔台词，人物设置讨巧、情节贴近生活。

---

① 《〈非诚勿扰2〉上映 北京三亚旅游双升温》，中国青年网，http：//news. youth. cn/gd/201012/t20101223_ 1439195. htm.

让观众，尤其是年轻观众感同身受，只要恋爱过或是失恋过的人似乎都能从中找到自己的影子，因而引发了观众极大的情感共鸣。而众多影迷发起的一场"搜寻《失恋 33 天》场景拍摄地"的活动则在网络上蔓延。今日美术馆、东方君悦大酒店、东华门大街、北京电影学院、新光天地、三里屯 SOHO、三里屯 Village、金融街等场景被一一找出。片中出现的众多餐厅也没有逃过影迷的追索：雕刻时光咖啡馆、鹿港小镇、隐泉日本料理、莫斯科餐厅、鸟亭、重复咖啡、四合轩西餐厅、万达铂尔曼大饭店、藏书馆咖啡成为影迷们向往的约会场所，甚至有人在此基础上制作了《失恋 33 天》美食指南。

这部影片成功地提升了片中各场景的附加值——这些场景不再是单纯的景观和地点，更是美好恋情发生地；这些餐厅里消费的也不仅仅是食物和饮料，而是个性与品位。它还为北京的城市意象赋予了新的内涵——这里不仅仅是一座存留着千百年时光遗迹的古老城市，不是由高大建筑构成的水泥森林，更充溢着时尚、浪漫和温情。

在具体的操作过程中，单独的场景植入和独占式的情境植入需要合理安排，决策者更应具备对相关影视作品制作的敏感度。笔者有如下建议。

首先，一定播出周期内的规模化植入。

在优秀的电影和电视剧中进行植入能够让观众较为容易而迅速地接受附加在城市物质实体之上的新意象。这种新意象的传播与电影和电视剧的播出周期密切相关，在影视剧热播阶段，影视作品的内容和其中夹带的城市意象能收获较好的关注度甚至引发热议，但随着电影下档和电视剧播出的完结，新的影视剧会将观众的注意力影响别处。如果通过影视剧赋予城市的意象是较新的，那么仅凭单部影视剧难以让这种意象与城市在观众心中形成稳定的对应关系。通过在一定播出周期内一座城市在多部影视剧里的规模化植入能够反复强化某种新意象与城市之间的关联；多部影视剧形成的规模效应能够反复向受众传递城市所具有的某一意象，最终有助于在受众心中形成两者间稳定的对应链接。

譬如韩国的济州岛，最初只是以韩国第一大岛和有韩国最高山峰汉拿山闻名，但让它获得"去韩国必去济州岛"地位的却并不是美丽的自然风光，而是因为一系列韩剧中的浪漫故事都发生于此。《大长今》中李英爱驻足过的独立岩、照料伤员时取景的松岳山阵地洞窟都已成为热门景点。《我的名字叫金三顺》，男主角冒着大雨一直追随女主角到汉拿山的山顶，才得以情定终身，他们登山的城板岳一线也成为游客最喜爱的登山线路。《宫》的热播让人记住了那些来自济州岛泰迪熊博物馆的泰迪熊毛绒玩偶。韩版流星花园《花样男子》的取景地济州岛凯悦酒店成为旅客的热门之选。《我的女孩》的女主人公干脆就出生和成长在济州岛。而在更多的热播韩剧如《对我说谎试试》《秘密花园》《一枝梅》《恶作剧之吻》《女人花》《ALL IN》《夏日香气》《春天》《冬季恋歌》《人鱼小姐》等剧中，济州岛的风光景色无不成为男女主人公谈情说爱时的唯美浪漫背景。伴随着大批韩剧的热播和跨国传播，剧中浪漫爱情发生地的济州岛在不同剧集的反复呈现下最终被塑造为无数青年人心中的恋爱圣地，甚至在整个东亚文化圈内都有很高的知名度。

其次，找准植入点，提高贴合度。

借助电影电视剧赋予一座城市意象以新内涵虽然是一种卓有成效的手法，但也绝不能任意而为。植入的内容应当尽量隐蔽地融入影视剧本身的内容之中，如果没有找到合理巧妙的植入点而让观众意识到这是一种宣传和广告，则会让观众感觉自己受到了愚弄继而产生强烈的反感情绪。

此外，影视剧所赋予城市的新内涵应当与影视剧内容和城市自身条件两方面都有较高的贴合度。贴合度越高，受众对新内涵的接受度也会越高，反之则不然。试想如果《非诚勿扰2》中主人公前去度假的不是水清沙幼椰林树影的三亚海边，而是以重工业或制造业闻名的另一城市，不但不会有助于塑造后者的城市意象，反而会因极大的反差而变得滑稽。

六　结语

作为战略的城市意象传播是一项需要长期和科学计划的工作，在借助影视作品进行城市意象的传播时，不同影视作品受体裁、篇幅、传播方式、目标人群等因素影响各有其优劣势。而在不同时期进行的城市意象传播中，又因短期目标差异而在三个传播层次上各有侧重。这就要求传播方案的制定者能以专业、科学的眼光进行传播规划。明晰城市定位、确立传播目标，对各有所长的多种影视作品进行整合使用，以一种有效、连贯、多层次的方式向特定的目标受众传达清晰、明确并具有一致性的城市意象是北京城市意象影像传播的应行之道。

参考文献

1. ［美］凯文·林奇：《城市意象》，方益萍、何晓军译，华夏出版社 2001 年版。

2. 李兴国等：《北京形象》，中国国际广播出版社 2008 年版。

3. ［法］鲍德里亚：《象征交换与死亡》，车槿山译，译林出版社 2006 年版。

4. ［英］大卫·麦克奎恩：《理解电视：电视节目类型的概念与变迁》，华夏出版社 2003 年版。

5. 叶晓滨：《大众传媒与城市形象传播研究》，博士学位论文，武汉大学，2010 年。

6. 邓丽、马琳：《论东北影视剧与地域文化形象的传播与构建》，《文化学刊》2010 年第 7 期。

7. 孔璞：《学者调研显示国家形象片传播效果并不理想》，《新京报》2011 年 11 月 16 日。

8. 孙雪梅：《基于影视旅游动机的城市居民出游意象研究》，硕士学位论文，天津商业大学，2012 年。

9. 《〈指环王〉带来新西兰小镇旅游热》，搜狐旅游频道，http: // travel. sohu. com/2004/03/04/11/article219291122. shtml。

10. 《〈非诚勿扰 2〉上映 北京三亚旅游双升温》，中国青年网，http: // news. youth. cn/gd/201012/t20101223_ 1439195. htm。

11. 张晓明、王家新、章建刚：《文化蓝皮书：中国文化产业发展报告（2012—2013）》，社会科学文献出版社 2013 年版。

12. 李建盛主编：《北京蓝皮书：北京文化发展报告（2012—2013）》，社会科学文献出版社 2013 年版。

13. 钟大年、雷建军：《纪录片：影像意义系列》，北京师范大学出版社 2006 年版。

14. 何苏六：《纪录片蓝皮书：中国纪录片发展报告（2013）》，社会科学文献出版社 2013 年版。

15. 张海潮、白芳芹、潘超：《剧领天下——中外电视剧产业发展报告》，中国民主法治出版社 2013 年版。

16. 李建盛：《北京文化 60 年（1949—2009）》，北京大学出版社 2010 年版。

17. 周小华、傅治平：《重塑文化之都——北京市文化体制改革探讨》，知识产权出版社 2010 年版。

18. 王玉玮：《当代电视剧中的城市意象》，博士学位论文，中国传媒大学，2008年。

19. 刘勇：《北京历史文化十五讲》，北京大学出版社2009年版。

（李星儒　北京第二外国语学院国际传播学院　北京　100024）

文化传播

北京文化传播与汉语国际教育

王 巍

摘 要：语言是文化的载体，也是文化传播的工具。语言推广与文化传播相辅相成，互为依托。中国悠久的历史、众多的民族、广袤的国土面积成就了中华文化灿烂、丰富的内涵。在如此庞大的中国文化体系中，北京文化无疑是核心内容，是代表。而中国文化同时也是汉语国际教育的重要内容。因此，我们认为：在汉语国际教育中北京文化的价值巨大，以北京文化为主的文化内容如何通过汉语教学这个平台在全球范围内获得认可与肯定是我们要探究的问题。本文着重探讨三个问题：一、北京文化在汉语国际教育中的价值；二、北京文化传播如何与汉语国际教育有机结合；三、随着汉语国际教育的发展，北京文化如何迎接挑战，实现自我更新与发展。

关键词：中国文化 北京文化 汉语国际教育 结合 挑战 更新

一 北京文化在汉语国际教育中的价值

（一）文化教学在语言教育中的重要性

1. 文化与语言的关系

"文化"一词在现代汉语词典中的解释为人类在社会历史发展过程中所创造的物质财富和精神财富的总和，特指精神财富，如文学、艺术、教育、科学等。文化是在一个社会发展过程中成员们约定俗成的，它渗透到生活中的点点滴滴。例如：在英文中"evening"和"night"两个词基本意思都表示晚上，但"Good evening."表示晚上好，是彼此见面是的问候语，但"Good night！"则表示晚安。外国人在学习英文的时候若不了解两者的区别则会犯错误，引起交流上的不便。由此可见，文化是一个社会群体在共同生活发展过程中逐渐形成的共识。而无论是一个群体内或群体之间这种内容的交流及传播都需要一种工具，这个工具就是语言："语言"一词解释为人类所特有的用来表达意思、交流思想的工具，是一种特殊的社会现象，由语音、词汇、语法构成一定的系统。反思上面举到的例子，若我们学习语言的时候只去分开学习语音、词汇、语法，而忽视一种语言背后的文化积累，则会出现很多误解和误用。但如果我们只学习一种文化而忽略这种文化所创造出的语言，就会造成因失去语言的工具从而无法传播，长此以往会使其文化停止发展，甚至消失。因此文化和语言之间的关系是语言是文化传播的工具，而文化是语言学习的基础。

2. 语言推广的广泛性与文化传播的力度成正比

一种语言的推广往往随着文化的传播进行。这一点不用赘述，只需要举一些简单明了的例子便能说明。韩流："韩流"源于围棋，后用以指代韩国文化在其他地区的影响力。狭义的韩流则通常指韩国电视剧、电影、音乐等娱乐事物的地区性影响；广义的韩流包括韩国服饰、饮食，等等。"韩流"一词最早由中国媒体提出，后被韩国媒体及学术界广泛使用，用以指代本国文化产业的输出，英文表示为 K-pop（Korea pop）。20 世纪以来，随着韩国歌手李贞贤在中国的出现，韩国电视剧《蓝色生死恋》在中国的热播，韩国歌唱组合 HOT、NRG 的声名崛起，韩国文化就这样传到中国以及亚洲大部分国家，伴随而来的还有人们对韩语学习的热情，年青一代都通过不同的方式去接触韩语。就算没有系统地学习过韩语，但是对韩语中常用的一些词汇、句子都了熟于心。2013 年，随着韩国歌手 PSY 的《江南 Style》一曲红遍大江南北，带来的对于韩国文化传播的正影响不可估量，这次的影响不再仅限于亚洲，甚至在世界范围内掀起了一阵韩国狂流，近在亚洲各国，远到欧美各国；上到 70 岁老人，下到 3 岁小朋友都对《江南 Style》了熟于心。随着这波韩流的疯狂传播，韩国江南区前所未有的被全世界人熟知，韩语又一次作为文化传播的工具成为世界范围内关注的语言。由此可见，文化作为一种支撑力量，对于语言传播起着非常重要的作用。因此，在开展汉语国际教育的时候，我们必须要重视文化的力量。

（二）北京文化在中国文化中的地位

中国文化是汉语国际教育中必不可少的一环，也有相当多的外国人是因为仰慕中华文化而选择汉语学习的。同时也只有外国人在学习汉语的时候对中国文化真正地开始感兴趣了，他们的学习才会变成更为主动、积极的行为。然而，在中国文化所包含的多种文化内容中，最重要的当属北京文化，无论是作为五朝古都的北京，或是作为中华人民共和国首都的北京，都是最具中国文化代表性的城市。北京文化逐渐成为人们了解中国文化的起点。

1. 历史上的北京文化

首先，北京是中国历史上连续定都时间最长的城市之一，长期作为中国的政治与文化中心使北京积淀了深厚而独具魅力的中国传统文化，形成了自己独特的文化景观。北京，简称"京"，西周初燕国建都于此，故称"燕京"。在魏晋南北朝时期，一度为鲜卑慕容氏前燕国的统治中心。辽金时期，女真人的金国迁都于此，称为"中都"。元朝灭金，以此为都城，号曰"大都"。公元1403年，朱棣夺位，从南京迁都至此，从此曰"北京"。此后，清军入关，仍然以此地为都城。中华人民共和国成立后，宣布北京为新中国首都，为四个直辖市之一。北京一直是中国的军事重地，更是政治中心。作为多朝都城的北京，汇集了中国不同地区、民族的文化。取其精华、去其糟粕，形成独特的具有北京特色、涵盖全国文化特征的北京文化。相比其他地区的文化，北京文化具有更多的包容性和覆盖性。其次，北京这座城市先后存在不同的社会形态的更替，从北京人开始的原始社会形态到奴隶社会，又到影响中国社会结构多年的封建社会，以及过渡阶段的资本主义社会，最后定格在当代的社会主义社会，北京经历了中国发展的所有社会形态，它受到每个时代的影响更加鲜明与深刻，其文化多元性更是中国其他城市文化无可比拟的。

2. 当代的北京文化

当代的北京更是一个集历史感与现代感为一体的国际化大都市。除了遍布北京的历史遗址、数不胜数的文化遗迹，北京同时也充满了很多十分强烈的现代因素。不论是中国人还是外国人，都对北京充满了好奇与向往。从前门大栅栏商业街的喧嚣到三里屯商业圈的洋气，从什刹海文化中心的繁荣到五道口学院路文化氛围的浓厚，从大山子798艺术广场的创新到国贸胜似纽约第五大道的繁华，无一不说明了北京快速并且高效的发展。近些年来，北京成功举办了很多大型国际性活动，活动内容多种多样，涉及各个领域，例如，2005 年的纪念安徒生诞辰 200 周年中国当代艺术邀请展、2011 年至今的北京国际电影节、2013 年好莱坞电影《钢铁侠》的全球首映会以及举世瞩目的 2008 年第 29 届夏季奥林匹克运动会。这些活动还只不过是北京近些年来举办的国际性活动的冰山一角。北京作为中国的首都，一个国家的政治文化中心，同时也是一个向世界城市发展的现代化国际大都市，吸引着全世界人的目光。

综上所述，不论在历史上还是在当代，北京文化都是中华文化的核心。

（三）北京文化在汉语国际教育中的重要性

关于北京文化在汉语国际教育中的重要性，我们可以从以下几个方面来认识。

1. 北京话——普通话的标准音

无论是身处国外还是来华留学的外国人，学习汉语就是要学习普通话。而普通话的定义是：普通话，也是现代汉民族共同语，它以北京语音为标准音，以北方话为基础方言，以典范的现代白话文作为语法规范。从对普通话的定义中，不难发现北京语音作为现代汉民族通用语的标准音这一规定，虽说这里的北京语音并不是指全部的北京话，可是想要说一口流利并且标准的普通话，一定要了解北京人的语音特点。北京语音具有清晰、明快、简要等很多特点，北京语音最大的一个特点就是儿化音的使用非常频繁，儿化是指一个音节中，韵母带上卷舌色彩的一种特殊音变现象。有的词语之间有无儿化音会造成很大的误会，例如"线"和"馅"，若只是说话交流，没有儿化音指的是"线"，是用丝、棉、麻、金属等制成的细长的可以任意曲折的东西；而有儿化的是指"馅儿"，包在面食或点心等食品里面的肉、菜、糖等。若是不能正确使用儿化音，会造成很多误会。然后儿化音的形成不能只靠死记硬背，它形成的一部分原因与北京文化有着很紧密的联系。北京文化有悠闲自在的特点，这不仅表现在北京人的生活态度和生活方式，也充分地表现在与人交谈上，北京人说话讲究能省则省，这里包括省略音、省略字甚至省略一句话，儿化音的形成也与此有着很大的关系。语音关联着文化，外国人学习汉语的同时，也需深入了解语言背后的文化因素。

2. 北京文化——汉语教学的重要内容

北京文化作为中华文化的核心，也是汉语教学的重要组成部分。汉语教学中的文化教学通常分为三个部分来呈现，一是课文中的文化背景设计；二是中华文化专题讲座；三是语言文化体验活动。首先我们来谈谈课文教学中的文化背景设计。目前汉语教材中有相当数量的课文，其话题的选择都来自北京文化的方方面面，如：吃北京烤鸭、逛北海公园、爬长城、听京剧、春节、胡同游等等，当然这种课文不是专门的讲座报告，涉及的文化内容并不深奥，而且编写的原则一定要立足于将语言点与文化元素有机融合。其次，在汉语学习的中高级阶段，或者依据在海外汉语教学中存在的某种特殊需求，我们会根据学生的程度开展文化专题讲座与研讨，专门介绍某种文化现象，如京剧的角色与脸谱，景泰蓝的制作过程，长城的历史，故宫里的国宝，还有关于北京社会文化发展方面的介绍，等等。为此，对外汉语教学界的老师们还专门出版了诸如《说汉语，谈文化》（北京语言大学出版社）一类的书，就是为了让外国学生使用汉语来谈论文化而设计的。关于文化体验活动，我们的调查显示，近几年来，以汉语学习和文化体验为目的的外国学生北京短期夏令营项目及短期游学项目正开展得如火如荼，外国学生在短短的一个月或半个月时间里，一边学习汉语，一边感受北京文化，可谓一举两得。所以，我们认为：以语言教育推动多元文化理解是汉语国际教育的意义所在，北京文化是汉语教学的重要组成部分，同时汉语国际教育的发展也是促使北京建设成为世界性城市的有利因素。

3. 汉语国际教育资源丰富——汉语学习者的最佳选择

大学是城市的名片，大学对城市的经济发展和社会进步的作用非常重大，被誉为"社会的轴心"和"城市的引擎"；特别是一流大学的数量体现出了所在城市的经济、科技、教育、文化和人才等综合竞争力和核心软实力，是一个地区科教水平和发展潜力的重要标志。根据中国科学评价研究中心2010年1月最新发布的《中国大学及学科专业评价报告》提供的中国高校地域分布分析数据来看，北京共有62所高校，在各地高校总数上排名第一，其中包括27所重点大学（重点大学包括三类：一是2003年教育部统计资料中原有的重点大学；二是教育部直属大学；三是"211工程"和"985工程"建设高校，"211工程"三期新增5所院校未包含在内），重点大学的数量占到全国119所的23%，这其中包括北京大学、清华大学、人民大学这些全国排名靠前的高等学府。这些学校为外国留学生提供的不只是丰富的教育资源，还有良好的学习氛围和环境。从 2001 年到 2005 年，来华留学生在京学习的比例从 45.20% 上升到 60.72%①。另外除了大学，北京还有近 100 所中、小学也开设了国际班和国际部，为青少年留学生提供了很好的学习机会。

4. 奥运会举办地——汉语学习者认知现代中国文化的窗口

2008 年第 29 届夏季奥林匹克运动会在北京的成功举办为中国带来了前所未有的机遇，这是中国文化走出去的一大突破。而奥运会的主办地北京，则是这次体育盛会最大的受益者。全世界的观众通过各种媒体对北京有了重新的认识，北京已经不再是原来那个人们印象中的"自行车王国"了，它告别了原来的"脏"、"乱"、"差"，逐步建设成为一个干净、美丽、有秩序的魅力城市。而北京的这次出色表现也为北京吸引了一批又一批的粉丝前来，越来越多的外国人在这个城市学习汉语以及中国文化。奥运会的举办，使汉语学习者有机会看到北京正在发展、变革的新气象，对于中国当代的社会生活和文化演变也有了更深的理解。

（四）小结

综上所述，我们认为：北京文化在汉语国际教育中的作用是显而易见的。人们对于一种语言的热爱源于对其背后民族某一种文化的热爱，当语言学习者被一种语言背后深厚的文化内涵吸引着的时候，他们的学习就会是主动的、积极的。从而语言的推广就再也不是一种只能靠政府行为才能进行的活动。北京，作为中国的首都，一个兼具现代化与国际化的大都市，同时也是一个拥有几千年历史的历史名城，以它独有的魅力吸引着海内外的语言学习者。北京文化，带着自己独特的味道，向世界展现着中国文化体系中最为重要的一部分。对于外国学习者来说，了解北京文化在某种程度上就是了解中国文化，因为很大部分的外国人来到中国的第一站就是北京，而北京文化则是他们了解中国文化的开始。对北京文化的喜爱会加深他们对中国文化的热爱，从而更积极地学习汉语。北京文化在汉语国际教育中的价值不可低估，应该得到充分的认可。同时我们也要对汉语国

---

① 《中国教育年鉴》《中国教育统计年鉴》《"十五"期间（2001—2005 学年）北京市教育事业统计资料》。

际教育如何与北京文化有机结合进行深度的探索。

二　北京文化传播与汉语国际教育的有机结合

鉴于文化和语言之间密不可分、互相影响的关系以及北京文化在汉语国际教育中的价值，如何科学有效地把北京文化的推广与汉语国际教育有机地结合起来就成了首当其冲的问题。要从事一种教学，就要回答"教什么"、"怎么教"和"怎么学"这三个问题。这三个问题亦可适用于本题，即我们需要解决：选取什么样的北京文化内容与汉语国际教育有机结合？在教学和教材中怎样将北京文化与汉语国际教育有机结合？学生在学习和应用中如何将北京文化的学习和语言的学习有机结合？其中，前两者是本文主要探讨的问题。

（一）汉语国际教育中对北京文化内容的选择

中国文化内容丰富、历史悠久、博大精深，作为其重要组成部分的北京文化更是如此，加之北京多元的文化组成特性，中国人要想全面理解和掌握北京文化尚且困难，何况外国学生？因此，在汉语国际教育中，教师要对所教授的北京文化内容进行慎重选择。我们认为，在选择过程中要注意关注以下几个方面。

1. 处理好几对关系

（1）表层文化与深层文化。文化从结构上可以分为表层文化和深层文化，"对外汉语文化教学属于认知的范畴，而人类的认知规律是由浅入深、由表及里的。文化立体系统的外层是物的部分，中层包括隐藏在外层物质的人的思想、感情和意志……核心层是文化心理状态，包括价值观念，思维方式，审美情趣，道德情操，宗教，民族性格等"。① 鉴于此，在对外汉语教学中，北京文化的教学应该有一个由表及里的逐渐加深的过程，先从物质层面开始了解，然后再逐渐触及深层文化。具体的做法是：初级水平的外国学生首先接触那些能很快引起他们兴趣的表层文化，例如北京的饮食、服饰、建筑；待学生具备一定的语言知识和文化知识之后，

① 转引自王晓辉《对外汉语教学中的文化问题》，《吉林省教育学院学报》2010 年第 10 期。

可以进入深层文化的层面，如北京人寒暄的心理、尊重家庭的价值观念、螺旋状的思维方式等等。

（2）北京文化中的精品与糟粕。每一种文化都含有积极、精华的部分，也含有消极、糟粕的部分，北京文化也不例外，对此我们主张应该遵循的取舍原则是：以积极内容为主，消极内容为辅，限定介绍的角度，批判地介绍消极内容，避免造成误解。例如，在北京饮食文化方面，以介绍饮食多样性、色香味美的大排档饮食文化为主，同时也要批判性说明街边小吃不太卫生等情况。

（3）北京的传统文化与现代文化。北京文化历史悠久，传统文化更是丰富多样且影响深远，然而历史的辉煌永远属于过去，世界最想知道的以及我们最需要展示给世界的，应当是北京的现代社会，是现代北京人怎么想、怎么看、怎么做。所以，在汉语国际教育中，一方面要导入北京传统文化；另一方面应该加大北京现代文化的教学比重。具体原则是：以那些与北京人生活息息相关的现代文化为主，对于那些对现实仍有重大影响或重大意义的北京传统文化观念、习俗等要以准确、直观、生动、方便的方式进行介绍。

（4）北京文化与西方文化。北京作为中国的政治、经济、文化中心和国际大都市，多样的异域文化在此汇聚，与北京文化互相碰撞、互相吸收融合。因此，在汉语国际教育中，既要介绍北京文化独特的部分，也要介绍北京文化与世界文化共通的内容，以此拉近学生与中国文化之间的距离，增加学生对中国文化的亲切感。例如，中外文化中同样对美食、服饰、现代娱乐方式的钟爱，就业与住房同样是中西方的共同难题，等等。

（5）制度文化的取与舍。作为中华人民共和国的首都、数朝的古都，北京长期是中国最高权力机构的所在地，是中国的政治中心。此外，北京政府机构林立，各国使馆云集，是所有关乎国计民生的政策的生发地，是多次大规模群众政治运动的策源地。北京人关心时政，关心国家前途和命运。这一切的一切都为北京文化构建了一个重要的组成部分——制度文化。对于中国的制度、内外政策、社会问题等，外国人都抱有很高的兴趣，甚至了解中国的这部分内容成了部分外国人学习汉语的主要原因。因此，在国际汉语教育中，制度文化是必然要涉及的一个内容。

然而，由于文化的差异和外媒的选择性报道，外国人关注的常常是一些有争议的敏感性话题，例如台湾问题、中国计划生育政策、"人权问题"等。许多对外汉语教师不知道怎样向学生介绍这些内容，也不知道怎么应对学生的提问，以至于有人主张对此类问题避而远之，面对学生的提问或一带而过或含糊其辞，不愿正面回应。对此，我们主张在国际汉语教育中应当选取一些和人们生活息息相关的制度文化的内容，教师在教学中也应该正面、客观、准确地介绍和答疑。

2. 选取哪些北京文化

关于文化教学内容，国内外学者均有自己的划分和归类。将文化教学分成四个等级：对日常活动的处理；对代表文化的言语、俗语、图片和照片等反映出来的思想和行为的特写；对目标文化中表示"遗憾"和"悲剧"形式的处理；对文化进行综合分析的尝试。

国内，张占一先生提出知识文化和交际文化的定义。赵贤州（1989）把交际文化内容概括成 12 项。① 王学松（1992）把中国文化分为四个层次：意识形态文化；传统的精神文化；民俗文化；由外界进入的异化文化因素。② 严慧仙（2012）在其《中国国情与文化》课程中将文化内容分为中国概况、现代中国社会、少数民族、中国传统节日、礼仪、宗教与文化、中国美食、历史名人和古代发明、茶叶和丝绸、工艺品、中国四大国粹、中国艺术、北京和杭州的世界文化遗产。

基于国内外学者专家对文化教学内容的设定，结合北京文化的特点，我们认为在国际汉语教育中的北京文化应当包含以下十个方面：

（1）北京人的社会交际。如称谓、问好、告别、谦辞与敬语、礼尚往来等。

（2）北京人的生活。如饮食、居住（蜗居）、服饰、交通通信、工作休闲等。

（3）北京概况。如自然地理、人口、名胜古迹、旅游景点等。

（4）北京人的风俗习惯。如节日活动、婚丧礼仪、禁忌等。

（5）文学艺术。如北京历史、古典小说、民间传说故事、成语和寓言、现当代文学作品、建筑、音乐、绘画、戏曲、剪纸、泥人张等。

（6）北京的政治经济与科技。如对外关系、内外政策、货币、中医、

---

① 赵贤州：《文化差异与文化导入论略》，《语言教学与研究》1989 年第 1 期。

② 王学松：《对外汉语教学中文化教学的层次》，《北京师范大学学报》（社会科学版）1993 年第 6 期。

四大发明、天文学等。

（7）北京人的思想观念。如家庭伦理观、亲情友情爱情观、集体主义、螺旋式的思维方式。

（8）北京的宗教。如历史上的儒佛道和宋明理学，当今的世界宗教并存现状，以及我国的宗教政策等。

（9）北京的教育。如面向中国人的教育、北京的国际教育情况、对外汉语教育等。

（10）其他。如北京话与普通话的关系、北京的象征性动植物、北京的主题色彩等

（二）北京文化传播和汉语国际教育有机结合的策略

1. 文化教学模式

关于在国际汉语教育中如何进行文化教学的问题，学界内存在两种主流观点：一种是文化教学和语言教学结合进行，在语言教学中同时渗透文化教学；另一种则主张单独开设文化课，文化教学和语言教学并重，并将文化列为听说读写之外的第五种技能。根据北京文化地域性的特点和现今国际汉语教育的不统一性，我们主张：分阶段进行不同的北京文化内容的教学；北京文化的推广与语言教学相结合，采取渗透式的教学方法，根据不同的课型、不同教学环节灵活地导入北京文化。

2. 推广北京文化应秉持的态度

（1）不卑不亢的态度。在介绍北京文化时，一方面要尊重学生的母语文化；另一方面要对北京文化充满自豪和喜爱之情。同时，应该认识到每一种文化都含有糟粕的部分，北京文化也不例外。教师在介绍北京文化或对比中外文化的过程中，既不能盲目自大，也不能妄自菲薄。另外，教师要客观对待学生提出的某些不良文化现象，坦然面对，真诚准确地解释，做到不卑不亢。

（2）不强求的态度。虽然推广中国文化是汉语国际教育的重要目的和内容，但是我们不能硬塞给外国学生。那样做只会引起他们的反感，甚至被指控为"文化侵略"。所以，教师在推广北京文化的时候，应该提前做精心的安排，在推广的过程中则要尊重学生的选择，采用"润物细无声"的方式，做到自然而然、不强求，最好能吸引学生主动了解北京文化。

（3）客观公正的态度。在介绍北京文化或者做中外文化对比的时候，教师应该秉承客观公正的态度，不凭主观臆断，盲目地抬高自己的文化而贬低外国文化，反之亦然。在介绍北京文化时，教师既要将介绍重点放在北京文化的优秀的部分，也要提及其中的某些弊端，例如在介绍现代北京时，既要介绍北京在经济、科技、文化方面的成就，也不可避免要提及拥堵的交通、居高不下的房价等社会问题，提及问题的时候，教师还应该给出合理的解释，澄清学生的误会。

3. 北京文化传播与汉语国际教育有机结合的原则

（1）实用性原则。学习者学习语言的目的是能使用该语言进行交际，因此，要从学习者的实际需要出发，选取和交际活动息息相关的北京文化内容，以生动、形象、有趣的方式将之导入教学，力求过程交际化。例如：在初级阶段，学习汉语和汉字的时候可以导入汉字历史、北京话与普通话关系等内容；在学习《汉语会话 301 句》中的"你的生日是几月几号？"一课时，可以介绍中国人是怎样过生日的，与外国过生日的方式进行对比，并且在课内教唱中文生日歌等。

（2）学生为主体的原则。要根据学生的年龄、性格、心理特征、国籍背景、语言基础、学习态度等方面的特点选取课内需要导入的北京文化。例如，针对韩国、日本、朝鲜、泰国、新加坡等南亚、东南亚的中华文化圈国家的学生，关于北京文化教学的起点可以提得高一些，内容可以更广更深。而对于欧美、非洲等非中华文化圈的学生，关于北京文化的教学应该主要放在物质文化层面，等到学生的语言和文化知识达到一定水平后，再进行较高层次的文化教学。

（3）灵活安排的原则。根据学习者的需要和兴趣，采取多种多样的文化教学形式，如阅读北京报纸、杂志以了解现代北京，观看北京著名历史景点的介绍视频了解历史上的北京，以小组为单位进行文化考察，完成考察报告等。

（4）师生互动原则。外国学生在接触中华文化之前已经具有了相对稳固的文化心理模式，他们对于中华文化的学习不是被动地接收，而是主动地摄入过程。因此，教师在教学中应当避免单向度的文化解读与传授方式。教师应该为学生创造参与文化互动的机会，让他们在文化的双向互动中主动感知、体验、理解中华文化和北京文化。

（5）趣味性原则。中国人历来形容学习如"十年寒窗苦"般困难、压抑，而西方教育特别是现代西方教育十分注重学习的趣味性。面对这些学生，一味地强塞硬给的"填鸭式"教育不再适用。要想引起学生的学习兴趣，就得让我们的汉语课变得生动有趣。语言教学如此，文化教学更应该如此。因此，在介绍北京文化的时候我们可以采取以实物引起学生兴趣，或用精美的装帧、设计、图片、视频等新颖的形式进行教学，还可以采取文化调查等实践活动增强学生对北京文化的具体感知。

（6）时代性原则。本着实用性原则，我们主张介绍有时代特色的北京文化给学生，利用报纸杂志和多媒体技术介绍北京的社会发展情况、新生事物，对于和世界接轨的文化现象也要有所触及，如中国的品牌、超市、饭店等。

（7）科学、系统的原则。在教材的编写和课堂设计中，我们应该注意文化内容编排的系统性和科学性，要详略得当、顺序得当、总体设计、循序渐进。例如，在汉语学习的初级阶段，汉语语音和汉字等基础知识是外国学生学习的重点内容。在这一阶段，学生应该尽量掌握汉语的音、字、词和语法的规律，北京文化内容的导入就可以少一些。如果在学习中，不可避免地遇到了有风俗语义的词语，教师可采取用母语简单注解的方式，不需要对此文化风俗详细介绍和说明，以免分散学生学习基础语言知识的精力。

在汉语学习的中级阶段，学生的汉语能力有所提高，此时应适当增加北京文化内容，实行语言教学和文化教学并重的教学方式，将汉语教学和文化教学有机结合，同步提升。在教授一些成语、歇后语、惯用语时可以简单介绍其背后的文化背景。例如，在学习"春节"这个词时，可以介绍北京人是怎样过春节的，甚至教师可以带学生参观北京的庙会、购年货、贴春联、包饺子、吃饺子……

到了高级阶段，学生的汉语能力已经很好，此时学习汉语的主要内容是学习文化。教师在教学中可以加入北京文学、历史、地理、习俗、北京人的思维方式和道德观念等内容，同时进行中外文化的多方对比，从中总结出北京文化的特点。

除此之外，在学习北京文化时，也应该坚持从一般到具体，从具体到抽象，又从感性到理性，深入浅出的顺序。

（8）各方协作的原则。北京文化的推广不是一件易事，单靠某一种力量是无法完成的，因此我们主张各方力量协作：政府部门宏观调控，设立相关机构，协调各部门的人员和资源调配；学校部门的沟通协调，建立完备科学系统的课程体系；教学团队的素质提升和教学单位的科学组织和实施；民间组织和人士的有益补充。

4. 汉语国际教育教材中北京文化的传播策略

目前，各类外语学习教材中，比较常用的文化导入方法有"注解法、融合法、实践法、比较法和专门讲解法"。[①] 然而，并未针对不同类型的教材予以"区别对待"。鉴于此，我们主张把教材分成单项技能型和综合型两种，针对不同类型的教材，提出不同的文化导入方法。

（1）单项技能型教材。对于单项技能型教材，我们应该根据不同的技能要求，结合不同的文化内容，循序渐进，分层次地导入北京文化。例如，编写阅读型教材时，可以参考北京文化部门的现有资源以及北京市中小学的地方教材，选择有代表性的、积极意义的资料，然后进行整理、加工，按照学生水平，编写出不同层次的教材和参考资料。在具体的课堂教学中，教师可以把北京市报纸、杂志和网络资料作为辅助教学资料，补充给学生，以便于学生可以更好地了解当代北京文化，特别是与北京人现实生活息息相关的文化内容。编写视听型教材时，可以与北京的电视台、电台、旅游局、高校的学生社团等联系合作。在编写这类教材时，可以在书后附上电子拼音挂图、北京传统节庆有声挂图、CD 等音像制品，适合初级阶段的阅读和听力教学。

（2）综合类教材。这类教材综合性强，编者可以根据每一课的内容以及学生的汉语水平灵活地导入北京文化。具体的做法一般有：教材课文直接介绍文化内容；通过说明情景解释文化内容；用学生母语注释以导入文化内容。例如，在教《当代中文》第三课"你家有几口人"时，教师可以直接简洁地引入北京人四世同堂的家庭观念。在教《汉语会话301句》第六课"你的生日是几月几号"时，可以以设置情景的方式介绍北京人是怎样过生日的，也可以让学生以调查报告的形式自己去实地了解。

5. 不同语言要素教学中的北京文化导入

（1）语音教学中的北京文化导入

语音是一种语言的重要组成部分，不同的个体由于其独特的发音器官

---

① 束定芳：《语言与文化关系以及外语基础阶段教学中的文化导入问题》，《外语界》1996年第1期。

会产生不同的语音特点。语音受到诸多社会因素的影响，自然从语音也可窥见该语言使用地域的文化特点。汉语国际推广的载体是现代汉语，现代汉语又"以北京语音为标准音，以北方话为基础方言，以典范的现代白话文著作为语法规范"①。因此，对于外国留学生，特别是在北京学习汉语的留学生，北京语音是不可不关注的方面，北京语音背后隐藏的北京文化亦不可忽视。

对此，在教学中，对于涉及北京文化——特别是有趣的北京文化——的语音现象，教师可以将之作为教学切入点，引起学生的注意力，增强教学效果。例如，在北京学习汉语的外国学生肯定会注意到北京人口语中大量的儿化现象，对此，教师可以让学生先去街头小巷以录音的方式感受北京人儿化的语音，然后介绍北京语音大量儿化的文化内涵：它"或许给人油嘴滑舌的感觉，但是历史上身为皇城根下的子民，如果不善说，嘴皮子不利索，恐怕是难以适应生存的"②。除此之外，儿化还具有小称与尊卑观念、爱称和褒贬色彩等文化内涵。最后，教师应当对于普通话中的儿化使用进行规范，指出什么时候应该儿化，什么时候不能儿化。

（2）汉字教学中的北京文化导入

学习汉字时学习汉语的第一步，汉字中蕴含着丰富的文化内涵。汉语中许多汉字都不单是语言符号，还具有浓厚的文化风格。因此，在学习汉字的过程中，教师可以在不分散学生学习语言的注意力的前提下，适当引入一些汉字文化内容，以使汉字课生动有趣。例如，学习"中"时，可以介绍本字在造字上体现的中国文化的最大特点——协调和均衡，既体现了老子"中庸"观念的四平八稳的特征，也从字体的对称体现了中国人传统的美学观念；讲解"人"、"日"等象形字时，可以介绍汉字的造字方法和发展历史；学习"茶"，可以介绍北京的茶文化；学习"和"，可以介绍其中蕴含的中国自古以来的"和谐"观念。

（3）词汇教学中的北京文化导入

词汇是构成语言的重要材料。每一种语言在词语上的差异都会反映在这种语言的社会的产物、习俗以及各种活动在文化方面的重要特征。因此，教师在教词汇时，对于其背后的文化意义也应适当予以介绍。例如，

---

① 黄伯荣、廖序东：《现代汉语》（上册），高等教育出版社 2002 年版，第 6 页。
② 周一民：《北京话儿化的社会文化内涵》，《北京社会科学》2011 年第 5 期。

学习"京剧"、"长城"、"故宫"等词时，教师需要介绍其文化特征；学习"房价"时，可以介绍现在北京房价的现状。

（4）语法教学中的北京文化导入

在对外汉语语法教学中导入北京文化时，我们应该遵循实用性、阶段性以及适合性等原则，即根据学生情况，以适当的教学方法，把适宜的文化内容（特别是与北京人实际生活密切相关的内容）适时地导入语法教学中。

对此，我们可以采取母语和目的语句法结构的对比、北京文化突出特征的直接讲授、以旁白的形式适时加入文化的介绍等策略。例如，在学习汉语动词重叠时，可以用对比动词重叠与否的听话人反应来向学生介绍动词重叠背后隐藏的交际文化——"不愿意给人添麻烦，但又不得不求人"[①]的心理状态。

6. 课堂教学中北京文化的导入

（1）课前

上课之前，作为教师，应该要认真备课、写教案，在可能涉及文化点的地方准备好补充材料。同时要求学生提前预习课本，并针对课文中的文化点提前做出查询，准备在课上讨论。

（2）课中

讲课过程中，遇到可以介绍文化点的地方，教师可以以实物、视频、图片等直观形象的方式引起学生的注意，然后让学生展示自己在课前预习时准备的内容。接着，教师对该文化点做出准确、简洁的呈现。然后让学生就该文化点进行讨论、发言。最后老师就学生的发言做出总结，加深学生对该文化点的印象。

（3）课后

课后，教师可以采用任务法巩固课内所学。例如，可以让学生进行文化考察、调研、调查问卷，完成比预习中更详细深入的报告，甚至可以让学生去采访北京人，或者以视频的形式记录相关文化现象。通过这些形式，不仅可以促进学生使用所学语言进行交际，而且可以让学生在真实的北京文化环境中去亲自体验、感知，从而使书中平面的知识变成立体的生

---

① 袁嘉：《汉语交际文化与对外汉语语法教学》，《西南民族学院学报》（哲学社会科学版）2001 年第 7 期。

动的体会，同时也能增加学生对北京文化的兴趣。

（三）小结

这一部分主要从在汉语国际教育中北京文化内容的选择及其策略两方面进行论述。前一部分分析了在国际汉语教育中选取北京文化需要注意的几个问题，以及选取什么样的北京文化。后一部分则从推广北京文化的原则、态度、策略，在不同类型的教材中如何导入北京文化，不同语言要素的教学中如何导入北京文化，以及不同教学环节中如何导入北京文化几个方面进行了论述，并给出了教学建议。

总之，在汉语国际教育中导入北京文化，一定要注意掌握一个度的问题，不论是内容选择上还是教学策略上都应该贯彻中国传统的"中庸思想"，以及语言学习的"实用目的"。如此，才能让北京文化在国际汉语教育的舞台上持久绽放。

三　北京文化、汉语国际教育在传播过程中所面临的挑战

以上两个章节我们分别论述了北京文化在汉语国际教育中的价值、北京文化传播与汉语国际教育有机结合的策略。此外，从外因的角度考虑，为了更好地推动文化传播与汉语国际教育，北京还急需解决如何才能营造出更好的社会环境与人文环境的问题。

（一）国际背景

随着中国改革开放的深入，我国的整体经济总量已经跃居至世界第二位。但是，众所周知，一个国家综合国力不仅仅体现在经济、技术和军事等方面。一个国家的国民文化素质、国家的国际影响力和文化影响力也都是衡量一个国家综合国力的重要标准。当今世界强国之间的竞争，已经不再是冷战时期一般的除军事手段外，全方位的敌对和竞争了。而是在和平与发展的大前提下，综合国力的竞争。在所谓的"硬实力"，包括经济、技术和军事等看得见摸得着的几个方面，我国已经取得了切实的、长足的发展；可是在文化、国际影响力等方面，我国还处于一个比较落后的位置上，这是受我们过去的发展策略所限。但综合国力的竞争是国家各方面的、整体的竞争。所以，为了使我国能在综合国力的竞争中能处于不败之

地，发展我国的文化事业，提升人民素质，扩大国际影响力，是值得下大力气投入的。

汉语国际推广是我国政府加强人文国际交流合作的战略性举措，也是我国高等教育在更大范围、更高层次和更高境界上走向世界的具体行动。① 汉语国际教育的产生与我国政府重视汉语国际推广有着不能分割的关系。正是因为有了国家层面的推动，以孔子学院、孔子课堂为代表的汉语国际教育才能在近些年内飞速的发展。截至 2010 年 10 月，各国已建立 322 所孔子学院和 369 个孔子课堂，共计 691 所，分布在 96 个国家（地区）。②

中国虽然在改革开放之后取得了重大的成就，就导致一些别有用心的人叫嚣着"中国威胁论"，妄图压制中国的发展，达到其一家独大的目的。"中国威胁论"甚至得到了一些不明真相的外国民间人士的支持。这固然是一些人别有用心的结果，可是，我们也应该反思，为什么我们没能让世界人民认识到中国和平崛起后，与世界各国共同繁荣的承诺与决心呢？对未知的恐惧是人类共同的心理，这就给"中国威胁论"以生长的土壤。所以，我们继续让世界了解中国，认识中国。汉语国际推广就是这样一个能让世界了解中国，认识中国的窗口。我们知道语言是思维工具，要想掌握一门语言，就一定要对使用这种语言的人们的思维习惯有所了解。中国的和谐社会的精神核心是从汉语使用者的思维习惯中脱胎而出的。所以，掌握汉语的外国人就能更容易的理解中国文化，接受中国和平崛起的现实，也就让"中国威胁论"不攻自破了。

北京，作为中华人民共和国的首都，政治、经济和文化中心，是中国发展与变迁的典型代表。特别是在 2008 年奥运会之后，北京向世界展示了一个充满自信与活力的城市形象，这对于扩大北京城市的国际影响力，增加国际吸引力是大有帮助的。而北京独特的城市文化，特殊的城市风貌，也时时刻刻吸引着来自全球各地的外国朋友来到这里旅游、工作或者定居。据不完全统计，在北京生活、工作的外国人达到 17 万人。③ 如果这些人能够学习汉语，了解北京文化，热爱北京文化，将成为北京会说话

---

① 李毅：《汉语国际推广与我国国际教育的发展》，《西安外国语大学学报》2010 年第 4 期。

② 国家汉办官方网站，http://www.hanban.edu.cn/confuciousinstitutes/node_10961.htm。

③ 黄荣清：《北京的外国人数量研究》，《北京社会科学》2010 年第 2 期。

的"名片"，对于提高城市声望有着不可估量的影响。

北京文化是有着独特魅力的。北京拥有 800 年的建都历史，文化底蕴丰厚，说北京是一个古老的城市一点也不为过；而北京又是一个现代的城市，每天都处在高速的发展变化之中，CBD 的繁华，长安街的车水马龙，说北京是一个现代的城市也绝不会有人反对；北京是一个安静的城市，在这里可以看见提着鸟笼的老头在悠闲地遛鸟；北京也是个喧闹的城市，在北京任何一条大街，都可以感受到这里的活力与能量。北京是一个能将古老与现代，安静与喧嚣这样截然相反的词语放到一起的城市。这样一个既古老又现代的城市，就拥有着既古老又现代的文化。而除了北京自身的特色文化意外，北京还是一个开放又包容的城市。自清末《天津条约》允许外国公使进驻北京之后，北京就开始接纳外来文化。而其中的一些，至今还能找到踪迹。

不过，北京文化的传播的情况与北京目前希望建设的国际大都市形象是有所差距的。这不仅仅是北京文化传播所面临的问题，同样是中国文化传播需要解决的问题，也就是，我们拥有悠久的历史传统和深厚的文化底蕴，但是，我们的传播方式，我们的教育方式不能很好地将我们的历史与文化展现出来。这并不是我们的历史与文化自身的魅力不够，而更多是在于传播的策略与形式问题。

（二）北京文化传播中的策略与形式问题

为什么我们的文化推广不能像国外一样成功呢？在方式上，我们固然存在问题。同时，在身处网络信息时代的今天，我们的推广策略是不是也过于老套、僵化了呢？

事实上，通过某种媒介来达到推广国家或者是城市文化的先例不在少数。我们只要一提起好莱坞电影，就能很容易的联想到一个强大、自信、崇尚个人英雄主义的美国。无论是电影中的超级英雄还是拯救世界的无名小卒，都体现着美国文化的根基与精髓。除了好莱坞电影，国人熟知的美国国家职业篮球联盟（NBA）和麦当劳、肯德基这样的快餐文化也都在潜移默化中影响或改变着中国人的观念。我们可以发现这样一个问题，美国文化中这些深入人心的文化符号，都带有很明显的标签。电影中的英雄、篮球赛场上的绝杀，正对应着美国文化中的精英主义，而快餐文化不正是大规模工业生产在食品行业的体现吗？也就是说，美国把自己认为最自豪的文化，寻找到一个最能提现出这些文化的代表，比如好莱坞，比如NBA。这样只要通过精心的策划与包装，就可以在推广这些文化代表，在全球范围内获得巨额经济收益的同时，暗度陈仓，将所谓的"普世价值"传播到世界各地的受众中去。

反观我们的文化传播，就显得过于说教化与繁复性。当然这是由我们的文化内涵所决定的，但是，丰富的文化内涵同样可以找到一个简单的代表。北京文化在传播中也面临着一系列问题。

1. 多而不实

所谓"多而不实"是指对北京文化定义过于宽泛，又缺乏提炼与总结，在文化传播中，特别是通过汉语国际教育这种方式的传播中，总显得"肚里有货倒不出"。北京也有典型的文化符号，比如烤鸭，比如长城。可他们背后都代表着什么样的核心文化？似乎很难像好莱坞和NBA一样找出一两个词语就概括出来。可是，在汉语教学中，受众是没有汉语基础的外国人，跟他们长篇大论的解释北京的饮食习惯和历史恐怕早就把学习者都吓跑了。这样的文化传播方式既费时费力，又不能很好地起到作用。如果我们能像国外的文化传播一样，用最简单的语言精准地定位北京文化的内涵，就能达到事半功倍的效果。除了文化定义不准确以外，在各个文化现象上平均用力也是一个问题所在。所谓平均用力是指我们把很多的事物都归结成文化，可是这些文化不一定都是外国人所感兴趣的。如果能针对外国人的喜好，相应地着重推出某一个或某几个文化特点，也能让外国人对北京文化有所了解。毕竟，对一项事物有深入的了解比对所有事物都知道皮毛要好得多。所以，我们现在面临的问题就是找出哪些北京文化是具有代表性的，是可以通过简单的语言表达出来的。

2. 粗而不精

所谓"粗而不精"是指反映北京文化的文化产品还停留在一个较低的水平上。做工粗糙、创意缺失、重复度高的文化产品，显然不符合北京国际都市的形象。比如，胡同是非常具有北京特色城市文化，可是千篇一律的胡同游能带给外国人什么样的文化体验呢？近期的官方调查显示，外国人对北京最满意的景点是什刹海。什刹海以自己独特的景观特点，力压故宫、颐和园等传统景观，着实反映出我们对外国人思维的不了解，单纯地认为他们喜欢一味传统的。或者只要我们认为优秀的就一定能够让外国人也接受，这都是片面的、主观的想法。什刹海之所以能够成为最令外国游客满意的景点，在于它既融合传统景观，又融合现代生活方式。在设计、创意上一反以往传统景观的常态，契合了外国人对景观的喜好。这对北京文化传播来说，是非常具有指导意义的。同样的，我们的汉语国际教育不应该"以我为主"，凡是"我"认为好的，就应该在教学中大加推荐。而是应该真正的"以学生为中心"，了解学生的好恶，针对他们感兴趣的方面，下大力气，整合出一批具有北京特色的文化产品。

什刹海的例子还反映出一个问题，就是在文化差异上，我们一定要做好把握。什刹海既有东方传统景观，又有现代生活方式，在这里娱乐休闲，可以让外国人既体会到东方文化的传统与神秘，又不脱离自己熟悉的生活方式，非常恰当地把握好了文化差异问题。正确把握文化差异的最好方式就是借用，比如把梁山伯与祝英台说成中国的罗密欧与朱丽叶，这样就省去了许多介绍的烦琐，让人一下子就能把握住概要。在 2004 年韩日世界杯期间，英美媒体大肆渲染韩国食用狗肉的习惯野蛮，这就属于文化差异导致的不和谐。前车之鉴，后事之师，我们在北京文化的传播中就要减少这种因为文化差异过大而产生的负面影响。当然，减少负面影响并不是对差异视而不见或者避而不谈。在汉语教育中正视差异，在文化传播过程中更多的考虑外国人的接受程度才是正确的解决文化差异的办法。

3. 缺乏对新媒体媒介的有效利用

除了文化本身内涵把握不精准之外，落后的传播方式也是汉语国际教育与北京文化传播所面临的一大挑战。身处网络时代，特别是进入微博时代之后，人们对信息的接收出现了短小化，出现了"微阅读"现象①，这是快餐文化在网络时代的体现。而汉语国际教育与北京文化传播，如果仍然沿用过去的模式，不能很好地与时俱进，不能很好地利用新媒体等传播方式，就不能在当今的时代里达到很好的传播效果。

汉语国际教育要依靠的媒介是教材，而现在的教材普遍是"强调结构、功能、文化完美结合，致使大多数教材形式大于内容，削弱了真正的实用性"。② 也就是说，专门用于文化传播的教材还不能够满足需求，就更不要说专门用于北京文化传播的教材了。所以，组织有关人员编写专门

---

① 刘丽芳：《博客的传播特征与传播效果研究》，《浙江大学学报》2010 年第 2 期。

② 王悦欣、石宏英：《汉语国际教育中河北地域文化教材开发探析》，《河北大学学报》2011 年第 11 期。

用于北京文化传播的教材，是改变汉语国际教育对北京文化传播现状的一个方法。而这些教材的编写，也要注意上文中提到的一些问题，特别是文化概念的精准定位，使用语言的难度设置和文化差异的准确把握。另外，新颖的教学模式，如配套的教学工具和教学影片，也应该由专门的人员负责，力求能够在趣味性和吸引力上下工夫，一改以往汉语文化教学死板枯燥的方式。

旅游产品的形式老旧，也是北京文化传播中的一个问题。形式单一的纪念品，毫无个性的旅游线路，都是限制了北京文化传播。个性化、定制化的旅游产品将提升北京的文化魅力，也能避免与中国其他城市形成千城一面的情况。

另外，积极地利用网络等新形式，特别是微博等平台，开设例如"北京话跟我学"、"北京文化天天看"等诸如此类的官方或半官方介绍性微博，可以在一定程度上提高汉语学习者对北京文化的关注度。

汉语国际教育与区域文化推广是许多地区正在努力的目标。北京作为首都，不能在这方面落后。我们所面临的最大挑战是，还未能将汉语国际教育与北京文化推广作为一个单独的产业来看待，还在由研究汉语的学者来为文化推广出谋划策，所以在专业性方面有许多不足；而专业从事旅游、文化推广的从业者又不能根据汉语教学的需要做出调整。所以，在政府的扶持下应将这两种事业整合，使其变得更专业、更系统、更富有实效性，才是应对挑战的最大法宝。

文化创意产业，是一种在经济全球化背景下产生的以创造力为核心的新兴产业，强调一种主体文化或文化因素依靠个人（团队）通过技术、创意和产业化的方式开发、营销知识产权的行业。文化创意产业主要包括广播影视、动漫、音像、传媒、视觉艺术、计算机服务等方面的创意群体。

当前，北京文化创意产业与汉语国际教育的结合还不够紧密。文化创意产品品种不多，不能满足北京文化传播的发展需要。而且文化创意产业还多集中在中高端领域，不能很好地为汉语国际教育服务。

文化创意产业与汉语国际教育的结合能够很好地推广北京文化。一些具有北京特色的符号经过文化创意产业方面的专业设计人才的修改与设计，能够变成精致小挂件、小摆设。如果将这些具有创意，设计精美又具有北京文化的小物品引入汉语国际教育的课堂，就能极大地提升学生们的学习热情与学习动力。在中国有相当一部分外国电影、电视剧和音乐的爱好者，众多的英语学习者也将观看外国电影、电视剧，收听外国流行歌曲作为学习语言的一大捷径。而影视、音像等行业正属于文化创意产业，如果能吸取外国同行的制作经验，制作出具有相当水准的、带有北京特色的影视、音像产品，是非常有利于汉语学习者的日常学习的。

（三）北京文化的自我更新与完善

上一部分本文已经简要叙述了在传播策略及形式方面的问题。下面我们来谈谈北京文化如何自我更新与完善的问题。主要谈以下五个方面的内容。

北京精神的确立。一座城市的精神等同于一座城市的名片。近年来，关于北京文化也产生了许多讨论，什么是北京文化、怎样保护北京文化等诸多问题摆在我们面前。虽然我们面临的挑战很严峻，做出改变的难度也不小，但令人欣慰的是，随着北京文化产业的逐步形成，北京文化的传播正逐渐走上一条正确的道路。2011 年 11 月 2 日，北京市公布了"北京精神"——"爱国　创新　包容　厚德"。作为城市精神，它是首都人民长期发展建设实践过程中所形成的精神财富的概括和总结，体现了社会主义核心价值体系的要求，体现了首都历史文化的特征，体现了首都群众的精神文化追求。

北京精神的提出对于汉语国际教育与北京文化传播具有重要的意义。首先，它解决了前文中所提到的北京文化定义过于宽泛的问题。八个字言简意赅地阐明了北京的核心文化。诚然，仅仅用八个字是不能够全面概括北京城的全部文化内涵的。但是，正如同前文所说，在汉语教学过程中，需要的就是这样简要、精炼的概括，而不是详尽的解释。其次，它并不是空洞的宣传口号，而是符合北京实际的总结，也是对北京市民素质最基本的要求。

人文素质的提高。北京是一座外来人口众多的"移民"城市，这些人中有很多高素质的人，但是也有很多受教育水平低，缺乏公共道德意识的人。与国际上其他先进城市相比，文明程度较低。比如在市区内仍存在以下现象：随地吐痰、随地大小便、乱扔垃圾；人们衣衫不整，爆粗口；小商贩的摊位或很多餐馆卫生情况堪忧，宰客欺客现象频发，等等。这些都是对北京文化传播极为不利的因素，是我们文化中的糟粕，市民应当自我约束与管理，每个人做到了，城市的形象也就不同了。

社会管理的规范。北京人口众多，地域广大，不文明的现象比比皆是。政府部门应该对上述毁损北京形象的行为予以严惩，才能实现自治与法治的完美结合。新加坡政府对于随地乱扔垃圾，公共交通工具上吃东西等行为都予以重罚，有专门的监督人员进行严格管理。这样才会成就新加坡"花园城市"的美誉。人类的行为不仅是自我约束，也需要引导与规范。这方面我们的管理显然还差得很远。

自然环境的保护。近来，北京的空气污染问题不仅令外国人，也令中国人避之唯恐不及。这样一座被雾霾笼罩的城市，谁还敢来，这是不言自明的道理。环境保护靠大家，也靠政府，人人有责。当很多家庭还以拥有两部车、三部车为炫耀资本的时候，我们应该扪心自问，到底我们对环境做了什么。环境是生存问题，也是北京的脸面。自然环境的保护对我们来说迫在眉睫。没有好的自然环境和人文环境，传播北京文化只是不切实际的空谈。

（四）小结

汉语是中国文化的载体，其中的方方面面都蕴含着北京文化的内容。所以，汉语国际教育与北京文化是不能割裂开的。但北京文化的内涵极为丰富，我们必须抓住根本，掌握核心才能逐步进行有效的推广。

汉语国际教育是北京文化传播的最重要的途径之一。汉语国际教育与北京文化相结合的问题也需要考虑到多方面的因素。同时我们也希望汉语教师和整个文化产业通力合作，创造出真正符合汉语教学规律的，同时有北京文化特色的文化教材和文化产品。

对于北京文化，我们更不应故步自封，一味地强调"民族的就是世界的"，一味地保持传统或者对外国人来说难以理解的文化，而是应该注意加强文化对比，求同存异，甚至用相对一致的概念来互相替换，以达到容易使人理解的目的。另外也要去芜存精，不断地自我更新与完善。

从汉语国际教育与北京文化传播的大环境来看，机遇大于挑战，只要我们把握好汉语国际教育的普遍规律与北京文化的核心内容，采取先进、适当的传播方式，北京文化一定能够通过汉语国际教育的平台成功地传播到世界各地。

参考文献

1. 毕继万：《跨文化交际与第二语言教学》，北京语言大学出版社 2009 年版。

2. 李毅：《汉语国际推广与我国国际教育的发展》，《西安外国语大学学报》2010 年第 4 期。

3. 欧阳祯人：《对外汉语教学的文化透视》，北京大学出版社 2009 年版。

4. 张西平、柳若梅：《研究国外语言推广政策，做好汉语的对外传播》，《语言文字应用》2006 年第 2 期。

5. 郁梅：《中国文化教学：挑战与对策》，《山西广播电视大学学报》2009 年第 1 期。

（王巍　北京第二外国语学院国际传播学院　北京　100024）

摩洛哥孔子学院对中国文化的传播*

郭 玲

摘 要: 立足于文化传播，推广海外汉语教学的孔子学院，不仅是沟通世界的桥梁，更是传播中华文化的有效路径。把中国文化的要素融入语言学习中，是孔子学院在异域文化场域中有效突破异质文化屏障阻隔，宣传扩大文化影响的好抓手、好方法。浸润附着在语言文字上面的文化思想，在语言教学中自觉的传播文化，这种文化传播视阈下的中国文化教学能有效降低异质文化的抵触性，提升中华文化的传播影响力。

关键词: 孔子学院 汉语国际教育 文化传播

孔子学院是中国文化有组织、大规模、成建制走出去的有效形式。自2004年第一所孔子学院在韩国首尔成立以来，孔子学院已经走过9年，现已覆盖五大洲的120多个国家和地区。据统计，目前世界各地已建有孔子学院440所，孔子课堂646个，总数超过1000个。2013年12月7日，刘延东在第八届孔子学院大会开幕式上发表题为《携手促进孔子学院事业发展 共同谱写中外人文交流的新篇章》的主旨演讲。她指出:"孔子学院开办到哪里，就把沟通、了解、和谐、友爱的种子播撒到哪里，落地生根、开花结果；把汉语和中华文化带到世界各国，又把不同国家的语言文化引入中华大地，书写着中外人文交流的绚丽篇章。"由此可见，立足于文化传播，推广海外汉语教学的孔子学院，不仅是沟通世界的桥梁，更是传播中华文化的有效路径。把中国文化的要素融入语言学习中，是孔子学院在异域文化场域中有效突破异质文化屏障阻隔，宣传扩大文化影响的

* ［基金项目］本文为教育部区域和国别研究培养基地北京第二外国语学院阿拉伯研究中心2014年度项目（SC2014YB01）资助。

好抓手，好方法。浸润附着在语言文字上面的文化思想，在语言教学中自觉的传播文化，这种文化传播视阈下的中国文化教学能有效降低异质文化的抵触性，进而提升中华文化的传播影响力。具体策略上，孔子学院可充分利用自身优势开展丰富多彩的教学文化活动，逐步形成各具特色的办学模式，使置身海外的孔子学院及孔子课堂成为了解当代中国的重要场所，既满足各国人民学习汉语，了解中国文化的迫切需求，又推动中外教育文化交流与合作。

经过多年的探索发展，目前孔子学院实现了从无到有的初创过程，且已粗具规模。需要进一步总结研究的是如何使这些置身海外的孔子学院及孔子课堂切实实现其教育文化传播功能，更好地适应各国民众学习汉语和了解中华文化，提升中国文化软实力，使孔子学院发展规模与文化传播定位相适应，真正成为中国文化传播在世界各地的重要节点。

一　非洲地区孔子学院与中国语言文化传播

随着 60 年的发展，中非关系持续升温，中非倡导的"新型战略合作伙伴"关系不断推进，除政治、经济、军事传统因素外，语言文化在对非交往中也日益增强，不断深化的人文合作与交流为中非友好增添了新的活力。中国经济社会发展成就及中非各领域合作的不断深入，推动了非洲孔子学院的发展建设。从 2005 年非洲第一所孔子学院在肯尼亚开办以来，到 2013 年非洲已有 27 个国家（地区）开设了 37 所孔子学院和 10 个孔子课堂。目前，非洲是孔子学院发展最迅速、最具活力的地区。《孔子学院章程》指出：孔子学院是以教授汉语、传播中华文化、促进世界各国与中国的友好交流为基本内容的非营利机构。学院秉承孔子"和为贵"，"和而不同"的理念，旨在增进各国人民对中国语言文化的了解，发展中国与各国的友好关系，促进世界多元文化发展，建立一个持久和平，共同繁荣的世界。[①] 孔子学院的建立不仅满足了非洲人民学习汉语、了解中国的需要，也是民间文化交流、文化互鉴的重要渠道；既是中华文化"走出去"的有利抓手，也必将成为文化交流中的"中国样本"，在中非关系

---

① 汉办官网《孔子学院章程》，http：//www. hanban. edu. cn/confuciousinstitutes/node _
7537. htm，2013－06－15。

发展与交流中起到十分重要的作用。

语言与文化关系密切,语言是一个民族的社会、文化、心理结构的载体。同时,语言也是文化传播的工具。人们在学习语言时,不仅学习具体的语言知识,也要感知熟悉该语言记录、承载的文化因子。改革开放以来,中国经济持续发展,综合国力不断增强,正如费孝通所说:"如果我们有理由认为,中华民族在新世纪中又将进入一个新的强盛时期,我们就该意识到,生活在新世纪的中国人,正面临一个充分发扬中华文化特色的历史机遇到来。"① 孔子学院正是在这样的历史背景下应运而生,成为中国文化外交的重要平台。孔子学院同原有其他文化机构相比,采取了具有极具特色的中外合作办学形式,创建了文化——网络教育平台,有效提升了信息交流,互信认同的客观条件,提高了传播的效能。作为海外汉语教育权威机构,孔子学院极大地促进了中外高校的相互信任,互相尊重,真诚公平合作。因此,有学者指出:孔子学院加快了中国语言和文化的传播;丰富了中国文化外交的形式;推动了国际软实力的良性竞争;改善了中国的国家形象。②

在非洲,孔子学院具有不可忽视的影响力,并有不同于欧美等其它地区的独特的区位优势和文化特质。这与非洲文化与我们在差异性中,在经济文化以及价值观念上又有某种相关性密切有关。如塞缪尔·亨廷顿所言:语言和宗教是任何文化或者文明中最重要的两个因素。③ "文化"是一内涵丰富且意思含糊的概念,若将文化关键因素尽归于"语言"、"宗教"有些过于呆板,抑或带些种族优越感,如从价值观念探讨文化更具有普遍性。④

(一) 中国与非洲文化的相似性

季羡林认为:"在世界上持续时间长,没有中断过,真正形成独立体系的文化只有四个——中国文化体系,印度文化体系,阿拉伯—伊斯兰文

---

① 费孝通:《费孝通论文化与文化自觉》,群言出版社 2005 年版。

② 牛长松:《孔子学院与中国对非语言文化外交》,《西亚非洲》2014 年第 1 期。

③ [美] 塞缪尔·亨廷顿:《文明的冲突与世界秩序的重建》,周琪等译,新华出版社 1998 年版。

④ 李安山:《中国与非洲文化的相似性——兼论中国应该向非洲学习什么》,《西亚非洲》2014 年第 1 期。

化体系和从希腊、罗马起始的西欧文化体系。"① 季先生所说的这四种文化都是历史深远、传统悠久的文化,中非皆在其中。

对文化相似性的考察,不仅限于具体表象,应更多侧重于源流走向。从具体文化源流及价值走向看,中国和非洲在文化上的相似性主要表现在以下几点。

1. 泛集体主义的价值观

中国几千年以前就强调集体主义思想。《论语》倡导"四海之内,皆兄弟也"。《礼记·礼运》认为:大道之行也,天下为公。《老子》第八十章也曾将"小国寡民"作为一种理想社会,就百姓而言都能"甘其食,美其服,安其居,乐其俗"。《孟子·离娄》:人有恒言,皆曰天下国家。天下之本在国,国之本在家。几千年来中国社会都以集体主义为核心价值观,近代中国将社会主义作为其指导性的意识形态,中国这样的传统有其内在思想基础与文化源流。

在非洲,尤其是近代,各种思想影响着其价值观,但就集体主义而言,非洲人常说:"如果你想走得快,请独自行走。如果你想走得远,请结伴同行。"非洲莫西族"人多势大",莫桑比克"团结一致,胜券在握",斯瓦西里语"一个人拉不动一条船",类似的谚语十分贴切地表达了非洲人的集体主义观念,重视团结、强调互助的禀性。② 历史上,非洲产生过各种集体主义思想,如布莱登的黑人意识与非洲个性,伦贝迪的非洲民族主义哲学等。非洲先哲与领袖的这些集体主义思想,既是对非洲传统思想的继承,也是与世界互动的结果,它对今天的非盟意识形态产生了重要作用。

2. 尊老敬贤的社会集体意识

中国和非洲都奉行尊老敬贤的社会共识。尊老敬贤是中国的传统美德。《论语·为政》孔子曰:"为仁也孝悌。"这种孝包括孝顺父母,敬爱兄长,孝敬老人是仁的根本所在。《孟子·梁惠王上》更是提出:"老吾老,以及人之老。幼吾幼,以及人之幼。"这种孝道体现在"不违"、"奉养"、"体贴"、"感恩"等多个方面,这也是中华民族的传统美德。笔者在摩洛哥穆罕默德五世大学孔子学院向学生介绍中国传统文化尊老爱幼、

---

① 季羡林主编:《东方文化史话》序,黄山书社 1987 年版。

② 李保平:《传统与现代——非洲文化与政治变迁》,北京大学出版社 2011 年版。

长幼有序时，摩洛哥学生坚定地告诉我：老师，我的国家也是这样的！

在非洲，"敬老"也是各国人民的社会公德。在各国都有表达尊敬老人的谚语，坦桑尼亚有"一个老人如同一个图书馆"，尼日利亚有"欲学好谚语，就去问老人"，刚果有"人老智慧至"，加纳有"老人的劝诫是菜里的盐"，等等。现实社会生活中，尊老与敬贤是紧密联系在一起的。这种观念是有历史存在感的社会必然，也是人类智慧的象征。

3. 人人平等的历史诉求

人人平等不仅是世界各民族共同的理想，也是中国和非洲人民的历史诉求。由于中非不同于欧美的发展历史，使中非在此诉求路径及历史脉络上不同于欧美国家，烙有自身发展轨迹的浓重印痕，这种同一性无疑是由历史的差异性和相似性决定的。

在中国古代孔子就强调教学中"有教无类"，"教学相长"。《孟子·尽心下》更是提出"民为贵，社稷次之，君为轻"的民本思想。在非洲传统的政治制度中，也存在着严重的等级制度，但老百姓也有自己的组织，在参政议政中有自己的权力。笔者在摩洛哥王国工作期间，见证了摩洛哥全民投票表达自己政治诉求的庄严过程。穆罕默德五世大学孔子学院学生阿普度还作为票选观察员参与了整个投票监察过程，他非常自豪地说：我的国家人人享有政治平等权。

4. 宽以待人的价值观念

在个人价值观念上，中国和非洲都强调宽以待人，忍让、忍耐的价值观。

中国传统文化提倡"己所不欲，勿施于人"。在非洲宽容、忍耐是一种哲学，也是为人之道。处理政治事务也是这样，非洲国家在众多社会活动中，多采取协调和妥协原则。南非的种族隔离制度存在了几个世纪，但是以曼德拉为代表的非洲人国民大会以及广大的黑人群众以博大的胸怀和宽容的态度，用和平的方式解决了极其尖锐的种族冲突，实现了民族和解，创造了世界奇迹。

(二) 孔子学院在非洲地区的发展影响

国家汉办每年向非洲选派大量的中方教师和汉语教学志愿者。据统计，截至 2010 年，国家汉办向非洲孔院派遣中方院长、教师和志愿者 106 名。向非洲其他学校派遣教师和志愿者 39 名。近五年来，共培训汉语教师 139 人。孔子学院总部还向非洲学生提供到中国深造的机会，以期他们将来回国担任汉语教学工作。2010 年孔子学院总部向非洲孔子学院提供奖学金名额 151 名，2011 年孔子学院奖学金名额增至 177 名。截至2011 年 6 月，共向非洲提供奖学金名额近 600 人次。[1]

非洲各孔子学院在教学中，积极举办各种文化交流活动，展现中华文化的魅力。2012 年孔子学院共组织各类文化交流活动近 600 场，参加人数约 40 万人次。各孔子学院开设了中华文化才艺班，在传授中华才艺同时，按物质文化、行为文化、精神文化等形态推介中国文化，并从学生的反应中研究非洲学生对中国文化的态度。牛长松在《孔子学院与中国对非语言文化外交》中介绍了他们在孔子学院做问卷调查的情况。问卷针对物质文化和行为文化设计了 16 项具有代表性的中华文化形态，物质文化包括长城、五星红旗、熊猫、长城、中国菜、黄河、兵马俑、毛泽东、中央电视台（CCTV）9 项；行为文化包括中国功夫、中国书法、京剧脸谱、太极拳、中医、中国诗词、舞龙舞狮 7 项；针对精神文化及价值观，设计了 6 种有关中国的制度与理念，包括仁爱、和谐社会、独立自主、和平发展、人民代表大会制度、和而不同等问题。在设计孔子学院学生对中非关系认知时，参考香港学者沙伯力的问卷[2]，设计了中国发展模式、中国在非洲是否只为寻求自然资源、对中资企业的满意度、对中国商人的看法、中国对非政策的看法、中国对非洲国家的帮助程度 6 个问题。调查问卷选择了西非喀麦隆孔子学院，北非埃及开罗孔子学院和苏伊士运河大学孔子学院，南非博茨瓦纳大学孔子学院的学生为调查对象，最终收回问卷493 份，有效问卷 387 份。

从长期的研究和实际调查看，孔子学院文化影响主要体现在以下几个方面。

1. 对孔子学院教学满意度很高

孔子学院学生对于孔子学院教学满意度达到 94.3%。孔子学院举办的 7 类文化推广活动中，武术表演、文化节参与度最高，诗歌欣赏活动参与比例较低。这个调查结果与摩洛哥孔子学院的实际情况一致。穆罕默德

---

① 《孔子学院在部分发展中国家的情况介绍》，国家汉办/孔子学院总部在教育部第九次对发展中国家教育援外会上的汇报，天津，2011 年 6 月 11 日。

② 沙伯力、严海蓉：《非洲人对于中非关系的认知（下）》，《西亚非洲》2010 年第 11 期。

五世大学孔子学院众多青年学生喜爱中华武术，笔者任教的汉语班，有三名中国武术俱乐部的教练，他们分别教练太极拳、太极扇、南拳、长拳等传统中国功夫，一大群学习中华武术的学生跟着教练一起到孔子学院学习汉语。这些学生不仅学习中国功夫，也认真学汉语、中国文化，他们是穆罕默德五世大学孔子学院文化推介活动的主要参与者，也是"中国功夫"的表演者。孔子学院是他们理解中国功夫的重要园地。

与其他学习人群相比，在孔子学院学习汉语的学生学习动机不同，有的是热爱中国文化，希望通过学习汉语"走进中国"；有的是有学习语言的兴趣；有的是工作需要；有的是为了加入当地的中资公司工作。温家宝在接见内罗毕大学孔子学院学生茹思时问起：学好汉语想做什么时，得到的回答也是"想到中国留学和工作"。还有一些政府官员为了解决在工作中与中国政府、企业、个人沟通合作的需要也来到孔子学院学习汉语。穆罕默德五世大学孔子学院学生塔里克是摩洛哥电讯学院的大学生，他学习汉语的目的是为了将来教汉语，并且用汉语写童话，当作家。有这样的动力，塔里克学起汉语来很积极，每周都坚持用汉语写一则"笑话"给笔者。孔子学院的语言教学，文化体验、推广活动基本满足了当地学生的需求。

2. 中国形象正面积极

通过语言教学，非洲人民了解了中国，对中国的印象积极正面，84.7%的孔子学院学生喜欢中国。喜欢的理由是：中国是个美丽的国家，有优异的文化，历史悠久，人民勤劳，经济发达，主张和平共处，尊重多元文化。从这些喜欢的理由不难看出，这不仅与孔子学院的教学影响密不可分，甚至许多理由就是教学在文化心理上直接迁移的结果。语言的背后是文化，包括物质文化和非物质文化。学习语言就是在学文化，教授语言也就是在传播文化。汉语之所以能够传播，除了其语言的功利性外，关键还是有文化底蕴的魅力作支撑。离开了文化魅力这块基石，语言的力量辐射未必能够像经济要素的流动那样深远。

3. 对中国文化与认知水平不一

受访的汉语学习者，对中国文化都有浓厚的兴趣，但在吸收中国文化中，对中国菜、熊猫、长城等物质文化，以及中国书法、中国功夫、中国中医等行为文化的认知水平较高，了解程度明显高于其他文化符号。相比于物质文化和行为文化，孔子学院学生对中国核心价值观和社会制度认知程度较低。这是因为学生的汉语水还不高，对中国文化的了解和理解，基本都是通过节庆文化体验，文化展览等获得相关知识。

4. 对中非关系基本持比较积极的态度

调查表明，71.8%的孔子学院学生认为中国式发展模式对其所在国家来说是正面的发展范式。82.6%学生对在非洲从事大型项目的中国企业表示满意。72.4%的学生认为中国对非洲的政策有很多或较多的益处，同时也有10.1%的学生无法判断中国给非洲国家带来多大的帮助。

从调查结果看，非洲学生对中国文化和中国核心价值理念、社会制度还很陌生，这是因为：第一，非洲国家人们对中国了解还不够深入，与非洲经济不够发达、教育水平不高有关。第二，文化传播进程受多种因素交叉影响，现有框架内，孔子学院尚处于起步阶段，假以时日，情况定会有改观。第三，在资讯发达的时代，孔子学院学生对中国的认知来源是多重的，西方媒体的负面报道影响短时间很难消除。第四，从历史角度来看，西方文化在非洲有着广泛而持久的影响，伊斯兰教、基督教等主宰着非洲人民的日常文化生活，尽管"中国制造"遍及全球，但文化产品出口还是逆差。像英国文化委员会、法语联盟、歌德学院、塞万提斯学院等有着多则百年少则十几年的语言文化推广经验，早已形成政府统筹下的完备的全球文化推广网络，在非洲占据着巨大的文化市场。

二　孔子学院汉语教育的二维法则和路径选择

汉语国际教育的实质是语言教学，而语言是文化最重要的载体，语言教学自然会承载文化传播的功能。事实证明，人类的进程是文化体系不断交融促进的过程，任何文化都不可能独立存在，必定是在相互影响中并存。语言学上最显著的例证就是语言的借用。

文化是一种积淀物，是知识，经验，信仰，价值观，是处世态度，是一种社会普遍行为范式，其互通交融随处可见。源于语言的文化属性，当代汉语国际教育在文化传播上有着自身的功用特性。作为培养交际文化能力的汉语国际教育，汉语国际教育工作者必然在跨文化教育中承担这一重任。因此，建立多元文化立场是孔子学院汉语国际教育的必然选择。从信源到信宿，汉语国际教育中的文化传播的信息同样要经历多次的输入和输出的过程，为了最大限度保证其"中汁中味"，必须考虑到这一复杂的传播过程中的"变形"问题和其附着的文化因素。一方面,要立足多元文化背景思考对策,提高教师不同文化辨析力和自身修养,把握不同文化背景人们交流时可能出现的问题,对信息采取必要的加工、整理;另一方面,要遵从孔子学院汉语国际教育教学中语言与文化的二维法则,因势利导,追踪调查,适时矫正,以便更好地把中华文化传播开来,发展下去。

(一) 摩洛哥语言教学培训市场基本情况

英语的世界通用语地位与英国、美国在世界经济体系中的话语霸权地位直接相关。把语言推广与文化推广捆绑销售是发达国家向外扩张时的策略。在 16 世纪欧洲殖民者进军非洲时,英语、法语、西班牙语、葡萄牙语等都得到有意识大面积的推广和普及,殖民语言占据了公共领域,而非洲本土语言和文化遭到了贬抑。这种与语言推广相联系的文化殖民政策,对非洲的发展产生了深刻而持久的影响。

摩洛哥王国地处北非,官方语言为法语和阿拉伯语,通行英语、西班牙语,以及柏柏尔语。摩洛哥是非盟成员,也是阿盟成员,由于地缘关系它还是马格里布成员国,摩洛哥国家语言和文化多丛交织。由于历史的原因,法语联盟、塞万提斯学院、歌德学院、俄语文化中心等在摩洛哥开展语言教学不仅年头久远,而且影响深厚。摩洛哥各大城市如卡萨布兰卡、菲斯、梅克内斯、马拉喀什等在街头显著位置上都能看见各语言培训中心的宣传广告。亚洲的韩语、日语教学也在摩洛哥有着很好的群众基础,每年"韩国日"、"日语口语全国大赛"都吸引了大量的摩洛哥青年。孔子学院有的学生同时还在歌德学院、塞万提斯学院、俄语文化中心、韩语培训中心、日语培训中心学习。各语言培训机构在语言教学基础上,都在积极开展文化宣传活动,传播自己的语言和文化。

摩洛哥王国有两所孔子学院,一所位于首都拉巴特,由北京第二外国语学院与穆罕默德五世大学合作开办;另一所位于摩洛哥著名的经济首都卡萨布兰卡,由上海外国语大学与哈桑二世大学合作开办。每学期孔子学院招生都在百人以上。在摩洛哥南方城市阿加迪尔,有一所"海客语言学校"也开设汉语课。海客夫妇曾在中国学习,生活 17 年,可谓"中国通"。海客语言学校的学生博来摩,在摩洛哥孔子学院举办的第十届"汉语桥"世界大学生中文比赛中荣获特等奖,随后到北京留学。

（二）文化视阈下孔子学院传播策略导向

在世界文化逐渐趋同的大环境背景下，保持本国文化的独立性显得尤为重要。孔子是中国传统文化的代表人物，选择孔子作为汉语教学品牌是中国传统文化复兴的标志。孔子学院的兴起象征着中国传播中国文化的战略以及提升软实力的决心。目前，中国正处于一个从受外来文化影响到主动汲取外来文化的营养并试图影响他者文化的进程。随着中国经济发展，中国的影响力越来越大。在海外传播中国语言文化，在语言教学中重视文化传播视阈下的汉语教学研究更是当前之要务。

孔子学院的文化传播要突出中华传统文化思想中的仁、德、和，将其发展成具有世界性的思想体系。然而对于目前以汉语教学为主要任务的孔子学院来说，受不同文化背景和语言的制约，必须寓文化于语言教学中，借助语言教学为中心浸润传播，不能等同国内教学，简单以传统文化经典解说为中心。具体策略上应将中国传统文化融合进汉语教材，在语言教材编写中贯穿文化传播意识，确保学生在课堂教学和相关活动中，通过教师的言传身教和师生间的交流互动，感悟领会中国文化，实现语言与文化传播并行发展。

孔子学院是"中外合作建立的非营利性教育机构"，是通过教授汉语，促进中外文化交流。我国经过三十多年的改革开放，经济上取得了举世瞩目的成就，但是综合国力与其经济地位并不相称，尤其是文化的国际影响力明显不足。这就要求孔子学院凭借教学优势，通过语言教学突破文化屏障，实现其传播中华文化的文化使命，使中华文化的精髓和核心价值，为不同的国家感知认同，提升中国的软实力。"软实力"理论最早是由曾任美国助理国防部长的哈佛大学教授约瑟夫·奈（Joseph S. Nye）在1989年提出来的。约瑟夫·奈认为，国家实力可以分为硬实力（Hard Power）和软实力（Soft Power）两大类，硬实力是指传统的军事实力和经济实力；软实力包括三个维度，即文化、政治理念和外交政策的吸引力。软实力理论自提出至今，已经成为国内外学者或政治家的关注焦点和研究热点。中国学者将软实力研究的重点落在"文化"层面上，认为国家文化软实力来自于民众对社会生活方式和价值体系的认同，具体表现为国民的精神状态、意志品格和内在凝聚力。强调国家文化软实力的建构，需要具有一定的社会基础，那就是全体社会公民的整体生活状态以及生活方式的文明程度。

　　我国目前评估"中国软实力"现状的观点主要是基于三个层面：中国软实力的力量源泉、发展渠道和中美软实力的竞争态势。普遍认为中国传统文化是具有全球文化吸引力的，而目前中国经济有了巨大飞跃，已经成为世界第二大经济体，能够通过物质投入来为文化输出铺平道路。目前中美之间在文化领域处于一种"竞合关系"，而非"零和关系"。我们倡导建立多元化的、求同存异、共同发展的和谐世界。学界普遍认为"软实力"具有普遍价值，主要体现在文化领域，同时也包括经济实力。从历史的角度来看，承载普遍价值的话语权不是一成不变的，主要是以流动转移为表现特色，并且可以通过具体的指标进行测量，即"文化软实力＝政治制度的效率与国内外认同程度"。在这个公式中，后者所起的作用往往是比较主要的。"国内外认同程度"包括两个层面：一是国内认同程度，指的是文化遗产的影响力、文化创新能力、国民受教育的水平以及社会道德水准；二是国外认同程度，指的是国际形象、国际文化产品推广力以及国际影响力。

　　2008年北京成功举办奥运会，2010年上海成功举办世博会，将中国改革开放30年积累的硬实力与软实力集中呈现在世人面前，这也从侧面说明软实力也是国家综合实力的标识。2013年3月习近平主席在刚果（布）议会演讲时指出："民相亲在于心相知。文化是各国人民在增进相互了解和和友谊的重要桥梁和纽带，人文交流是中非新型战略伙伴关系的重要支柱。中非关系发展即需要经贸合作的'硬'支撑，也离不开人文交流的'软'助力。人文交流将成为中非关系发展提供丰富的文化营养，注入强大的精神动力！"①

　　众所周知，老牌的西方资本主义国家英、法、葡萄牙、西班牙等在历史上长期对非洲进行殖民统治和奴役，将非洲被动的带到"现代化"，也就是"西化"的过程，无论在语言、宗教，还是教育等方面对非洲的影响都很深。非洲很多国家通行英语、法语等就是殖民主义者留下的语言遗产，这也是西方在非洲的软实力优势之一。即使在伊斯兰文化圈的北非也不例外。这些文化软实力无疑拉近了非洲与欧洲的关系，英国文化委员会、法语联盟、法国文化中心等继续维持着对非洲国家的外交、文化影响

---

　　①　习近平：《共同谱写中非人民友谊新篇章——在刚果共和国议会的演讲》，2013年3月29日，新华社布拉柴维尔2013年3月30日电。

力。另一方面，阿拉伯人口约占世界人口的五分之一，要在阿拉伯国家推广汉语言教学，扩大中华文化和中国国家影响力，就必须因势利导，转换观念，调整文化策略，要着力做好以下几方面的工作。

1. 探寻建构文化活动中有普遍社会价值的中华文化体系

孔子学院的责任在于传播中国文化。一国的文化思想要想具有感染力和影响力，首要的是要有自己的文化体系。孔子学院的定位是弘扬中华文化，这主要指五千年以来中国所取得的文明成果。在当下新的历史时期，我们的主要任务是如何使这些文明成果得以继承和发展，如何汲取其精华摒、弃其糟粕。对此，我国政府明确指出要弘扬中华文化，建设中华民族共有的精神家园，同时也要推进文化创新，增强文化的发展活力。在这个过程中，关键是要寻求中华文化中的存在普遍社会价值的内容，比如"求同存异，和而不同"的价值观念，唯有如此才能够向国外推广。

2010 年，美国战略与国际问题研究中心和韩国东亚研究所先后发表了题为《中国在发展中国家使用软实力》和《中国软实力的局限与不足》的评估报告，两份报告均认为中国正在大力向外推广中国传统文化。然而，时至今日，在绝大多数国家中，中国的文化影响力并没有显著提升。目前，中国的对外文化交流和传播存在严重的逆差。以图书为例，多年来我国图书进出口贸易大约是 10∶1 逆差，出口的图书主要是到一些亚洲国家和我国的港澳台地区。与欧美的图书逆差则达到 100∶1 以上。2004 年，我国从美国引进图书版权 4068 种，输出 14 种；从英国引进 2030 种，输出 16 种；从日本引进 594 种，输出 22 种。文艺演出也有类似状况。从 1999 年到 2002 年，仅俄罗斯就有 285 个文艺团体到中国演出，同期中国到俄罗斯演出的文艺团体只有 30 个，相差 10 倍。从 2000 年到 2004 年，中国进口影片 4332 部，而出口影片屈指可数。① 笔者在摩洛哥工作期间，市面上几乎看不到中文图书资料，电影院也没有放映中国电影。电视台偶尔播放介绍中国的专题片。要想更多了解中国，只能到孔子学院。每个孔子学院都有图书资料室，有大量的汉语教学资料，各类图书，但是，若没有汉语教师指导，当地学生很难主动阅读中文图书。中国目前能够提供给阿拉伯国家的文化产品数量依然较少。近几年，相关部门开始着力推动中阿之间的文化交流，从教育部、文化部、新闻出版广电总局等有关部门的具体行动来看，开办

---

① 吴瑛：《对孔子学院中国文化传播战略的反思》，《学术论坛》2009 年第 7 期。

孔子学院和翻译推介《论语》《老子》《易经》《红楼梦》等古代经典成为中方最重视的工作。但从实际情况看，很多阿拉伯国家虽然对汉语教学有需求，但对孔子学院持有谨慎和怀疑的态度，至于中国古代经典对广大阿拉伯民众吸引力明显不足，因而也就无从奢谈提高中国文化影响力。实事求是地说，虽然孔子学院从无到有，发展已有相当规模；但无论是在开发目的、合作平台和运行机制上，孔子学院都仍然处于一种"高成本低产出"的弱势竞争状态。与此对应的是西方社会向世界推销的文化教育产品却处于强势竞争状态，与孔子学院相类似的机构如塞万提斯学院或歌德学院在西方对外文化产品中的地位并不特别突出，但值得借鉴的是它们注意将优势资源集中到在国外办综合大学、资助高端的多学科的国际学术思想交流、输出代表本民族强势文化传统的政治、宗教、经济学、哲学等课程，以及选派并资助各种渠道的专家学者向海外推销本民族的思想和精神产品方面，营造了国际交流中的优势竞争文化氛围，极大地增加了西方传统的物质消费品的文化品牌价值。

形成这一问题的主因是对外文化中的单向的思维定式影响，即传播者还是以传统宣传者自居，对阿语国家了解不够，没有充分把握阿拉伯受众的实际需求，以致缺少共振互动。一般而言，一国之文化通常包含四个层面，即物质层面、技术层面、制度层面和精神层面。历史上，阿拉伯国家以伊斯兰教为国教，中国传统文化对阿拉伯国家的影响力始终没有突破物质层面，阿拉伯人对中国传统文化的认知也是浅层的。受所信奉的宗教影响，阿拉伯人认为伊斯兰文化完美无缺，其他文化都无法与伊斯兰文化相媲美；特别是非宗教文化，对阿拉伯人而言，没有吸收其他国家的深层文化的需求。由此可见，如果我们没有大众文化作为铺垫，而将我们认为最宝贵的精神层面的文化直接传递给阿拉伯受众，自然不会实现我们预想的效果。

实际上，阿拉伯国家人民对中国改革开放以来取得的巨大成就十分好奇，尤其是 2008 年北京奥运会以后，他们希望了解"一个改革创新、对外开放的中国；一个稳定发展、文明进步的中国；一个坚定地走在中国特色社会主义现代化道路上的中国；一个致力于东方文化与现代性交融的中国；一个独立自主、和平发展与负责任的中国"①。因此，在孔子学院文

---

① 刘明：《当代中国国家形象定位与传播》，外文出版社 2007 年版。

化活动课和传统节日活动中，仅仅是演示传授书法，太极拳，放风筝，包饺子……是不够的。2011年2月15日美国参议院公布了前外交委员会主席理查德·卢格的报告《美国的另一种损失：中国和美国——网络时代的公共外交》，报告认为，中国在传播文化时仍然"以四大发明、长城和儒学为核心……这种方式过分强调传统，忽略现状"。① 国家推介传统文化是公共外交的重要工具，是国家需要倚重的，但是一味强调中国传统文化，只能说明中国在历史中曾取得的成就，却很难让人们知道中国的现状，未来的发展方向，忽视构成现代文明的各种元素，因而会形成对文化理解的片面性。若仅靠昭示五千年的文明，是难以表现现代中国的时代风尚。

笔者在摩洛哥孔子学院工作期间，参加了两届"卡萨布兰卡语言节"，我们的展台在众多西方"资深"语言教学机构中，以陌生面孔出现，被摩洛哥群众围得水泄不通。摩洛哥青年非常关注现代的中国，在中国当代图片展厅细致参观，并留影纪念。充满现代化气息的中国强烈吸引着摩洛哥青年的眼球，从这个侧面可看出阿拉伯人最关心的是中国现当代文化，而不仅是历史层面的传统文化。这些正好也说明我们文化产品的供给与阿拉伯受众的需求存在差异，正是这些差异使我们在流行文化当道的国际文化传播竞争中很难形成吸引力。

因此，在海外语言教学文化传播中，应避免将自认为国际受众应该知道的当作国际受众真正想了解的文化，这是对外文化传播中的首要前提。考量不同国家的文化语境，认真研究阿拉伯受众的文化需求、审美习惯等问题，特别是要向其他国家讲清中国各民族的现当代文化特点以及经济建设成就，中国文化中的时尚元素，是当今文化传播策略制定必须做好做足的功课。孔子学院在传播传统文化的同时，应更加注重对现当代文化的整理和弘扬，加强对阿拉伯受众的研究，促进需求与供给的对接。只有这样，才能有效提升中国文化的影响力，以文化软实力增进阿拉伯国家对中国国情的了解、政策的支持和观念的认同，推动中阿友好合作关系持续发展。

2. 借鉴西学东渐的文化策略，推进孔子学院的发展

历史上，西方学术思想传入中国虽发端于明末清初西方基督教的传

① 韩方明：《中国的公共外交真的超过了美国吗?》，《联合早报》2011年3月14日。

入，但严格意义上的西学东渐应是起于洋务运动时的晚清时期。其外在形态就是大量的西方文化思想著作被翻译介绍到中国，其内在标志就是西方的政治文化思想开始成为影响中国社会的一种重要的思想来源。从明末发端到晚清民国形成气候，西方文化思想的东渐在中国思想界先后经历了拒绝抵制、逐渐接受、全面吸收的历史过程。整个西学东渐的过程，正好是近代中国逐渐衰落的过程，中国传统文化思想受到不断拷问质疑的过程。

孔子学院的大众化之路，首先就要充分利用好汉语言教学这个平台，使汉语言承载的文化思想信息，价值观念能够为更多的人感知阅读，认同接受。其次是需要调整其定位。让孔子学院成为民间文化交流的一个平台，通过优秀的民间文化艺术家来推动文化的融合，通过学院之间的文化活动、合作项目等模式进行文化交流。正如中国社会科学院西亚非洲研究所所长杨光在北京第二外国语学院阿拉伯研究中心科研咨询会上所说的：最高层次的学术交流应是在合作研究项目下，做深入、广泛的有国际影响力的研究。再次，需要培养一批优秀的教师。孔子学院对汉语教师着装的建议是"精良剪裁、中性色调、东方韵味"，这样固然是打造中华文化的一个符号，但是最主要的还是提升教师的内涵。语言学习是一个人了解另一国家或民族文化的最初阶段，孔子学院不仅针对初级语言学习者，也要面对有一定汉语水平的人，因此怎样客观、全面、生动地传播包括中国古代文学、现代文学、历史、地理、民俗、书法、绘画、茶艺、武术等中国文化，就对孔子学院的教师提出了更高的要求。应该着力培养一批有志于进行对外文化传播的教师，提高其知识修养，不仅使其能够对中国文化进行正确的讲解，而且还要其身体力行，唯此才具有说服力。例如，从网上的教学视频《弟子规》来看，孔子学院的教师能够准确讲解其要义，但讲解人是否真的能够遵守各项"规矩"才是问题的关键所在。只有孔子学院的教师能够真正将《弟子规》的理念落到实处，才会有强大的感染力。由此可见，孔子学院的文化影响力提升还要仰仗孔子学院教师自身的中国文化素养。

3. 教师要踏实做好身边的工作，同时发挥中文专业教师龙头作用

在阿拉伯国家，中文专业（系）和孔子学院因为其教育功能和所承担的教学任务的不同，两者形成一种互相补充、互相配合的局面，但总体来看，不管是教学规模，还是教学质量，中文专业在阿拉伯国家还是发挥着引导作用。我们要充分发挥中文专业教师的带头作用。同时，要踏实地

从身边的小事做起，尊重阿拉伯国家的文化，让阿拉伯国家学生和人民了解中国国情和文化，消除文化上的戒备心理，从而爱上汉语，爱上中国。中文教师应做到：

第一，具有多元文化观，因地制宜地采用教学方法。对伊斯兰文化包容和理解，迅速适应伊斯兰宗教环境，帮助不同文化背景的学生理解中国文化。在教学中，以学生为中心，在跨文化情境下，采用适合本土特色的教学法，提高学生汉语水平。

语言中的文化因素，是个相当宽泛的概念，涉及多方面的内容。教学中可着力于文化比较，如汉语与农耕文化和儒家传统相关，阿拉伯语与游牧文化和伊斯兰教相连。由此铺陈展开语言文化教学，将比较的内容置于社会、宗教、民俗一个广阔的范围内，不空谈，让材料说话，如胡适所说"有九分证据不能说十分话"。这样的文化课就会生动有趣。如，阿拉伯人在某种程度上更喜欢夜晚，这是由他们生活在沙漠环境所决定的。夜晚让大家避开了灼人的阳光，享受宜人的温度。在阿语中"太阳"有29个名称，而"黑暗"则有52种说法。可见人们对夜晚观察的细密与发自内心的钟爱。阿拉伯人惯于长夜聊天，有一系列与"夜谈"有关的词汇。商队多于夜间行走，因而又有一批与"夜行"有关的词汇。阿拉伯人叫"塔立克"的人很多，塔立克即"夜间造访者"。这类与夜晚活动有关的词，众多的与沙漠有关的词汇，是阿语有别于其他语言的特色之一。

在确立文化特征基础上，要深入多方探讨汉阿两种语言的文化词语。在语言教学上，要特别注意两种语言词义的对应与不对应情况。此外，诸如从两种语言的委婉语看传统文化的遗留，从亲属称谓看婚姻制度与社会演进，从颜色词看文化审视，从地名看民族迁徙的踪迹及社会图景，从姓名看宗教信仰，从时空词语看文化取向，从造词心理、句法结构看民族的思维方式，林林总总，十分有趣又有用。

第二，了解当地教育体系和教育制度，根据教学环境进行课程设置和课程开发。阿拉伯国家学校教育体系和教育制度具有明显的西化色彩，汉语教学在课程设置上，要注意以培养学生听、说、读、写语言能力的为中心，选用好系列教材，根据学期课程计划展开教学。

第三，要具备教材编写能力，教学资源的整合和开发能力。如今孔子学院的一些特色课程和特色技能的训练备受学生的欢迎。开罗大学中文系主任、孔子学院外方院长李哈布教授认为，中国对外经济文化交流日益频繁，不妨根据这一趋势每 4—5 年更新一下教材内容，使之与时俱进；在教材内容设计上，要给学生更多思考和创新的空间，避免单纯考查学生记忆力的考试训练。

4. 提升民族文化信心，增加文化互动性

美国目前可以说是综合国力最强大的国家，同时其文化软实力也是最为强大的国家。近二十年来，美国对中国的文化影响力可谓巨大，有以好莱坞电影为代表的娱乐文化；有以美国篮球赛为代表的体育文化；有以麦当劳、肯德基和可口可乐为代表的餐饮文化；有以苹果系列为代表的现代信息传播文化等，在很大的程度上影响甚至改变着中国青年的生活方式。美国在阿拉伯国家的文化影响力并非由政府直接塑造，美国也基本没有在阿拉伯国家办过"美国文化节"，但美国发达的文化产业、强大的跨国文化企业承担了培育美国文化软实力的重任，并且实现了经济效益和社会效益的双赢。

孔子学院在海外传播中国文化应不仅仅是"书法"、京剧、饺子、中国功夫等。文化不是孤立的符号和对象，文化是由人表现出来的，每个人都是文化的携带者，每个人都是"遣唐使"。在国外，外国人就是通过我们来认识中国文化的。作为文化的携带者，要对自己的文化自觉。有了自觉，就也有了责任。在某种意义上，文明是社会真正的正能量，而且也是一个国家真正的软实力。国家软实力无疑就是高度的文明。文明与文化的关系简言之，文化的终极目的就是文明。

时代的发展已经深刻地表明：中国文化要生存、要发展就必须保持自己的民族特色——中国文化民族性。作为文化传播者，我们应该积极参与全球化交流，树立起对中国民族文化的自信心，发挥民族文化的创造力，通过增强国家综合国力、发展民族文化产业、提高人民精神文化素质等途径，尤其要在继承优秀传统文化与吸收外来文化的基础上，不断创新，来建设具有中国特色的先进文化。

5. 编写适合孔子学院的汉语国际教育教材，传播文化价值观念

西学东渐之初，利玛窦等西方传教士在传教的同时，正是通过带来了《乾坤正义》等西方科学技术著作教材，越过中国文化的抵触屏障，演绎了轰轰烈烈的西学东渐，使西方文化价值广为接受，极大提升了西方文化在中国的影响力。可见语言教学和教材在文化传播中的独特作用。

对于国家而言，对外文化传播不仅是个"软实力"的问题，更是一

个"巧实力"的问题。目前很多教材内容、观点、选题设计等，对外国学生来说就显得很空洞、抽象，有些国家学生对农耕文化就难以理解，毕竟国情不同。这样的教材不能激发学生的学习兴趣，反而会产生厌烦心理，进而影响教学和传播效果。

北京语言大学教授朱立才，从事对外汉语教学工作，曾在阿拉伯国家从事文化教育12年。他编写的《汉语阿拉伯语语言文化比较研究》，借助文化语言学、应用语言学的研究方法，着力词汇学、修辞学、篇章语言学及运用交叉学科文化语言学框架开展中阿语言研究。做到了从尊重、平等的视角出发，客观如实地选例、阐释和论证，而且坚持了中国源远流长的文化核心——以和为贵，和而不同。通过对文化审视、文化观念、文化交流、文化内涵、历史文化和思维方式等陈述和分析，既归纳汉阿语言文化中的相同成分，也指明两者间的相异之处，达到相互借鉴、相互补充。贯串全书的与阿拉伯人交往中所持的与人为善的友好态度，不仅符合我国东方学研究者们的主流方向的，而且对于人们了解汉语与阿语的文化传统，梳理阿语地区汉语教学策略都有极好的帮助。这也是我们编写教材的"标杆"之一。

其实，在传播中华文化，提升中华文化影响力上，应充分注意历史与当下的有机结合。如在介绍故宫等历史语言素材中，适时切入北京的历史文化元素题材，有助于把历史与现实有机融合，通过历史上的北京与今天的北京的感知，过渡到历史上的中国与当代中国的认知，拓宽中国文化的要素范畴，使中国形象更具体，更鲜活，改变传统与现实割裂的情况。

此外，孔子学院总部建设的网络孔子学院和广播孔子学院，不仅是很好的教学平台，更是中国文化传播的重要途径。网络孔子学院面向全球汉语学习者和汉语教师，提供在线课程、教学资源等多项功能。基于网络多媒体技术的《长城汉语》也已运行，它可以在网络上学习，并即时测试学习效果，还有可利用的丰富的教学资源以及远程虚拟特区。摩洛哥穆罕默德五世大学孔子学院从2011年开始向学生推介《长城汉语》，利用网络平台学习汉语，这种学习方式很适合年轻人，在大学生中很有"市场"，学生利用网络学习汉语，学习时间更自由，选择自己感兴趣的知识更方便，学习更加人性化。

可以预见将来孔子学院和孔子学院广泛使用的汉语国际教育教材势必成为中国文化走向世界的重要桥梁和载体，切实扩大中华文化和思想的世界影响力，成为"东学西进"的有效路径。

三 结语

在孔子学院和汉语国际教育上，我们对自己要有个清醒的认识，短时间内不能指望汉语像英语、法语那样在非洲迅速流行，中国传统文化也不大可能像西方文化那样在非洲受到广泛欢迎。这点正如全国政协外事委员会主任赵启正所言："我们的汉语的确比较难学，难以指望像掌握英语那样多的人掌握汉语，而语言又是文化最主要的载体。"[①] 要认识到汉语国际教育中文化传播进程受多种因素交叉影响，任务艰巨。

综上，文化软实力建设不仅已上升到国家发展的战略高度，真正提升中华文化影响力注定还有很长的路要走。中非关系中的文化交流无疑是增强中国文化软实力的重要途径，孔子学院无疑是文化传播交流的好抓手。从这个角度讲，做好孔子学院的建设工作，既是文化传播的责任所在，也是我们的历史使命。

参考文献

1. 李安山：《中国与非洲文化的相似性——兼论中国应该向非洲学习什么》，《西亚非洲》2014 年第 1 期。

2. 牛长松：《孔子学院与中国对非语言文化外交》，《西亚非洲》2014 年第 1 期。

3. 刘欣路：《中国在阿拉伯国家文化软实力的局限与不足》，《济南大学学报》（社会科学版）2012 年第 1 期。

4. 张国祚：《中国有信心和能力成为文化软实力强国》，《中国社会科学报》2010 年 1 月 12 日。

5. 刘明：《当代中国国家形象定位与传播》，外文出版社 2007 年版。

6. 和曼：《从孔子学院看中美的文化差异》，《人民论坛》2012 年第 17 期。

7. 朱立才：《汉语阿拉伯语语言文化比较研究》，新世界出版社 2004 年版。

（郭玲 北京第二外国语学院国际传播学院 北京 100024）

---

① 赵启正：《你身边的故事就是中国的故事》，《公共外交季刊》2012 年冬季号。

NHK 纪录片的文化传播品牌研究

孙　庚

　　摘　要: 全球化背景下, 各国家和民族之间的文化交流日益加强, 文化软实力成为衡量一个国家综合国力的重要指标之一, 而建构具有影响力的文化传播品牌则成为各国实现对外传播、占领国际传媒市场、提升国家形象的重要手段。日本最大的公共广播电视机构——NHK 承担着日本对外文化传播的重要职责, 通过实施国际传播“文化战略”, 在实现本国文化传播、占领国际文化市场的同时, 成功塑造了不少他国的文化形象, 成功跻身世界上具有影响力的文化传播品牌先列。其与中央电视台合作拍摄的《丝绸之路》《长城》《故宫》《大黄河》等节目成功塑造了中国文化形象, 树立了跨文化交流的成功案例。

　　关键词: 文化传播　NHK　纪录片　文化软实力　北京形象

　　文化传播的概念, 最早由英国学者泰勒 (1871) 在《原始文化》中提出, 原指文化的迁徙和扩散, 并未强调其地位。经过不断的发展与演变, 文化传播已演变成为当今世界重要的传播现象之一, 各国、各族的文化在全球信息交换的过程中彼此渗透、彼此影响, 从文化发源地向不同背景的社会辐射、渗透。在这种由一个社会群体向另一个群体扩散的过程中, 实现了价值观念、思维模式甚至宗教信仰的单方灌输或双方交换。

　　全球化背景下, 文化软实力已成为世界各国制定文化战略和国家战略的一个重要参照系。尽管新的信息和传播技术推动下的全球化进程对文化多样性是一种挑战, 但同时也为各种文化和文明之间进行新的对话创造了条件。随着科学技术的飞速发展, 大众传播媒介形态的多元化促进了文化传播的蓬勃发展。在国际传播领域, 诸如冷战时期广播大战式的宣传形式已经鲜见, 各国通过将本国的文化要素植入一切可以运用的媒介形态和媒介产品中，把信息传播到世界各地，树立国家形象。因此，如何建构一个有影响力的文化传播品牌，成为很多国家国际传播战略构建的当务之急。

日本大众传播机构——日本放送协会（以下称 NHK）在世界范围内可以被视作一个有影响力的文化传播品牌。作为日本最大的广播电视机构，其国际频道已覆盖全球范围内 120 个国家的 1.25 亿收视家庭。同时，因其公共电视台的属性、客观公正的报道方针及高品质、高素养的电视节目，在国内和国际的受众当中树立了良好的声誉。

作为我国首都的北京，正行进在建设世界城市的发展进程中。在这项工程中，解决和完善北京文化传播中的诸问题是一个重要的课题。本文将以 NHK 电视台的特色节目——纪录片为例，通过树立 NHK 纪录片的发展历程，从文化传播的背景与途径、纪录片的文化传播属性等几个方面，力图探索 NHK 纪录片的影响力，即 NHK 纪录片跨越不同文化的界限，在世界范围内传播日本文化，同时也在日本受众中塑造他国文化形象，将一个大众传播媒介打造成具有影响力的文化传播品牌的经验，以揭示出 NHK 纪录片对北京文化传播的启示。

一　文化传播的背景与途径

联合国教科文组织在 2001 年《世界文化多样性宣言》（*Universal Declaration on Cultural Diversity*）中把文化视为某个社会或某个社会群体特有的精神与物质、智力与情感方面的不同特点之总和；除了文学和艺术外，文化还包括生活方式、共处的方式、价值观体系，传统和信仰；注意到文化是当代就特性、社会凝聚力和以知识为基础的经济发展问题展开的辩论的焦点；确认在相互信任和理解氛围下，尊重文化多样性、宽容、对话及合作是国际和平与安全的最佳保障之一；希望在承认文化多样性、认识到人类是一个统一的整体和发展文化间交流的基础上开展更广泛的团结互助；认为尽管受到新的信息和传播技术的迅速发展之影响，积极推动的全球化进程对文化多样性是一种挑战，但也为各种文化和文明之间进行新的对话创造了条件。由此可见，在当代环境下，各国之间的文化传播正日趋密切和活跃。

英国学者，被称为人类学之父的爱德华·泰勒认为文化是一个复杂的整体，包括知识、信仰、艺术、道德、法律、风俗，以及作为社会成员的个人而获得的任何能力与习惯。用"传播"一词研究文化现象始见于《原始文化》，泰勒所用"传播"一词，主要指迁徙、暗示、采借和扩散。他提出各地文化之所以有相似之处，是由于文化传播所致。例如，印度的佛教文化传入中国，关于马的文化从欧洲传播到北美印第安人部落等。泰勒之后，一些社会学家、文化人类学家、民族学家普遍使用"传播"一词。德国的文化圈派、英国的传播学派、美国的历史学派皆把传播作为关键概念，他们关于文化传播的基本概念是相似的，即它是文化特质或文化元素从一个社会传递到另一个社会，从一个区域传递到另一个区域，是文化向外传递，扩散而超出其产生地区的一种文化现象。

如今，促进文化传播成为各国发展软实力的有效途径。所谓文化外交，即在外交之初的文化传播、交换和交流，它是一个主权国家在外交活动中使用文化手段去实现特定的政治目的或对外政策。纵观近年来的国际外交方式的发展和演变，可以看到国际社会越来越注重文化外交手段的使用，将其作为实现各国外交战略的有效方法。新形势下我国对外传播机制的不完善逐渐成为对外传播发展的瓶颈，鉴于有公信力的国际化媒体对提高国家竞争力和软实力的重要意义，可以说，新型对外传播体系和机制的探索是实现有效文化传播的关键。

二　文化传播战略中的 NHK

正如美国文化传播大家威尔伯·施拉姆所言："我们既不完全像神，也不完全像动物。我们的传播行为证明我们完全是人。"文化传播与当今人类生活的几乎所有领域密切融合，成为人群之间、民族之间、国家之间最重要的交往活动之一。为了实现文化传播，人们往往借助一定的媒介来实现，从烽火狼烟、晨钟暮鼓、驿寄梅花、鸿雁传书这些古语中，可见古代的文化传播手段。文化传播手段的发展与媒介演进的过程相辅相成，一般认为经历了口语、文字、印刷、电子和网络等发展阶段。冷战结束后，国际局势发生巨大变化，国际政治合作、经济协作日益紧密，为了维护国家利益和塑造国家形象，文化软实力逐渐成为衡量一个国家综合国力的重要指标之一。文化软实力的作用可以通过对受众潜移默化的影响，从而实现人们深层次的认知和认同。国家通过向海外传输本国的文化信息，将本国的宗教信仰、文化模式、价值体系等传播出去，以提高国家在国际的影响力。

日本在认识到文化软实力功能具有重要意义后，深觉国际文化交流、对外传播日本文化的必要性。为了占领文化市场，日本开始向世界最大限度地输出本国的文化产品，不断加深、扩大对外文化传播的力度。其中一种卓有成效的方式则是开办国际频道。当今世界，各国以开办国际频道或其他形式进行国际传播的动机主要有三种，即政治需求、经济需求和文化需求。政治需求主要是为了强化或夺取"话语权"，经济需求则是立足商业运作、谋求利益最大化，而文化需求则是提升他国民众对本国文化的认知和认同。作为日本最大的公营广播电视机构，NHK 在传播日本文化上不遗余力，向世界传递日本的声音，实现文化需求和文化战略，在国际媒体竞争中赢得了自己的一席之地。

NHK 作为日本实行公共电视台和商业电视台二元并行体制下唯一一家也是最大的公共广播电视机构，其前身是 1925 年 3 月 22 日开播的东京广播电台，自 1926 年 8 月 20 日与大阪广播电台和名古屋广播电台合并后，正式成为全国性广播电视组织。发展到目前，已经成为了国际性广播电视台，旗下的国际频道在全世界约 120 个国家可收看，截至 2010 年 3 月，已拥有 1.25 亿收视家庭。受众通过当地的卫星或闭路电视服务收看该频道。根据 NHK 的规划，2014 年之前 NHK 环球电视频道要进入全球 1.5 亿家庭。目前，NHK 环球电视频道的节目主要包括：新闻、时事、纪录片、商务、文化和科技、生活、艺术和音乐、旅游。截至 2010 年 3 月，NHK 共在 31 个国家和地区派驻了 75 名海外记者。NHK 在北京设立了中国总局，共有日方和中方雇员 22 人。

NHK 多年来坚持不在节目中插播商业广告、不接受任何商业捐赠的原则，既不隶属于政府，也不以商业营利为目标，是参照和借鉴英国 BBC 模式建立起来的以公共执照费为主要收入来源的电视台。它一直将服务公众作为办台宗旨，公正客观的进行报道，这在其节目的设计、编排上得以充分体现，也因此在日本国民心中拥有较高的公信力，享有较高声誉。

作为一个公共电视台，NHK 坚持秉承客观、公正的报道方针。与商业电视机构的做法不同，它以播报时政、社会类新闻为主，几乎不播放娱乐新闻。遵循新闻的客观性原则，规定记者回避自己的观点和态度，通过报道与新闻事件有关各方的话语和行为等方式来揭示相关各方的态度和立场。除此之外，在 NHK 所播放的节目中，公共教育与公共素养节目占了很大比重。这些教育节目面向不同年龄不同层次的人群，从激发儿童智力与想象力的动画片，到对青春期年龄段青少们的知识教育及对中老年的科技教学，通过不同角度丰富社会公众的知识，教给观众生活的技能技巧，提高民众整体的文化素养和生活能力。日本很注重公共素养类节目的制作和播出，NHK 节目的宗旨之一就是提高公共素养，可以看到在 NHK 下属的各个频道都安排有此类节目。从传播学的角度来说，媒体本身就具有传承社会文化遗产的社会功能。这类节目的呈现形式多样，题材广泛，其中以纪录片最具代表，它涉及历史、宗教、艺术、自然等多个文化领域。弘扬传统文化成为 NHK 公营电视台的一大特色，在日本的电视台中，NHK会更多地对日本特有的传统文化进行传播介绍，像日本传统民间工艺、花道、茶道等，尤其是最典型的大相扑比赛直播，几乎成了 NHK 的招牌节目。以下将讨论 NHK 的文化传播功能，进而揭示文化传播品牌在文化战略高度的社会意义。

三　NHK 的文化传播功能

一般认为，公营媒介机构 NHK 主要通过两种方式来实现其文化战略，一是通过节目传播，二是开展文化外交。

在节目传播方面，NHK 主要通过 NHK 环球电视频道（NHK World TV）进行节目传播。日本开设这个环球电视频道的初衷是为了应对信息输入与输出不平衡的压力。1990 年（平成二年）7 月，日本政府邮政省发表了《平成二年通信白皮书》，指出在 1988 年度日本接收国外电视节目的数量是日本向国外传送节目量的 18 倍。日本各界由此感到，通过 NHK 来实现日本文化的输出是日本政府修改广播法并扩大 NHK 业务范围的最重要工作。在发展国际电视频道是，日本前后分为三个步骤来完成。他们第一个步骤是推出 TV Japan 频道。TV Japan 并不是一个稳定的电视频道，它是先由 NHK 向伦敦、纽约两地的两个电视频道提供节目，再由当地的这两家电视台向这一地区的日本侨民播出。第二个步骤是开展"委托广播业务"服务项目。1995 年 4 月 3 日，NHK 开始通过 TV Japan的两家电视频道 JNG 和 JSTV，每天向北美播出 5 小时、向欧洲播出 3 小时 10 分钟的电视节目。第三步是 NHK 于 1996 年 9 月在巴西落地、1997

年7月在墨西哥落地。1994年，日本修改了《广播法》，将面向海外的电视播出确定为NHK必须履行的业务范围。根据修改后的《广播法》，NHK 1995年开始了面向欧洲、北美的电视海外播出。1998年4月，NHK环球电视频道（NHK WORLD TV）开播，其口号为"亚洲视角"（Your Eye on Asia）。NHK环球电视频道开播后，播出时间和范围逐渐扩大。1999年10月，该频道开始24小时播出，2001年8月覆盖范围扩展到了非洲南部地区，从而基本实现了全球覆盖。2009年2月2日，NHK环球电视频道成为24小时播出的英语新闻和资讯频道。目前，在NHK环球电视频道播出的节目中，文化类节目占日播时长的平均比例达到28.75%。关于文化的栏目达到14个，涉及不同的主题。有些栏目偏重传递具有浓郁日本文化特色的内容，例如，《日本樱花》（SAKURA-Cherry Blossom in Japan）介绍日本著名的樱花景点，樱花作为日本的国花是日本的文化符号；《栗原春美私房菜》（Harumi Kurihara Cooking）与《日餐厨房》（Your Japanese Kitchen）是推介饮食文化类的节目；《轻松学日语》（NI-HONGO QUICK LESSON）是语言文化类节目，教授在日本旅游或会见日本朋友时很有用的简单短语和词汇；《日本礼仪》（Sense of Japan）是一个介绍基本日本礼仪的节目，《日本生活》（Begin Japanology）的内容是关于日本文化细节以及日本人审美和价值观。在文化类节目中，NHK环球电视频道注重推介包括音乐艺术等在内的当代日本文化，其节目播出时间所占日播时间总量的平均比例达到10.55%。

为了适应国外受众的审美需求和收视取向，NHK环球电视频道制作和播出节目时精益求精，打造出了不少精品。这些媒介精品成为NHK实施文化战略的重要工具。日本众参两院通过了《广播法》修正案（2007），要求NHK"建立新的对外播出机制"，将"面向外国人"和"面向海外日侨"分开。在专门以海外观众为目标人群制作电视节目时，NHK只生产一部分节目，其他的则采取委托制作的方式，把任务分派给NHK下属的子公司。由此，形成了制作对外传播节目的专业团队，他们在节目制作前的市场调研中，精准地了解目标受众的收视习惯和品位要求和文化需求，为节目播出后的收视率提供了部分保障。NHK环球频道不仅在文化类节目中走专业化路线，同时也在外国受众较为密集的新闻类节目中传播日本文化，主义播报日本文化动态，多层次地向海外受众展现传统日本的传承与现代日本的发展。今天可以清晰地看到，NHK环球电视频道在频道风格、传播理念和节目内容定位等方面，一直优先的是传播日本文化，在世界范围内塑造日本，用文化传播的手段提升日本的国际形象，为日本在国际社会争取话语权。

人们还可以感受到，NHK 的媒介产品注重商品属性和文化属性的平衡，通过这样的媒介产品来传播文化。HNK 下设的 NEP（NHK Enterprises INC）公司，它的业务范围主要是购买和销售节目，促进了纪录片、电视连续剧、动画片等类别的文化贸易。据统计，2007 财政年度（2007 年 4 月 1 日到 2008 年 3 月 31 日），NHK 共向 43 个国家和地区售出 5211 个节目。在 2008 财政年度（2008 年 4 月 1 日到 2009 年 3 月 31 日），共向 43 个国家和地区销售了 7516 个节目。在 2009 财政年度（2009 年 4 月 1 日到 2010 年 3 月 31 日），NHK 向 40 个国家和地区销售了 3706 部节目。能反映日本文化或具有日本文化特点的品牌节目纪录片就是负责购买和销售节目的代理公司 NEP 向海外销售的产品之一。

NHK 在节目内容上注重文化元素以彰显媒介文化传承的社会功能，另一方面也采取用文化外交手段来实现文化战略。作为一个公营广播电视机构，NHK 大力开展各种文化活动、加强和其他国家地区进行包括媒介合作在内的多种形式的合作。经过多年的努力，致力于推动亚洲电影发展的 NHK 亚洲电影节（NHK Asian Film Festival）、致力于全球范围内电影发展的圣丹斯/NHK 国际电影工作者奖（Sundance/ NHK International Filmmakers Award）、致力于推动日本传统文化发展的"日本奖"（The Japan Prize）已成为了具有品牌价值的国际性赛事 。这些国际文化交流活动，在观影、评奖、颁奖等阶段，渗透着 NHK 对文化的理解，让更多的人了解和关注 NHK，提升了它的国内外知名度和美誉度。

在积极推动文化交流的同时，NHK 注重和环太平洋地区，以及发展中国家的合作，发挥 HNK 自身的技术优势进行技术合作，和其他国家和地区进行电视节目的合作拍摄。例如，NHK 采用灵活多样的研修形式，派出和接收相结合，一方面让技术专家到这些国家进行现场的指导，一方面邀请各国的传媒工作者来到日本进行参观学习。HNK 与各国广电机构和节目制作公司保持着合作关系，合作了近千部节目。1979 年，NHK 与中国中央电视台签署合作协议，联合拍摄大型纪录片《丝绸之路》，这一事件对中日两国的电视事业发展都具有重要的开拓意义。该片从 1979 年 8 月开始至 1981 年 5 月结束，共拍摄了 20 个月，国内行程几万公里，拍片 45 万英尺。1985 年到 1988 年，中央电视台和 NHK 再次合作拍摄了大型纪录片《黄河》。从 2009 年 4 月到 2010 年 3 月，NHK 共计播出了 54 部国际合作制作的节目，节目数量达到 165 个。

充分发挥媒体的优势，打造文化传播品牌，是文化产业发展和文化产品输出的手段之一。NHK 是日本最大的公营传媒机构，它的节目播出范围几乎覆盖全球，在国际传播业务中实现着向世界传播日本文化的媒介组织目标，通过具有塑造具有公信力的文化传播品牌，在激烈的国际媒介竞争中以"文化战略"赢得了世界的关注，并在某种程度上代表日本向世界传递声音，努力最大化地践行具有日本特色的"文化战略"。

四　纪录片的社会功能和文化意义

纪录片本身具有传承社会文化的作用，是实现文化传播的一个重要手段，也是文化传播战略中的一种重要表达形式。近年来，纪录片的节目形式在电影电视上已经变得越来越流行，被称为一种"创新形式的电影制作和有影响力的文化"。

纪录片能够反映社会活动家的趣味取向，这一点以被人们关注。但是在哪种情况下，这些策略能够最为有效地推动社会变革？那些间接的政治驱动和制作精美华丽、具有美学价值的纪录片不仅有成为政治雄辩的潜力，同时在适宜的条件下，可以转化为拥有改变社会的潜力人物之间的公共交流。

一个多世纪以来，纪实电影为公共社会提供了一个传播文化、说服大众的有效途径。在 20 世纪 30 年代，斯大林试图调整纪录片的内容以迎合政治目的。在第二次世界大战期间，美国政府大力投资《集结号》纪录片，将战争售卖给士兵和那些摇摆不定的同盟。纳粹党有一个纪录片《部队》，当时由雷妮·瑞芬舒丹（Leni Riefenstahl）带领，旨在为群众带来美轮美奂的战争影像。举一个近一点的例子，在 2003 年获得奥斯卡最佳纪录片奖之后，迈克尔·摩尔（Michael Moore）在 3300 万观众面前谴责布什总统和伊拉克战争，引发了轩然大波。制作了史上最成功的政治纪录片之一的摩尔，承认奥斯卡并不是一个适合评论政治的地方。在接受了一轮激烈的赞美和批评之后，摩尔这样为自己的行为辩护："如果我因为一部关于鸟和昆虫的纪录片而获得了奥斯卡奖，我会说一些关于他们的事情。但是我制作了一部关于暴力，以及全球暴力的纪录片，所以我感到我必须说些什么。我仅仅希望我能引起大家关于布什先生和这场战争的讨论。"

在 20 世纪之交，随着旅游的兴起，纪录片承担起了"世界之窗"的作用。人类学家、探险家和演员共同改革了纪录片的形式。早期的纪录片向观众展示国外的和未知的事物，比如俄罗斯的尼古拉二世加冕，或澳大利亚的墨尔本赛事，这是纪录片文化传播作用的雏形。但是，早期的纪录片同时充当着"镜子"的角色。纪录片在 20 世纪承担了不同的功能，具体是什么功能，往往取决于历史的需要。

20 世纪 30 年代初期，经济形势衰败导致了政治局面异常紧张，直至冲突。媒体的话语权被有关政治观念和形态的演讲所垄断。在这段时期，纪录片刚刚掌握声音技术，摆脱无声电影的阶段，也正是此时，纪录片第一次踏上社会变革的舞台。约翰·格里尔逊（John Grierson）之所以投身纪录片的基础工作有很多个原因，总的来说，他制作和发行纪录片的方式非常独特。并没有将纪录片经历概念化以作为一种消费和娱乐，取而代之的，他相信纪录片电影是可以非常有用，对社会有帮助的。他宣称媒体有改变人类和社会体系的潜力，尤其是纪录片，可以向市民通信，拯救摇摇欲坠的民主制度。在这个时期，社会精神文化领域的基础改革，尤其是纪录片，正在接受那些处在社会边缘的人和意见。正是此刻，工人阶级的生命被展示在民主的末端。像格里尔逊这样的电影制作者的假想是，纪录片的发声将会为同质的民主提供丢失的素材，更加完整地呈现当时的社会。但是，仅有观众，信息和新的方法的纪录片文化战略显然是不充分的。

在 20 世纪 50 年代后期这个资本扩张的时代，企业通过增加纪录片的类型努力制造需求和煽动欲望。作为促进共同利益的反应，60 年代的电影制作者开始承担"观察员"的角色。这个时期的电影通常被叫做"现场拍摄"（direct cinema），他们野心勃勃地向观众展示社会通常或忽略、或保留、或隐藏的事实或结论。"现场拍摄"类电影的功能，是陈述事实并把评判权交到观众手中。福瑞德·怀斯曼（Fred Wiseman）是一个从律师转行做电影的纪录片制作者，也是"现场拍摄"类纪录片中的佼佼者，他选择社会通过其宣传自身的体系，或者一个缓冲——因此也可以反映社会的压力和紧张。他所有的电影都成为关于美国社会力量的研究课题，虽然并非在很高的学术水平而是在大众水平上。

20 世纪 90 年代至今，类似于芭芭拉·库伯（Barbara Kopple）的电影《美国梦》（1990）描绘了美国工人的生活。有所不同的是，这个时期的纪录片顺应电子科技的发展，因特网为文化传播提供了新的方式，通过克服地理隔离和信息资源的限制，使传播方式更为多样化。

一部纪录片的政治、文化价值只能由它在其所处的时代发挥的功能所决定。不可否认纪录片具是宣传的功能。它为了宣传而追求极致的真理，为了宣传，因为事实即是证据，事实最为可靠，事实可以带来最有煽动性的力量。这种说服观众它所呈现的信息是真实的能力，使得纪录片成为宣传的有力媒介。这种宣传，既包括政治上的宣传，也包括文化的传播与扩散。比如说一个摇滚题材的纪录片提供了一种独特的，不同于书籍、音乐、磁带或演唱会的叙述方式。通过提供一种新的看待问题的方式，纪录片能够使观众以一种重要的方式更加接近艺术家。这种迷人的摇滚乐电影不能仅仅有音乐，因为那样通过一个唱片就可以做到；它也不可以仅仅有信息，因为那样通过一个人物传记就可以做到；它更不能仅仅有图片，因为那样通过一个摄影作品就可以做到。这些电影所要呈现的，是一种更为感人的影像。通过提供一种可视听的体验，纪录片在文化传播中扮演了一个重要的角色。

五　NHK 纪录片的发展与特征

因以文化传播立台，和考虑到纪录片在国际文化传播中举足轻重的地位，NHK 开展国际传播最有效的品牌之一就是拍摄世界各地的纪录片，以日本文化作为载体塑造他国形象。

纪录片是对一个国家及民族的历史、社会、文化等方面的描述，是一个国家历史和现状的缩影。它的发展与演变与一个国家或民族的发展历程息息相关。可以说，一方面纪录片记录着一个国家及其社会的发展轨迹，另一方面一个国家及其社会政治、经济、文化等的发展水平造就了与之相应的纪录片样态。纪录片通过简明扼要的旁白解说，与字幕相结合，用影像描述传播对象的形态、特征和本质。随着时间的发展，纪录片从早期说教者的身份逐步转化为参与者与目击者，它被社会所赋予的责任日益凸显。阿兰·罗森萨尔曾在《纪录片的良心》的序言中指出，纪录片应该被当作改变社会的一种工具，甚至是一种武器，它肩负着阐明抉择，解释历史和增进人类互相了解的使命。纪录片是一个档案袋，严肃、客观、真实地记录着历史上发生的一切以及人们对历史的思考与探究。从纪录片的主要功能上来看，素有"良心"这个沉重的称号。在政治上，纪录片肩负着文化整合、社会监督等职责；在经济上，纪录片既能直接获取经济效益，同时又服务于经济；在文化上，它具有文化传播、文化交流、文化教育等功能，每一项都与社会的发展和导向息息相关。因此，通过纪录片塑造他国形象，有利于在对象国家中有效地进行利用文化共识进行文化输出和渗透。

NHK 制作纪录片已有很长的历史，在亚洲乃至世界都享有盛名，从建台之初就开始播出。NHK 制作的纪录片以高水准闻名，从拍摄前期的筹备工作到后期的剪辑制作，体现着制作者细致、深入、审慎、客观、严谨的态度。甚至细到每一个场景的选取，每一个镜头的运用都能感受到创作人员的用意和功力。另外，NHK 纪录片一般在每天的黄金时间放送，品质高，内容有保证，不受收视率制约。而其他民间电视台虽然也会播放纪录片，但大都安排在深夜或其他非黄金时间段，无论是从质量、播出时间段以及播出密度上，还是从在民众中的影响力等方面看，都无法与NHK 相比，可以说 NHK 的纪录片在主观、客观因素的作用下成为 NHK 的品牌节目。

同样，在打造日本最具特色的文化传播品牌，向世界传递日本的声音方面，NHK 也做了很多尝试。20 世纪 90 年代，NHK 在国际化发展上推行了两大战略：一是成立国际媒体企业 MICO，利用 NHK 丰富的节目资源，进军国际市场。与此同时，NHK 还推出"电视日本"计划，面向全世界范围内播放 NHK 的电视节目。迄今为止，NHK 国际电视已经覆盖了除非洲西部、南部以外的全世界所有地区，并进行全天 24 小时的全天候播放。二是开拓卫星电视领域和新媒体领域的事业扩张型发展战略。90年代初，两个卫星频道 BS - 1、BS - 2 相继开播。90 年代后期，世界各国开始进入数字化媒体阶段，NHK 也开始积极推行数字电视计划。在进入21 世纪后，NHK 又加速拓展互联网领域，通过互联网在卫星电视上播放往期的新闻节目。

目前，NHK 的频道基本上由地面广播电视和卫星电视构成。地面电视包括：综合电视频道、教育电视频道。卫星电视包括：BS - 1、BS - 2、BS - hi。NHK 纪录片主要播出渠道有以下几种：第一种方式是通过自有

的电视频道综合电视频道和 BS－1 两个频道播出 NHK 拍摄的纪录片，
NHK 高清频道也放送纪录片，但主要是播放世界各国制作的优秀或特色
纪录片，NHK 自产的纪录片较少，NHK 教育电视频道还有一个叫《ETV
特集》的纪录片节目。第二种方式是通过互联网等新媒体播出。NHK 开
设了网站，将以前播过的纪录片上传到网站中，民众可上网进行点播业
务，点播观看过去的纪录片。

NHK 的纪录片非常注重国际化视角，很多纪录片也都采取了国际合
作的方式拍摄、制作而成。截至目前它已与 48 个国家和地区的 64 个机构
签订了合作协定，不仅有着世界上规模最大的广播电视系统，还在亚洲太
平洋广播联盟中发挥着主导作用。

六　NHK 纪录片的品牌影响力

纪录片是日本 NHK 电视台制作的节目中非常重要的一个部分。它所
承担的文化传播功能，既包括对日本本国民众的文化教育，也包括面向国
际社会的文化传播。

（1）对本国民众的教育。从 20 世纪 80 年代中期开始，NHK 电视台
就开始常规性播放聚焦亚洲问题的纪录片，以弥补当时世界上电视新闻节
目中关于亚洲问题非常有限的覆盖。如 Meeting a New Asia（Shin Asia
hakken）（on terrestrial TV）、Asia Crossroads 以及 Asia Who is Who（Ajia
who is who）（on BS－1）。这些 NHK 的纪录片节目反映出公共传媒机构在
促进日本民众关注亚洲教育问题方面所做的努力。比起将纪录片与娱乐相
结合的人气节目来说，教育类纪录片节目吸引的观众少，因此私营媒介公
司对于制作公共服务和公共教育类节目的热情不高，而仅限于偶尔播出那
些应景的旅游类节目。NHK 是唯一的提供公共教育的有线广播电视网。
如果仅通过收视率来评判这类节目可能产生的收视效果是不公允的。例
说，电视纪录片可以被学校用于教育目的，这样的话可能会产生重要的、
成倍的效果。NHK 所做的努力，不仅仅可以向日本的民众灌输更多的有
关亚洲文化知识，同时可以向世界展示一个立体、生动、全面的亚洲。

（2）拍摄题材广泛，呈现跨文化视野。1989 年，日本 NHK 曾和中国
合作拍摄了一部关于长城的纪录片，双方的前期拍摄几乎无异，得到的素
材也没多大差别，但最后出品的片子却迥然不同。日方的纪录片探讨了哲

学问题——"人为什么活着",而中方的《望长城》则是在挖掘与长城有关的历史问题。两部片子在两国的国内都受到了好评,但当它们被拿到国际市场上的时候,却获得了截然不同的回应。日本出品的《万里长城》销售一空,中国的《望长城》原封未动。究其原因,当两部影片均以外来文化的身份被拿到国际市场上的时候,两者面对的文化间的差距是巨大的。长城对于中国观众来说没有跨文化,而对于日本观众来说却是跨文化的。这就使日本观众在某种程度上与其他国家观众是一致的,即均以陌生人的眼光来看待他们所不了解的长城,所以能达到一个普遍的共识。正是文化理解度的不同拉大了这种差距。中方在拍摄的时候,重点全部放在了反映长城的历史上面,并且加入了很多的历史典故。这样复杂的文化背景让国外观众根本不明白纪录片在说什么。除非是对中国有所了解或对汉学有强烈兴趣的观众,否则是很难看懂的。而日方显然抓住了跨文化传播中的一个非常重要的技巧——求同存异。

(3)对他国形象的传播。由于历史和地理等关系,NHK做过非常多关于中国的纪录片,有《故宫的至宝》《中华文明5000年》等展现中国灿烂文明的,也有《激流中国》等反映中国现代发展的。虽然在中国只有很少地方才能收看到NHK国际频道,国内电视台也基本没有购买NHK纪录片播放,但网络上的NHK纪录片资源却非常丰富。道兰纪录片同好会论坛是专门聚集NHK纪录片资源的一个网站,据统计,每部片子一年内至少被观看50万次(根据电驴下载量);而论坛一年来有1200万访问量,相当于每天10000人的访问量。这足以说明NHK纪录片无论是从质量还是内容上来看,至少在中国也已经有了其一定的品牌效应,达到了其文化传播的目的。

当然,早期,NHK曾通过回避一些民众感兴趣的话题(如政治和军事类),导致在某种程度上扭曲了日本的邻国形象,这种情况涉及多个亚洲国家。比如,中国被描述成一个有丰富的多样性和文化生活的国家。然而,至少在采样周期中,的确曾有过对关于中国传统生活和现代生活的奇闻异事及非常态化事件的强烈关注,男性也比女性经常被提及。总体说来,在社会问题和经济问题的素材相对有限的情况下,挖掘公众兴趣是选题的主导因素。同样的,早期的纪录片中很少有关于城市中产阶级生活和非政治事件的故事。因此,关于中国的题材在观众中虽然引起兴趣和好奇,却并没有提供深入理解所需的背景信息,包括中国的政治、社会和经济形势，或者中日关系。

与之相反的是，关于韩国的题材则稍有深度，与中国的相比，关于奇闻轶事和表面肤浅的话题关注较少，性别歧视也较少体现。传统文化被视为用来强调日韩共通点的方式（比如年轻人、家庭问题，等等），而不是一些像中国故事题材中的趣闻轶事。在某种程度上，韩国题材中还同时包括了由于固有的南北朝鲜政治天性的政治问题。一些关于韩国的节目通常评论政府的政策，大多数是通过领导之口来批评的。然而，总体上政治问题有限，并且关于能够解释韩国政治形势的政府官方或内部政治事务的背景信息也非常少。通过纪录片的文化传播，NHK 挑战其他亚洲国家的负面形象，在日本观众对于亚洲的认识上起到了主导的作用。

七 NHK 纪录片对中国文化传播的启示

NHK 作为与 BBC 齐名的国际一流品质水准的纪录片品牌，因其"记录真实"的社会认知价值、历史文献价值、文化传承价值和艺术欣赏价值，拥有其他传播品牌无法企及的国际传播力。

NHK 纪录片非常重视中国题材，据不完全统计，从 1974 年开始至今，NHK 已制作超过 5000 期关于中国的节目，与中国中央电视台联合制作的节目共 131 部，中国题材的节目在日本的收视率也高于其他地区。其中像《丝绸之路》（シルクロード）、《万里长城》（万里の長城）、《故宫的至宝》（故宫～至宝が語る中華五千年～）、《大黄河》（大黄河 悠久の旅）等介绍中国文化古迹和雄伟河山。《激流中国》（激流中国）渗入对中国政治民生的关注，《万里长城》和《故宫的至宝》这两部纪录片更是成功地向全球推送了北京具有厚重文化底蕴的独特形象。

NHK 作为一个日本的文化传播品牌，之所以能跨越文化障碍，塑造出独特视角下的北京形象，成功提升了北京的国际影响力，成为传播北京文化的重要载体，是依赖于 NHK 纪录片能够抽离出狭隘的国家意识形态概念，炉火纯青地处理文化差异，具体包括：跨文化传播的低语境文化；高度影像表达的文化感知；"去中心化"的人文关怀；国际主流价值系统的编码；国际合拍的新闻生产营销等多个原因。以下结合《万里长城》《故宫的至宝》一一分析，并尝试抽取其对打造有影响力的北京文化传播品牌的启示。

（一）跨文化传播的低语境文化

"语境"一词来源于美国人类学家爱德华·霍尔（E. T. Hall），可以被定义为"围绕事件的信息，并与事件密不可分"。通过语境的概念霍尔给我们展示了一种通过认知和交际来研究文化异同的有效方法。他将文化分为了"高语境"（high context culture）和"低语境"（low context culture）两种。这种分类假定"文化的功能之一就是在人和外部世界之间设定一个具有高度选择性的屏障"。

他认为：高语境文化中的交际和传播，信息绝大部分存在于既成的语境中，是全体成员共享的资源，只有一小部分信息是经过编码的方式表达出来；而低语境文化中的成员由于缺少共同的历史文化背景，大部分信息需要以清晰、直接的编码方式传递出来。高语境文化的成员在表达感情和传递信息方面，喜好用含蓄间接隐晦的方式；而低语境文化所属成员则喜好用坦率直白的方式进行沟通，热衷自我表现。

霍尔认为，高语境文化常见于传统文化之中，日本、中国等东方的"同质社会"多属于高语境传播社会，西方的"异质社会"多属于低语境传播社会。在高语境文化中成长的人会对环境、背景比较关注，在低语境文化中长大的人在与他人交往过程中，所需要详细的背景知识相比之下比较浅显。高语境文化中的交流方式比较含蓄，更多的是在话语之外揣摩对方可能传递的意义，而低语境文化则恰恰相反，他们喜欢明确直接地表达出来，更注重使用规范的话语和文字来直接传递信息，并希望接受确切的信息。因此，习惯了低语境文化的观众对于高语境文化常常缺乏耐心，例如美国人对中国文化便是如此。

两种语境文化在交际传播中的另一个引起差异的地方在于双方对可信度的认知不同。高语境文化认为那些依赖语言获取信息的人可信度不高。他们相信沉默常常能比语言更好的传达信息。这种交流维度上的差异甚至能改变人们认知冲突和对冲突做出回应的方式。哈里斯和莫兰就对高低两种语境文化可能产生的碰撞做出了如下总结：除非全球的领导者们能够意识到这种微妙的差异，否则在交际传播中误解就会出现。

中国国际电视总公司节目代理部副总经理程春丽就曾遇到"高语境文化"无法被"低语境文化"接受的尴尬："我们曾经发行过一部很好的纪录片，但是拿到国际上以后，很多外国人就跟我讲，你这个纪录片我们真的看不懂，这里面讲了很多的甲骨文、历史、年代，我们都听不明白，因为我们对中国文化没有高深的了解。"

中央新影集团导演廖烨也说："我们有个片子叫《史前部落最后的瞬间》，第一句解说词是'黄河在西北静静地流淌'，中国的观众都知道西北是黄河的上游，有些人还看过照片，知道它的地形地貌，因为有文化背景，你听了解说词之后可以用潜语言来补充，对外国观众来讲，他们没有，所以我们觉得很简单的事，到外国人那里，问题就全来了。"

正是深谙此道理，NHK纪录片在制作纪录片的时候非常注重将被中国人潜藏的、潜意识中认为无需解释的中国文化的细枝末叶用具象的手法体现出来，将其读透、嚼碎、再反刍给全世界的观众，避免了在跨文化传播过程中的"文化折扣"。

日本的文化与中国文化有很多的相似性，同时作为一个西方化的国家，它的文化语境在很多方面介乎于中国和欧美之间，作为一个"传播中介"，他们创作的中国题材的纪录片更容易让欧美观众接受。这意味着，要有效地进行跨文化传播、媒介对自身以及对受众的定位都是非常大的影响因素。对于中国纪录片从业人员的启示就是，要从思维上进入"低语境"话语系统，才能创作出适应欧美观众的作品。

（二） 高度影像表达的文化感知

思想观念之间的差别，不仅存在于表达、接收、理解的过程中，而且，对于跨文化交流，更存在于符号本身的差别。群体内成员之所以能形成对符号所指意义的约定，是因为成员对该符号本身产生了某种特定的感知。

用解说词配合画面是我国纪录片创作中的一个常用的表现形式，当讲述故事时出现缝隙，纪录片创作者很多采用配音解说的方式进行弥补、连接或转折。《望长城》和《故宫》中都有不少这样的例子。解说词作为画面的时空黏合剂，或是用于填充画面本身难以直接表达的丰富意义，或是用来修复画面与画面之间的意义断裂。《故宫》一片经常出现长达数十秒的长镜头，并伴随着词藻华丽的解说词。然而，当这些集聚汉语精髓的解说词被翻译成外文时，中文原有的文化张力在语词转换的过程中逐层减弱乃至消失。因为这不仅仅是文字符号之间的转换，更是文化与文化的交流、历史与历史的兑换。

相比较下，NHK所制作的《故宫的至宝》，对解说所构成的语言文字符号进行了相当充分的跨文化处理,对原作的大量解说语言采取了"增减法",最大限度地从语言符号与文化感知层面减少文化折扣,增加文化补偿。"减"是指最大限度发挥画面本身的表意功能,最大限度地避免使用解说文字这一手段,力求画面与解说在表意上尽可能匹配、一致,解说词只是在一定程度上辅助画面承载意义,完成叙事;而"加"是在解说词或字幕中增加相关文化历史背景知识,尤其是西方同一时期的历史事件介绍,以增强解说词与观众的母语、文化观念之间的关联度。

此外,提及有效影像表达,常会使人联想起蒙太奇叙事方式。在蒙太奇理论看来,影像表达的意义产生于一个画面与另一个画面的拼接与剪辑过程中,即由单个画面叠加而成的新意不同于单个画面原意的叠加。因此,在影视创作中,创作者按照自身的生活逻辑与艺术逻辑来实现画面组接的蒙太奇,无论是叙事蒙太奇的时空关联还是表现蒙太奇的心理关联,其意义都产生于观众的文化体验和影像审美意识中。这种编导以及观众之间拥有的共同体验、文化背景使影像的表意流畅清晰,在《故宫》中有不少这样的运用。但对于不同的文化背景而言,蒙太奇思维却在影像的跨文化传播中造成了理解与沟通的障碍。外国受众处在不同文化组织模式影响中,他们不像中国观众那样具备丰富的历史知识,就难以体验许多蒙太奇叙事所表达的艺术效果和审美趣味。编导以及观众之间的文化隔阂由此产生——编导的心理预期与受众的实际接收体验往往并不一致,受众便会产生"不理解"以至于略过甚至索然无味的感觉。

在 NHK 的《故宫的至宝》里,并没有大篇幅地出现那些为了体现历史真实性和厚重感的人物叙事、细节描写和大段的场景描述。不同的蒙太奇叙事化解了基于中国气派与历史传奇的影像表达,让跨文化交流更为通畅顺达。正是因此,NHK 并不长的 26 集《故宫的至宝》一经推出,就有中国观众惊呼:"日本人比我们还了解中国!"可想而知,在国际范围内,"故宫"这一代表北京乃至全中国文化形象通过该纪录片越发深入民心,世界一旦读懂了故宫,北京形象也就自然建立起来了。

(三)"去中心化"的人文关怀

"一部优秀的纪录片,为什么能够被不同国家,不同语言,不同政治背景的人所接受,唯一缘由就是人类情怀。"四川电视节"金熊猫奖"国际纪录片评选办公室主任孙剑英认为,中国故事,人类情怀,这是中国纪录片目前需要解决的最大问题。人类情怀说起来很大，实际上很小，不管什么类型的片子都承载着创作者的情感，没有带着真情实感去表现，你的片子就没有灵魂，你就不能打动观众。

"去中心化"的记录方式，能够促进全球范围内跨文化交流的丰富性和多样性。边缘题材的纪录片抛弃了以往纪录片主流的、中心的、高高在上的姿态，对身处边缘的个体和人群进行了客观的记录。尤其是在世界通讯日益发达的今天，人们联系日趋紧密，边缘人群逐渐向中心迁移，边缘纪录片应成为一种体现人文精神和终极关怀的载体和媒介。它要求纪录片工作者具有强烈的责任感、使命感，运用纪录片语言去记录人类文明，去传承人类文明。只有这样的媒介作品才真正属于全人类，才能最大限度地反映出人类生活的丰富多彩和多元价值，也才能实现全球文化的平等交流和自由流动。

即使在《万里长城》《故宫的至宝》这样的文化专题片中，NHK也始终用镜头记录了在北京老城里生活的普通人，借此也成功用镜像语言将北京塑造成一个充满人文气息的城市形象。在NHK的其他纪录片中，这样的人文关怀意识处处可见，始终把人以及对人的生存困境和价值的思考放在叙述的中心位置，是其突出特点。关注弱势群体的生活状态，倾听他们的痛苦与挣扎，他们的希望与诉求。另外，一个容易被忽略的细节是：在片中，称呼每一个成年人都用尊称，无论贫贱富贵，男性称为先生，女性称为女士。

纪录片中的人文关怀是纪录片工作者达成共识的观念，并且是提升片子趣味性、意味性的重要组成因素。每一个受众都愿意、并更主动地从人文故事中学到领略一座城市、一个国家的风情与文化。以此来拓宽受众市场，并在这种通用的跨文化传播技巧中，渗透城市充满人情味的文化描述，提供给世界更加真实、立体的城市形象。

（四）国际主流价值系统的编码

纪录片中城市形象的跨文化传播在符号学看来，关乎影像编码和解码，是纪录片编导与观众围绕影像符号的编码解码过程。英国文化研究学者斯图亚特·霍尔认为，受众对媒介文化产品的解释，与他们在社会结构中的地位和立场相对应。他提出三种假想的地位：以接受统治意识形态为特征的"主导—霸权的地位"；大体上按照统治的意识形态进行解释，但却加以一定修正以使之有利于反映自身立场和利益的"协商的符码";与统治意识形态全然相反的"对抗的符码"。

霍尔的理论阐述了跨文化传播中的一个重要现象,当异文化的受众在观影过程中,也就是解码时,他们的自主判断会受到两种文化体验相互作用后的冲击,一是扎根于本土的主流文化,另一则是个体的文化经验。因此,在跨文化传播中常常遇到解码困境:无论是因为不同文化间语言符号所指的不同,或是外来媒介产品反映的思想内涵与本国主流思想相左,人们总是会在接收过程中感受到一种强烈的抉择性与抵触感。因此,考虑到跨文化传播的解码特征,传播者往往相应地调整其文化编码策略。

由于中日两国之间众所周知的历史原因,对于 NHK 来说,在编码过程中,意识形态和对待历史的态度成为中心问题,一旦无法解决这个问题,纪录片就变成了日本自娱自乐的媒体产品。毕竟外国观众所真正关心的,是文化本身、是城市文化形象的延伸意义等等,而不是强硬的意识形态灌输,这便使得 NHK 在制作有关于中国题材的纪录片时,必须融入国际主流价值系统,而非自说自话。因此,NHK 在这方面的谨慎处理,能使其纪录片有着客观的回归本真的味道,而不像是部分中国的纪录片一样,急迫地向世界宣传自我,引起反感。

绪形拳在日本是家喻户晓的演员,他不仅演技高超且外形俊朗,在《万里长城》一片中担任主持人。在纪录片中,他深沉地表达了热爱中国的情怀,甚至是一个中国人的强烈情感。站在气势恢宏,具有厚重历史感的古长城的城墙下,他的话语烘托出了 NHK 的刚正不阿。跨越不同的文化模式,NHK 把人们的目光从意识形态的差异中移开,让一个日本人表达了为中国文明倾倒之情,让观众感到自然。

《万里长城》的总制片蓧崎敏男曾表达过其拍摄初衷:"长城是人类的文化遗产。长城周围严酷的自然环境以及生活在那里的人们就是我们所要表现的对象。我们试图向观众说明——什么是活着?这也许应该是一切认为纪录片所要表现的主题。"

(五) 国际合拍的新闻生产营销

NHK 在中国拍摄的所有纪录片都是和央视下属公司合作完成的,它和中国国际电视总公司签有长期合作协议,梅地亚中心电视业务部几乎成为专门为 NHK 服务的一个部门。梅地亚中心电视业务部总监刘斌提供了一个数字，这些年 NHK 的纪录片业务占了该部门 90% 的业务量，今年才略有下降。梅地亚中心参与的方式主要是，自己报题，NHK 通过，然后获得资金进行拍摄，题材主要是人文风景类，比如中国武术等。新闻方面这几年逐渐增多，曾经拍过新疆采棉工、四川地震博物馆等。涉及中国社会问题的纪录片，梅地亚中心参与较少，即使参与也主要是提供器材和摄像人员。NHK 同中国政府多年来一直保持着良好关系，每年和广电总局会有一次合作会议，诸如"激流中国"、"改革开放三十周年"这样的题材，都是得到广电总局同意拍摄的。在 NHK 摄制组的成员看来，根本原因还是 NHK 对中国的态度客观全面公正，与一些欧美媒体相比，NHK 没有先入为主，而是从中国的现实出发，不回避也不夸大。并且 NHK 不允许对他国问题横加指责，一方面是这样做不合适，另一方面则认为这种指责很可能是错误的。所以，NHK 与中国政府的良好关系源自长期以来培养的信任。但这并不意味着要牺牲媒体的独立性，中国题材的纪录片播出前不接受中国任何单位和个人的审查要求。在维护良好的政府关系与保持媒体的独立性之间找到一个比较好的平衡点。

在这方面的出色作为，让 NHK 有着一套国际合作拍摄的新闻生产营销模式，特别是与中国之间，成效卓越。因此，其媒体产品，包括涉华的纪录片以及其中的文化内涵，便更容易在全世界范围内推出。《万里长城》《故宫的至宝》在国际社会上的热卖，一定程度上代表着 NHK 让更多世界民众为感受北京文化、窥探北京城市形象而主动买单。

在 NHK 纪录片营销模式的启示之下，中国的纪录片可以汲取经验，做一些尝试和改变，例如：与国际媒体合拍，预售降风险，分版增市场。先筹划与一些先进的纪录片生产媒体，例如 BBC、NHK、KBS 等进行合作拍摄，汲取进行，并借由其享誉世界的传播品牌向自己的产品推向世界；预售，就是把纪录片通过一个好的点子或者一个长期合作的关系，把创意先卖掉，先去提案，然后卖给相关市场或者相关的平台或者是相关的发行公司，拿到钱以后再来做片子，这样就可以降低风险；而发行上可以采取分版的措施，也就是做一版中国人看的，同时做一版外国人看得懂的，从而扩大市场，增加收益。

结　语

认识到国际传播的重要性，日本全面加强了对外文化传播策略，向世界传播日本文化，同时创造了世界认可的日本文化传播品牌——NHK 电视台。通过节目传播和文化外交的"文化战略"，日本 NHK 电视台在国际文化传播领域开辟了一片崭新的领地，前卫且有效地实现了国家形象宣传的目的。作为日本最大的公共广播电视机构，NHK 电视台以高品质、高素养的电视节目在国际市场上赢得了极高的声誉和覆盖率，而纪录片是其中不可忽视的特色和品牌节目。通过对日本历史、社会、人文等方方面面的记录，纪录片真实地反映了日本文化的缩影，在文化方面承担着文化传播、文化交流、文化教育等功能。

NHK 纪录片注重国际视角，通过技术合作和节目合作的形式拍摄制作了很多纪录片。与 48 个国家和地区的 64 个机构签订的合作协定为 NHK 纪录片的国际传播创造了良好的国际环境，其中对于中国形象的成功塑造使得 NHK 纪录片享誉海内外。NHK 电视台与中央电视台合作拍摄的《丝绸之路》《长城》《故宫》《大黄河》等节目成功地向全球推送了中国具有厚重文化底蕴的独特形象，提升了中国的国际影响力。可以说，NHK 高水准的纪录片在日本乃至亚洲形象的宣传和文化的传播中都发挥着主导作用。

努力向世界传播最真实的日本文化，在国际媒体竞争中以"文化战略"占得一席之地，并制作更多能反映日本文化或具有日本文化特点的品牌节目纪录片，NHK 正逐步打造世界认可的、最具特色的、有影响力的日本文化传播品牌，向世界传递日本的声音。

他山之石，可以攻玉。NHK 的国际化战略以及在跨文化传播领域所做出的努力给了人们许多启示，充分发挥媒体的优势，打造文化传播品牌，已成为文化产业发展和文化产品输出的重要手段，也是宣传民族文化，提升国家软实力的必由之路。

参考文献

1. 李宇：《日本 NHK 国际传播的"文化战略"及启示》，《传媒》2010 年第 12 期。
2. 周大鸣、何星亮主编：《文化多样性与当代世界》，民族出版社 2008 年版。
3. ［美］爱德华·霍尔：《无声的语言》，刘建荣译，上海人民出版社 1991 年版。
4. ［英］爱德华·泰勒：《原始文化》，连树声译，上海文艺出版社 1992 年版。
5. 周毅：《传播文化及其过程》，《郑州大学学报》（哲学社会科学版）2004 年第 1 期。

6. ［美］W. 施拉姆等：《传播学概论》，新华出版社 1984 年版。

7. 日本放送文化研究所：《NHK 年鉴 2011 年》，NHK 在线网，http：//www. nhk. or. jp/bunken/book/regular/nenkan/nenkan_ 2011. html。

8. 陈雪：《日本 NHK World TV 的传播策略探析》，《青年记者》2007 年第 8 期。

9. 何艳：《美国纪录片产业发展及现状研究》，北京经济科学出版社 2011 年版。

10. 周文主编：《世界纪录片精品解读》，中国广播电视出版社 2010 年版。

11. 龙一春：《20 世纪 90 年代后 NHK 发展战略的变化》，《现代传播》2006 年第 1 期。

12. 张同道、喻溟：《2011 年世界纪录片发展的综述报告》，http：//lunwen. 1kejian. com/dianshidianying/121108_ 5. html。

13. 彭远文：《NHK，来自他者的眼光》，《南都周刊》2010 年第 4 期。

14. 董书华：《NHK 中国纪录片的文本特征及新闻生产之研究》，《声屏世界》2011 年第 5 期。

15. 高峰、赵建国：《纪录片下的中国》，清华大学出版社 2013 年版。

16. 李舫：《"文化折扣"折射电视剧输出困局》，《人民日报》2012 年 3 月 16 日。

17. 吴晓东：《题材中庸：中国纪录片不能承受之轻》，《中国青年报》2011 年 11 月 22 日。

18. 张卓、王飞、夏凌捷：《跨文化理论视阈下的纪录片影像表达》，《中国广播电视学刊》2011 年第 11 期。

19. 刘芳男：《纪录片的跨文化传播策略》，《新闻世界》2012 年第 5 期。

20. ［美］查尔斯·韦斯特、林恩·H. 特纳：《传播理论导引：分析与应用》，刘海龙译，中国人民大学出版社 2007 年版。

21. EDWIN O. REISCHAUER：《ザ・ザジャパニズッャパニーズ》，国弘正雄译，株式会社文艺春秋，1996 年。

（孙庚　北京第二外国语学院国际传播学院　北京　100024）